城市轨道交通路网客流预测仿真与协同组织优化方法

郭建媛 秦勇 贾利民 孙方 著

人民交通出版社股份有限公司

北京

内容提要

本书从城市轨道交通实际应用需求出发,利用信息技术、人工智能与大数据分析方法,解决城市轨道交通运输组织问题。本书包含基于深度学习的客流短期预测方法、数据驱动的乘客出行选择模型、多粒度客流仿真推演技术、客流车流组织协同智能优化方法、面向动态可达性的乘客出行信息服务技术等内容。

本书可作为高等院校交通运输相关专业研究生、本科高年级学生学习的参考教材,也可作为交通运输行业工程技术人员的参考用书。

图书在版编目(CIP)数据

城市轨道交通路网客流预测仿真与协同组织优化方法/郭建媛等著. — 北京:人民交通出版社股份有限公司,2023.7

ISBN 978-7-114-18796-4

Ⅰ.①城… Ⅱ.①郭… Ⅲ.①城市铁路—交通网—客流—运输需求—预测—研究 Ⅳ.①U239.5②U293.13

中国国家版本馆 CIP 数据核字(2023)第 091905 号

Chengshi Guidao Jiaotong Luwang Keliu Yuce Fangzhen yu Xietong Zuzhi Youhua Fangfa

书　　名:	城市轨道交通路网客流预测仿真与协同组织优化方法
著 作 者:	郭建媛　秦　勇　贾利民　孙　方
责任编辑:	齐黄柏盈
责任校对:	刘　芹
责任印制:	张　凯
出版发行:	人民交通出版社股份有限公司
地　　址:	(100011)北京市朝阳区安定门外外馆斜街 3 号
网　　址:	http://www.ccpcl.com.cn
销售电话:	(010)59757973
总 经 销:	人民交通出版社股份有限公司发行部
经　　销:	各地新华书店
印　　刷:	北京虎彩文化传播有限公司
开　　本:	787×1092　1/16
印　　张:	12.375
字　　数:	265 千
版　　次:	2023 年 7 月　第 1 版
印　　次:	2023 年 7 月　第 1 次印刷
书　　号:	ISBN 978-7-114-18796-4
定　　价:	68.00 元

(有印刷、装订质量问题的图书,由本公司负责调换)

  目前，我国城市轨道交通线网规模和客流规模居全球第一，已成为名副其实的"城轨大国"。在大规模路网、复杂行车、海量客流约束下，精确预测和仿真客流时空分布，采取适宜的客流车流组织与信息服务协同优化方法来保障乘客安全高效出行，是交通运输行业面临的核心难题之一。

  当前新一轮科技革命中，数字化、信息化、智能化日益成为重要的发展趋势，智能技术和城市轨道交通技术深度结合，服务于城市轨道交通行业并最终服务于人民出行，提高出行满意度，是行业高质量发展的时代需求。

  本书作者长期从事城市轨道交通运输组织研究，从"十二五"时期开始，依托国家科技支撑计划、国家自然科学基金、国家重点研发计划和企业自然科学横向项目等，在城市轨道交通路网客流预测仿真与协同组织优化方面取得了多项科研成果，并在北京、广州等大规模城市轨道交通路网运营中得到应用验证。作者凝练总结这些成果，完成了本书的写作。

  本书从城市轨道交通实际应用需求出发，利用信息技术、人工智能与大数据分析方法，解决城市轨道交通运输组织问题，具有以下特色：本书所研究的问题均为城市轨道交通运营管理企业面临的实际需求；应用计算机仿真技术、大数据分析技术、深度学习模型、智能优化方法等先进的技术与理论方法，解决行业的实际问题；利用真实的行业数据验证模型与方法的可用性与有效性。

  本书可作为高等院校交通运输相关专业研究生、本科高年级学生学习的参考教材，也可作为交通运输行业工程技术人员的参考用书。

  本书的内容规划由郭建媛、秦勇、贾利民、孙方制定，郭建媛牵头完成内容撰写工作。书中的研究内容是郭建媛、秦勇、贾利民、孙方等人及所在科研团队长期积累的研究成果。参与本书相关研究工作的还有王雅观、谢臻、孙璇、唐雨昕、张辉、杜佳敏、王雅林、薛宏娇、高江华、刘源、徐远卓、李则巾、马骁、郑云霄等。张卓、卢伟康、李杰、王子瑜、蒋舒宁、李嘉纪、薛玉、何洁等研究生参与了内容的整理与编辑工作。

本书的撰写受北京交通大学计算智能专业核心课程建设项目支持。

感谢北京市轨道交通指挥中心、北京市地铁运营有限公司、广州地铁集团有限公司对本书相关研究工作的大力支持。最后,特别感谢人民交通出版社股份有限公司在本书出版过程中给予的全力支持。本书的研究工作参考引用了部分国内外学者的相关论著以及交通运输运营管理资料,在此谨向有关学者及部门致以衷心感谢。

由于作者水平有限,书中难免存在一些遗漏和不足,恳请读者批评指正并提出意见与建议。

著作者
2023 年 3 月

目录 CONTENTS

第1章　绪论 ··· 1
 1.1　研究背景 ··· 1
 1.2　本书主要研究内容 ·· 2

第2章　基于深度学习的客流短期预测方法 ···························· 5
 2.1　客流短期预测方法概述 ··· 5
 2.2　基于SVR的日常客流预测 ·· 8
 2.3　基于SVR-LSTM的异常大客流预测 ······························· 14
 2.4　考虑时空关联特征的出站客流预测 ······························ 20
 2.5　基于多图网络的多点协同客流预测 ······························ 26
 2.6　本章小结 ·· 34

第3章　数据驱动的乘客出行选择模型 ··································· 35
 3.1　乘客出行选择模型概述 ··· 35
 3.2　城市轨道交通乘客出行行为分析 ·································· 38
 3.3　基于贝叶斯推理和EM算法的日常高峰期出行选择模型 ···· 43
 3.4　基于贝叶斯推理的列车延误下出行选择反演 ················· 68
 3.5　本章小结 ·· 79

第4章　多粒度客流仿真推演技术 ··· 80
 4.1　客流仿真技术概述 ··· 80
 4.2　大规模路网客流快速仿真 ··· 82
 4.3　车站客流动态分布仿真 ·· 93
 4.4　车站站台客流动态分布微观仿真 ································· 107
 4.5　本章小结 ·· 121

第5章　客流车流组织协同智能优化方法 ······························· 122
 5.1　客流车流组织优化方法概述 ······································· 122
 5.2　路网大规模客流控制 ·· 123
 5.3　车站多点协同客流控制 ··· 134
 5.4　客流控制与列车运行协同优化 ··································· 146

5.5 本章小结 ·· 164

第 6 章　面向动态可达性的乘客出行信息服务技术 ·· 165
6.1 乘客出行信息服务技术概述 ··· 165
6.2 出行可达性影响因素分析 ·· 167
6.3 OD 动态可达性路径方法 ··· 168
6.4 面向动态可达性的信息发布技术 ··· 179
6.5 案例分析 ·· 182
6.6 本章小结 ·· 188

参考文献 ·· 189

第1章 绪论

1.1 研究背景

随着经济的快速发展与人民生活水平的不断提高,出行需求不断增长,但汽车等传统交通出行方式运量小,在高峰时期很容易造成交通拥堵,且对环境污染严重。而城市轨道交通具有运量大、能耗低、速度快、准点率高和安全性高等特点,能够满足乘客的集中出行需求,有效缓解城市交通出行压力,因此,城市轨道交通得到了较快发展。

国外城市轨道交通起步较早,经过多年的建设发展,主要城市的轨道交通已初具规模。截至2022年底,全球共有78个国家和地区的545座城市开通城市轨道交通,运营里程超过41386.12km。虽然我国城市轨道交通起步较晚,直到1971年北京第一条地铁线路才开通运营,但发展迅速。截至2022年12月底,我国31个省(自治区、直辖市)共有55个城市开通城市轨道运营,运营线路总长度为10291.96km,位居世界第一。

经过多年的发展,我国城市轨道交通系统客流量逐步上升,2021年我国累计完成客运量237.27亿人次,客流规模居全球第一。以北京城市轨道交通为例,2019年日均客运量达到1085.58万人次,最高日客运量1377.51万人次;截至2021年12月底,在常态化新冠肺炎疫情防控的情况下,2021年路网客运量达30.68亿人次,日均客运量为840.50万人次,其中工作日日均客运量为988.65万人次。

2021年全年,我国城市轨道交通客运量占公共交通客运总量的分担比为43.4%,比2020年提升4.7%,其中上海、北京、广州、深圳和成都等地城市轨道交通客运量占公共交通的比例均超过了50%,城市轨道交通已成为城市交通出行的主要交通方式。

经过50多年的发展,目前我国城市轨道交通在运营线路规模、在建线路规模和客流规模三个方面均居全球第一,我国已成为名副其实的"城轨大国"。随着城市轨道交通网的不断完善,网络化运营大大提高了我国城市轨道交通运营的效率和组织水平,但由此带来的客流量攀升也给城市轨道交通带来了巨大考验和挑战。在大规模路网、复杂行车、海量客流约束下,精确预测和仿真客流时空分布，采取适宜的客流车流组织与信息服务协同优化方法来保障乘客安全高效出行，是当前交通运输行业面临的核心难题之一。

1.2　本书主要研究内容

本书所研究的城市轨道交通客流预测仿真与协同组织理论框架如图 1-1 所示。

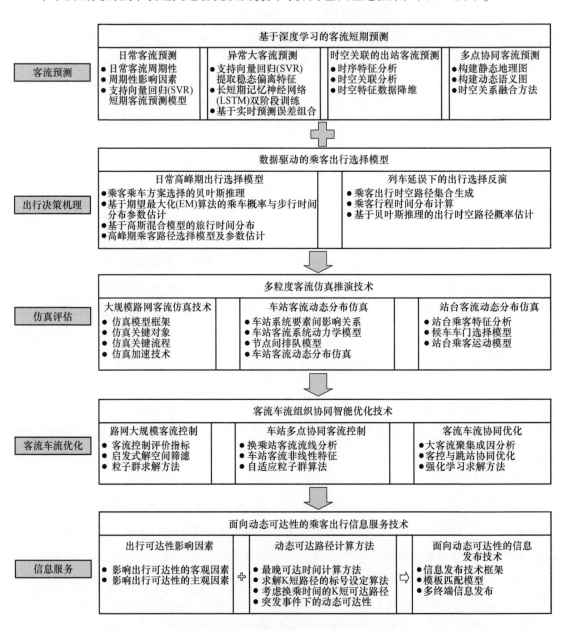

图 1-1　城市轨道交通客流预测仿真与协同组织理论框架

本书围绕客流预测仿真与协同组织理论框架,从以下几个方面展开。

1)基于深度学习的客流短期预测方法

本部分围绕基于神经网络的客流短期预测方法展开,涵盖日常客流预测、异常大客流预测、反映多站时空影响的出站客流预测,以及利用车站视频监测数据开展的多点协同客流预测。预测以机器统计学习方法中的神经网络为主要方法,包括进出站需求预测和基于视频监测的站内客流分布预测。涵盖了经典的支持向量回归(Support Vector Regression,SVR)算法,重点论述了长短期记忆神经网络(Long Short-Term Memory Neural Networks,LSTM)、图卷积神经网络(Graph Convolution Neural Networks,GCN)等深度学习模型,还包括这些模型的组合形式。

2)数据驱动的乘客出行选择模型

本部分围绕数据驱动的乘客出行选择模型展开,在乘客出行行为分析的基础上,以贝叶斯理论为核心,分别给出了日常高峰和列车延误场景下的理论模型与案例分析。包括贝叶斯理论、期望最大化(EM)算法、高斯混合模型、Logit模型的综合运用,研究成果为客流仿真预测、客流与行车组织及客流引导提供选择决策行为的理论支撑。

3)多粒度客流仿真技术

本部分围绕路网层面、车站层面和车站设备设施内部层面等多个粒度,从大规模路网客流快速仿真、车站客流动态分布仿真与站台客流动态分布仿真几个方面展开论述。设计了适用于客流控制、区间中断、行车调整、正常运行等多种场景的路网客流仿真框架,设计路径与节点空间复用、离散事件与时序仿真相结合以及动态客流群等仿真加速技术,实现对日常和特殊措施下客流与车流的快速推演评估;基于系统动力学理论,构建车站客流动态分布仿真模型,实现复杂换乘车站客流随时间变化的仿真推演,有利于车站客流组织效果的评估;针对城市轨道交通车站站台客流分布不均衡问题,结合Logit模型和社会力模型,实现同台换乘下的站台客流微观动态分布仿真推演,为车站客流引导与行车组织提供依据。

4)客流车流组织协同智能优化方法

本部分内容从客流控制、行车组织及其协同优化展开。提出的路网大规模客流控制方法,能够得到路网中需控制的车站、时段与流量方案,解决路网供需匹配中的容量超限和超长延误等问题。针对换乘站多流线交织拥堵问题,提出车站多点协同客流控制模型,对换乘站内部关键节点进行客流控制,实现对关键区域客流的疏解。针对日常高峰大客流,提出客流控制与列车运行图协同优化方法,结合强化学习框架,获得客流控制方案和列车运行跳站策略,实现对大客流的疏导。

5)面向动态可达性的乘客出行信息服务技术

本部分针对列车运行计划与突发事件等影响下起讫点(OD)可达性动态变化导致乘客出行可达性不确定性问题,结合最晚可达时间与K短路求解算法,提出面向动态可达性的信息发布技术,通过车站乘客信息系统(Passenger Information System,PIS)、站外大屏、网站以及移动终端等多种方式及时发布乘客诱导信息,提高服务水平与乘客出行质量。

本书涉及模型较多,对于符号的使用,除特殊说明外,一般不同章节中的相同符号含义不一致,以各章节的说明为准。

第2章

基于深度学习的客流短期预测方法

客流预测,尤其是客流短期预测,是客流组织优化的重要依据。随着21世纪以神经网络为代表的机器学习技术的蓬勃发展,客流预测的方法不断丰富,精度大幅度提升。本章重点围绕基于深度学习的客流短期预测方法展开论述,涵盖日常客流预测、异常大客流预测、时空关联的出站客流预测,以及车站多点协同客流预测;以支持向量回归(SVR)作为引入,重点介绍了长短期记忆神经网络(LSTM)、图卷积神经网络(GCN)及其组合模型在客流短期预测中的应用方法。

2.1 客流短期预测方法概述

2.1.1 客流预测对象及应用

城市轨道交通短期客流预测对象包括进出站客流量、OD间客流量、断面客流量及换乘客流量等。常见的短期客流预测时间粒度为5min、10min、15min、30min等。短期进站客流预测用来获得一段时间内进入车站的客流量,对车站客流风险辨识和客流组织有直接的指导作用;短期出站客流预测对车站运营以及所接驳交通系统管理具有重要意义;短期OD客流预测估计路网OD间单位时间内的客流量,可作为城市轨道交通客流分配的重要输入;断面客流及换乘客流预测是对客流在路网的时空分布预测,对路网的客流与行车组织具有重要意义,断面客流及换乘客流预测一般是对OD客流进行预测的基础,通过客流分配获得。

短期客流预测可应用在日常情况、重大活动、节假日、突发大客流等场景下,目前已有研究采用了不同的预测方法对单一场景或多场景的客流进行短期预测,以达到提高预测精度的目的。

2.1.2 客流预测方法概述

国内外学者对城市轨道交通短期客流预测方法的研究主要包括三大类:一是基于数理统

计的短期客流预测方法,二是基于机器学习的短期客流预测方法,三是基于组合模型的短期客流预测方法,以下将分别展开介绍。

1)基于数理统计的短期客流预测方法

传统预测模型主要基于经典的数理统计方法,如时间序列预测模型、卡尔曼滤波模型等。时间序列预测是一种回归预测方法,统计分析历史数据并考虑偶然的随机性,从而进行趋势的预测。在短期客流预测中应用最广泛的时间序列预测方法是自回归移动平均模型(Autoregressive Integrated Moving Average Model,ARIMA)。卡尔曼滤波法是一种利用线性状态方程,按照线性最小均方误差估计,得到过滤噪声的最优估计的方法,其可以通过最小化方差的方法将回归问题转化为状态空间形式的最优解,具有较好的在线学习和标定能力。

由于城市轨道交通客流时空分布不均衡,其波动规律难以用数学方程描述,传统预测模型的发展具有一定的局限性,而基于机器学习的预测模型和组合模型能根据已知数据集特征进行学习,建立预测模型,从而得到未来数据的特征和结果,是目前主要的发展趋势。

2)基于机器学习的短期客流预测方法

常见的基于机器学习的短期客流预测模型主要采用K近邻(K-Nearest Neighbor,KNN)、决策树(Decision Tree,DT)、支持向量机(Support Vector Machine,SVM)、人工神经网络模型(Artificial Neural Network,ANN)等。

K近邻方法通过寻找相似序列来完成对预测目标的估计,因为简单、适用性强、对参数设置要求低,在很长一段时期被广泛使用。决策树利用信息熵和概率统计的基本思想进行分类和回归,简单且可解释性强,通过多决策树的集成学习可达到更好的预测效果,例如梯度提升回归树(Gradient Boosting Regression Tree,GBRT)在预测领域曾经一度有着突出表现。支持向量机(SVM)通过寻求结构风险最小化(Structural Risk Minimization,SRM)来提高学习机的泛化能力,从而在小样本条件下获得良好的统计规律。SVM的决策边界是根据训练样本求解的最大边距超平面,在短期客流预测问题中,可通过拟合历史客流数据对未来时间窗内的客流量进行预测。

神经网络模型包括反向传输(Back Propagation,BP)神经网络、径向基(Radial Basis Function,RBF)神经网络等传统神经网络,以及长短期记忆神经网络(LSTM)、卷积神经网络(Convolutional Neural Networks,CNN)、图卷积神经网络(GCN)等深度学习模型,并且还包括针对基础神经网络进行改进的小波神经网络、贝叶斯神经网络等。神经网络作为一种由大量处理单元互联组成的非线性、自适应信息处理系统,具有能处理多维数据、模型结构灵活、泛化学习能力强等特点,在客流预测中发挥了重要作用,提高了预测精度。

3)基于组合模型的短期客流预测方法

不同的预测模型具有不同的优势,有些模型如ARIMA、LSTM等,更善于捕捉时序特征;有些模型如CNN等,更善于捕捉高维特征;有些模型如GCN等,善于捕捉关系特征。因此,将多种预测模型相结合,可以实现更好的预测效果。组合预测模型既包括多种机器学习模型的组合,也有数理统计模型与机器学习模型的组合。例如,通过组合不同的神经网络模型,捕捉城市轨道交通客流空间拓扑特征、客流状态变化时间特征以及时空相关性,从而实现对路网客流的预测。综合研究表明,一般组合模型的预测结果优于单一模型。

神经网络模型,尤其是深度学习及其组合模型,近年来得到了快速发展,表现出良好的预测精度与巨大的发展潜力,也是本章着重论述的方法。

2.1.3 常用客流预测评价指标

客流预测评价指标十分丰富,常用的指标包括:平均绝对误差、平均绝对百分比误差、均方根误差、决定系数等。

1) 平均绝对误差

平均绝对误差(Mean Absolute Error, MAE)指模型预测值与样本真实值之间偏离的平均值,MAE 值越小表示模型拟合效果越好。其计算公式如下:

$$\text{MAE} = \frac{1}{n}\sum_{i=1}^{n}|\hat{y}_i - y_i| \tag{2-1}$$

式中:$\hat{y}_i$——预测值;

y_i——真实数据;

n——样本数量。

上述符号在后续公式中含义相同。

2) 平均绝对百分比误差

平均绝对百分比误差(Mean Absolute Percent Error, MAPE)是相对误差度量值,反映了预测值的相对平均偏离程度,MAPE 值越小表示预测精度越高。其计算公式如下:

$$\text{MAPE} = \frac{1}{n}\sum_{i=1}^{n}\frac{|\hat{y}_i - y_i|}{y_i} \times 100\% \tag{2-2}$$

3) 均方根误差

均方根误差(Root Mean Square Error, RMSE)是预测值与真实值偏差的平方和与观测次数 n 的比值的平方根,代表预测总体的可靠性。其计算公式如下:

$$\text{RMSE} = \sqrt{\frac{1}{n}\sum_{i=1}^{n}|\hat{y}_i - y_i|^2} \tag{2-3}$$

4) 决定系数

决定系数(R-Square, R^2)用来衡量目标变量的预测值和真实值之间的拟合程度,取值范围为[0,1],其值越大表示模型预测能力越好。其计算公式如下:

$$R^2 = 1 - \frac{\sum_{i=1}^{n}(\hat{y}_i - y_i)^2}{\sum_{i=1}^{n}(\bar{y} - y_i)^2} \tag{2-4}$$

式中:$\bar{y}$——真实数据的均值。

2.2 基于 SVR 的日常客流预测

2.2.1 日常客流特征分析

1) 周期性特征

日常客流的周期性体现为一周的客流变化规律的周期性和一天的客流变化规律的周期性。从一周的客流规律来看,通常,工作日每天的客流量相似,周末的客流变化与工作日的客流差异明显。以某城市轨道交通车站 2017 年每 15min 统计的进站刷卡(码)数据为例,选取 2017 年 6 月 5—9 日(周一至周五)的工作日客流,以及 2017 年 6 月 10—11 日(周六和周日)的周末客流,以上时间均不紧邻小长假,避免了节假日前后几天对城市轨道交通进站客流的影响。该城市轨道交通车站的运营时间为 6:00—23:30,以 15min 为粒度,将运营时间划分为 70 个间隔,绘制折线图如图 2-1 所示。

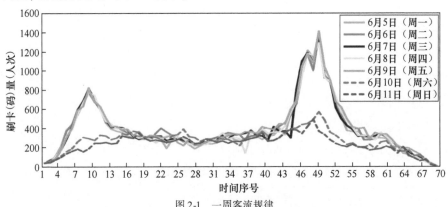

图 2-1 一周客流规律

由图 2-1 可以看到,该车站工作日五天的客流变化趋势几乎一致,每天均有明显的通勤客流造成的早晚高峰,且呈现出晚高峰明显多于早高峰、平峰进站量较少的特征。而周末的客流变化规律则与工作日差异很大,和工作日相比,周末的进站客流分布比较均衡,早晚高峰相对不明显,且全天各时段的进站量除午间平峰外,均低于工作日各时段;周六和周日相比,变化趋势虽差异不大,但也有明显的数量差别,周六的早晚小高峰进站量略大于周日高峰的进站量。

从全天的客流规律来看,城市轨道交通车站全天每单位时间客流随着城市出行需求的变化,在一天内动态起伏,其分布类型通常可以分为无峰型、突峰型、全峰型、双峰型和单峰型等。在工作日,城市轨道交通服务的客流大多数为通勤客流,遵从上下班的时间规律,所以进站客流在一天内通常呈"双峰型"分布。

如图 2-2 所示,早、晚高峰在工作日全天客流变化规律中体现得十分明显,晚高峰时段最大进站客流为 1411 人次/15min,早高峰最大客流为 825 人次/15min。

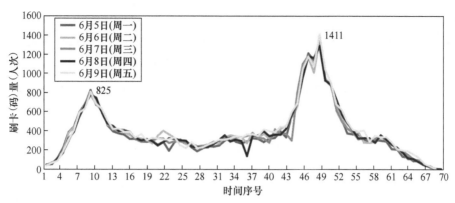

图 2-2　工作日全天客流规律

为了更有力地说明周末全天客流规律的变化,另选取某城市轨道交通车站 2017 年 6 月 17—18 日(周六和周日)的周末客流,与 6 月 10—11 日(周六和周日)的周末客流做对比,如图 2-3 所示。

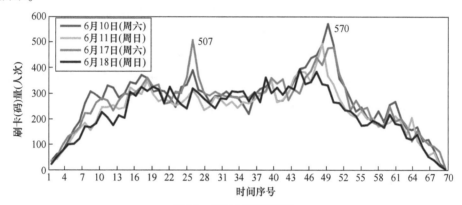

图 2-3　周末全天客流规律

图 2-3 直观地显示了周末进站客流变化波动平稳、早晚高峰不明显且时间推后的现象。周六没有通勤客流,附近居住区的人们出行时间高峰推迟到了中午 12 时左右。周六的早晚最高峰客流数量级明显比工作日降低,仅为 507 人次/15min 和 570 人次/15min,相比工作日的变化规律,周六的进站客流变化趋势较为缓和。周日类似,没有明显早高峰,客流变化较为平稳,数量级也远不如工作日的客流量。

综上所述,城市轨道交通日常进站客流的变化周期性明显,以周为单位,工作日和周末呈现出不同的周期特征,且周期变化规律较稳定。

2) 城市轨道交通客流量周期性影响因素分析

由上文可知,日常客流波动具有一定的周期性,而影响波动的相关因素众多,仅从时间的角度出发,包括日期类型、时间段。

日期类型指工作日、周末和节假日。不同的日期类型客流变化规律差异很大,相同日期类型的变化也有部分不同。工作日五天客流波动的规律近乎一致,但周末的两天在高峰时段的客流量和客流变化规律存在差异;节假日的客流更是从节前几日至节后几日,呈现出和平日不同的波动。

时间段指的是将一天划分为一定时长的统计单位。由图 2-2 中分时段客流统计的折线可知,平峰和高峰的进站客流量不论是在数量上,还是在变化规律上,都完全不同。示例中晚高峰也比早高峰的客流量高出很多,故客流变化的曲线也变得十分陡峭。因此,不同时间段的客流均有各自的特点,需要进一步区分。

2.2.2 基于 SVR 的城市轨道交通进站客流短期预测模型

研究以支持向量机的一大分支——支持向量回归(SVR)为基础模型,构建短期客流预测模型,充分利用城市轨道交通系统可以获得的过去数周的客流数据,而不是当天的数据进行预测,使模型比大多数预测模型更具备前瞻性和实用性。

支持向量机(SVM)作为一种监督式机器学习方法,把"寻求最大化的间隔"作为学习目标,避免了神经网络中的局部极值问题,在非线性的小样本、高维模式的情况下,具有独特的分类优势。SVM 中的"支持向量",为支持向量回归(SVR)在函数拟合回归领域的应用奠定了基础。

SVR 在 SVM 的基础上,通过引入不敏感函数 ε,来容忍高维空间中线性决策函数的边界误差。给定数据集 $(x_i, y_i), i = 1, 2, \cdots, N, x_i \in R^n, y_i \in R$,其中 x_i 为 n 维空间的第 i 维输入,y_i 是对应 x_i 的实际输出,用 $f(x) = \boldsymbol{\omega}^T + b$ 定义 SVM 的分类函数,则 SVR 使所求最优目标变为:

$$\begin{cases} \min_{\omega, b, \xi, \xi^*} \frac{1}{2} \|\boldsymbol{\omega}\|^2 + C \sum_{i=1}^{n}(\xi_i + \xi_i^*) \\ y_i - (\boldsymbol{\omega}^T x_i + b) \leq \varepsilon + \xi_i \\ (\boldsymbol{\omega}^T x_i + b) - y_i \leq \varepsilon + \xi_i^* \\ \xi_i, \xi_i^* \geq 0, i = 1, \cdots, n \end{cases} \tag{2-5}$$

式中:$\boldsymbol{\omega}$——法向量;

C——惩罚参数;

b——截距;

$\xi_i \, \xi_i^*$——松弛因子。

继而引入拉格朗日函数,将目标转化为:

$$L = \frac{1}{2} \|\boldsymbol{\omega}\|^2 + C \sum_{i=1}^{n}(\xi_i + \xi_i^*) - \\ \sum_{i=1}^{n} \alpha_i [\xi_i + \varepsilon - y_i + f(x_i)] - \\ \sum_{i=1}^{n} \alpha_i^* [\xi_i^* + \varepsilon + y_i - f(x_i)] - \\ \sum_{i=1}^{n}(\xi_i \gamma_i + \xi_i^* \gamma_i^*) \tag{2-6}$$

式中:$\alpha_i \geq 0, \alpha_i^* \geq 0, \gamma_i \geq 0, \gamma_i^* \geq 0$。它们均为拉格朗日乘子,$i = 1, 2, \cdots, n$。

根据KKT条件(Karush-Kuhn-Tucker conditions),求函数 L 对 $\boldsymbol{\omega}, b, \xi_i, \xi_i^*$ 的最小化,即偏导:

$$\begin{cases} \dfrac{\partial L}{\partial b} = \sum_{i=1}^{n}(\alpha_i^* - \alpha_i) = 0 \\ \dfrac{\partial L}{\partial \boldsymbol{\omega}} = \boldsymbol{\omega} - \sum_{i=1}^{n}(\alpha_i - \alpha_i^*)x_i = 0 \\ \dfrac{\partial L}{\partial \xi_i^{(*)}} = C - \alpha_i^{(*)} - \gamma_i^{(*)} = 0 \end{cases} \quad (2\text{-}7)$$

并满足两个约束,引入核函数 K,最终优化目标为:

$$\begin{cases} \max = \dfrac{1}{2}\sum_{i,j=1}^{n}(\alpha_i - \alpha_i^*)(\alpha_j - \alpha_j^*)K(x_i, x_j) - \\ \quad\quad \varepsilon\sum_{i=1}^{n}(\alpha_i + \alpha_i^*) + \sum_{i=1}^{n}y_i(\alpha_i - \alpha_i^*) \\ \sum_{i=1}^{n}(\alpha_i - \alpha_i^*) = 0 \\ \alpha_i, \alpha_i^* \in [0, C] \end{cases} \quad (2\text{-}8)$$

根据KKT条件和求偏导过程,得到:

$$\begin{cases} \alpha_i[\varepsilon + \xi_i + y_i - f(x_i)] = 0 \\ \alpha_i^*[\varepsilon + \xi_i - y_i + f(x_i)] = 0 \\ \boldsymbol{\omega} = \sum_{i=1}^{n}(\alpha_i - \alpha_i^*)x_i \end{cases} \quad (2\text{-}9)$$

对于标准支持向量,如果 $0 < \alpha_i < C(\alpha_i^* = 0)$,对应 $\xi_i = 0$,可以求出参数 b;对于满足 $0 < \alpha_i^* < C(\alpha_i = 0)$ 的支持向量,也有:

$$b = y_i - \sum_{j=1}^{l}(\alpha_j - \alpha_j^*)x_j \cdot x_i - \varepsilon \quad (2\text{-}10)$$

一般对所有标准支持向量,先分别计算 b 的值,然后求平均值。最终得到的线性拟合函数为:

$$f(x) = \sum_{i=1}^{n}(\alpha_i - \alpha_i^*)K(x, x_i) + b \quad (2\text{-}11)$$

由此,形成能够拟合非线性样本的基于支持向量回归的模型,式中 K 为核函数,当对样本没有先验知识时,可以采用径向基函数核中的高斯核:

$$K(x_1, x_2) = \exp\left\{-\dfrac{\|x_1 - x_2\|^2}{2\sigma^2}\right\} \quad (2\text{-}12)$$

此时影响SVR模型的参数为三个:惩罚系数 C、高斯核函数参数 σ 和不敏感参数 ε。

SVR预测能力的大小几乎不受参数 ε 局部变化的影响,训练误差随着 ε 的增大基本保持不变。取 ε 为常用值0.1,使用迭代寻优的方式或通过多次比选均可确定惩罚系数 C 和高斯核幅宽 σ。

研究提出的基于 SVR 的城市轨道交通进站客流短期预测模型,基于城市轨道交通进站客流的周期性,根据具有相同日期类型的客流变化规律进行预测。模型的输入变量及标定方法见表 2-1。

预测模型输入变量及标定方法　　　　表 2-1

输入变量	标定方法举例
x_i^1（星期）	周一至周六,用 1~6 表示;周日用 0 表示
x_i^2（时段）	粒度为 15min,将 24h 划分成 96 个间隔

由此,该基于 SVR 的城市轨道交通进站客流短期预测模型如图 2-4 所示。

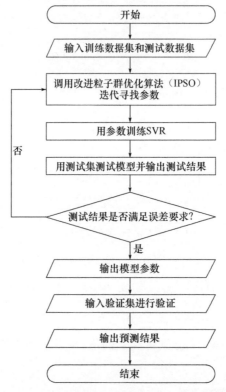

图 2-4　基于 SVR 的城市轨道交通进站客流短期预测模型

采用交叉验证的方法得到稳定可靠的模型。将易获得的前几周的客流数据作为训练集和测试集输入模型,通过收敛多种群粒子群算法迭代计算,寻找最优参数,当模型的测试结果满足规定的误差要求时,输出该参数;进一步,为验证参数的泛化能力,选取两个及以上的验证集进行验证。

2.2.3　实例分析

采用 2017 年某城市轨道交通车站自动售检票(Auto Fare Collection,AFC)系统数据,以 15min 为统计周期进行实验。选取两个月的工作日和周末(除去小长假)客流进行训练,随后的一周客流用来测试,形成一组实验数据;并选取一组实验数据作为寻参样本,两组实验数据进行验证,以验证模型参数选取的合理性。预测模型的寻参样本和验证集样本见表2-2。

预测模型寻参样本和验证样本　　　　　表2-2

项目	寻参样本	验证样本1	验证样本2
训练集	9月1日—10月31日	10月26日—11月26日	11月2日—12月11日
测试集	11月1—7日	11月27日—12月3日	12月12—18日

经过迭代训练和测试,工作日和周末全天短期客流预测模型的最优参数 $\sigma = 0.238618200946494$,$C = 550.202438810541$。

该模型寻参样本测试集的 MAPE $= 9.31\%$,RMSE $= 34.87$。两个验证集的实验结果 MAPE 分别为 9.48% 和 8.92%,RMSE 分别为 33.77 和 29.09。说明模型参数选取合理,模型预测结果稳定。

选取11月1—7日作为预测目标,将本书模型和采用BP神经网络、KNN算法预测的客流结果进行对比,结果见表2-3。

预测精度比较　　　　　表2-3

指标	本书模型	BP神经网络	KNN算法
MAPE(%)	9.31	17.16	16.31
RMSE	34.87	171.06	112.61

表2-3的预测结果表明,研究所提出的基于SVR的城市轨道交通进站客流短期预测模型的预测结果无论是在平均绝对百分比误差还是均方根误差上,均优于BP神经网络和KNN算法,具有较高的准确性。

模型预测结果与真实值的对比如图2-5所示,由图可见,本书提出的模型预测结果具有较高的稳定性。

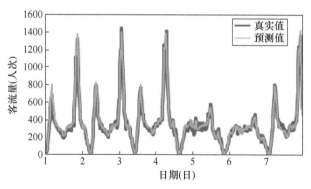

图2-5　模型部分预测结果

在实验中,由于所采样范围内城市轨道交通车站未出现引起客流巨大波动的大型活动和极端特殊天气,故在生成样本时,未对此类情况特殊处理。但使用该模型时,如训练或预测的时间范围内已发生或预知会发生引起巨大客流波动的大型活动或极端特殊天气,需要将预期影响范围内的此类客流数据作为异常数据剔除。另外,本节模型侧重客流周期性和时序性特征,不适用于刻画实时客流异常波动。对于此类情况,需要结合其他算法共同实现精确预测。

2.3 基于 SVR-LSTM 的异常大客流预测

异常大客流指非常规的、少发的、大量集散客流。增加的异常大客流可能导致乘客的聚集,影响城市轨道交通系统和接驳交通,从而影响乘客出行的效率和安全。引起异常大客流的原因主要有大型活动、极端天气、节假日、行车调整等。由于这些因素的低可控性和异常大客流发生的低频率,导致异常大客流规律难以掌握,给运营组织带来了困难。因此,异常大客流的特征获取和预测具有重要的理论和实际意义。在城市轨道交通系统中,很少会在城市轨道交通网络中的同一位置产生相似规模的异常大客流;更重要的是,异常大客流的演变是不确定的,这降低了历史数据的参考意义。稀少的相似样本和不确定的发展,使得短期的异常大客流预测十分困难。因此,应采用融合历史数据和实时数据的新方法,以估计异常大客流的产生和演变。

2.3.1 基于 SVR-LSTM 的异常大客流预测模型

根据 AFC 系统收集的进出城市轨道交通系统的乘客记录,并综合 SVR 和 LSTM 的优点,提出了 SVR 和 LSTM 的组合模型,用以进行异常大客流预测。模型的输入是异常特征,其由最近观察到的实际客流量序列和基于周期性特征预测的客流量序列组成。此外,采用两阶段方法来训练 LSTM 模型,从而提高对异常大客流的敏感性,并通过一种基于实时预测误差的自适应组合方法,将 SVR 和 LSTM 的输出进行组合作为预测模型的最终输出。模型的基本框架如图 2-6 所示。

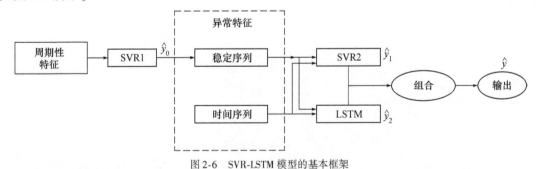

图 2-6 SVR-LSTM 模型的基本框架

1)获取异常特征

通过 SVR1 获取异常特征。用 t 表示时间序列中的元素,$y(t)$ 为时刻 t 的客流量。由式(2-13)计算出周期性特征作为 SVR1 的输入,其中 $h(t)$ 表示 t 是否为假期,$w(t)$ 表示星期几,$d(t)$ 表示一天中的时间。

$$[h(t),w(t),d(t)] \tag{2-13}$$

SVR1 的输出由式(2-14)给出,该公式由 SVR 模型计算:

$$\hat{y}_0(t) = f(h(t), w(t), d(t)) \tag{2-14}$$

时间 t 的异常特征可以用式(2-15)表示:

$$x(t) = [\hat{y}_0(t-L), \cdots, \hat{y}_0(t-\text{offset}), \hat{y}_0(t), y(t-L), \cdots, y(t-\text{offset})] \tag{2-15}$$

式中:$\hat{y}_0$——SVR1 的输出;

y——观测到的实际客流量;

offset——根据预测需要设定的大于或等于 1 的参数,表示预测的向后偏移量;

L——大于偏移量 offset 的参数,可以根据实验结果进行调整。

2) SVR-LSTM 模型结构

由 SVR-LSTM 组合模型的结构(图 2-6)可知,将周期性特征输入 SVR(命名为 SVR1),用来计算稳定的客流量序列,称为稳定序列;以最近观察到的实际客流量作为实时序列。稳定序列和实时序列构成异常特征,输入 SVR(命名为 SVR2)和 LSTM。SVR2 和 LSTM 的输出分别为 $\hat{y}_1$ 和 $\hat{y}_2$。$\hat{y}_1$ 和 $\hat{y}_2$ 的组合是 SVR-LSTM 模型的最终输出结果。

长短期记忆网络(LSTM),是一种时间递归神经网络,适合于处理和预测时间序列中间隔和延迟相对较长的重要事件。参考 Gers 和 Schmidhuber,LSTM 的结构可以用图 2-7 的形式描述。

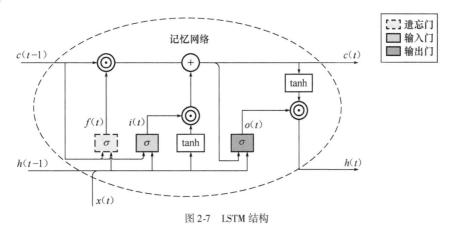

图 2-7 LSTM 结构

LSTM 预测输出可以通过式(2-16)~式(2-21)来计算。

$$i(t) = \sigma(\boldsymbol{W}_{ih}h(t-1) + \boldsymbol{W}_{ix}x(t) + \boldsymbol{W}_{ix}c(t-1) + \boldsymbol{b}_i) \tag{2-16}$$

$$f(t) = \sigma(\boldsymbol{W}_{fh}h(t-1) + \boldsymbol{W}_{fx}x(t) + \boldsymbol{W}_{fx}c(t-1) + \boldsymbol{b}_f) \tag{2-17}$$

$$c(t) = f(t) \odot c(t-1) + i(t) \odot \tanh(\boldsymbol{W}_{ch}h(t-1) + \boldsymbol{W}_{cx}x(t) + \boldsymbol{b}_c) \tag{2-18}$$

$$o(t) = \sigma(\boldsymbol{W}_{oh}h(t-1) + \boldsymbol{W}_{ox}x(t) + \boldsymbol{W}_{oc}c(t) + \boldsymbol{b}_o) \tag{2-19}$$

$$h(t) = o(t) \odot \tanh(c(t)) \tag{2-20}$$

$$\hat{y}_2(t) = \boldsymbol{W}_{yh}h(t) + \boldsymbol{b}_y \tag{2-21}$$

式中: $x(t)$——模型在时刻 t 的输入;

            W——权重矩阵;

            b——偏向量;

$i(t)$、$f(t)$、$o(t)$——时刻 t 的输入门、遗忘门和输出门;

            $c(t)$——时刻 t 的存储单元的状态;

            $h(t)$——时刻 t 的存储单元的输出;

            $\odot$——两个向量的标量积;

$\sigma(\cdot)$、$\tanh(\cdot)$ 分别按以下两式计算:

$$\sigma(x) = \frac{1}{1 + e^{-x}} \tag{2-22}$$

$$\tanh(x) = \frac{e^x - e^{-x}}{e^x + e^{-x}} \tag{2-23}$$

目标函数是最小化平方误差的总和。LSTM 的优点在于它使用门控神经元来捕获短期记忆和长期记忆,并避免梯度消失或爆炸问题。

3) LSTM 的两阶段训练方法

根据城市轨道交通网络中客流的周期性波动特征,将样本划分为不同日期的序列。如式(2-24)所示,S 表示包含某些序列的历史样本集,其中 n 代表天数。如式(2-25)所示,对于某一日的序列 s_i,存在 m 个样本。

$$S = [s_1, \cdots, s_i, \cdots, s_n]^T \tag{2-24}$$

$$s_i = [s_{i1}, \cdots, s_{ij}, \cdots, s_{im}] \tag{2-25}$$

将所有样本分为两种类型:离线样本和在线样本。离线样本不包含当天的样本,而在线样本包括最新样本。根据离线样本和在线样本的定义,训练 LSTM 的流程设计如图 2-8 所示。基本训练流程如图 2-8a)所示,两阶段训练如图 2-8b)所示。i,j,k 和 iter 是控制迭代的变量和参数,n 和 m 的含义参照式(2-24)和式(2-25)。当收集到实时数据时,将实时数据加入在线样本集合中。当车站在午夜结束运营后,当天的在线样本被加入离线样本集合中。通常,n 在第二阶段是一个比较小的数值,在第二阶段训练后,LSTM 可用于预测短期客流。

4) SVR 和 LSTM 的组合

SVR-LSTM 的最终结果是 SVR2 和 LSTM 的组合输出,组合方法基于实时预测误差设计。该组合由式(2-26)计算,其中 a 是系数($0 \leq a \leq 1$),$f(\hat{y}_1(t))$ 用于计算客流量的异常程度,大于或等于 0 表示显著的异常大客流。

$$\hat{y}(t) = \begin{cases} \hat{y}_1(t) & f(\hat{y}_1(t)) < 0 \\ (1-a)\hat{y}_1(t) + a\hat{y}_2(t) & f(\hat{y}_1(t)) \geq 0 \end{cases} \tag{2-26}$$

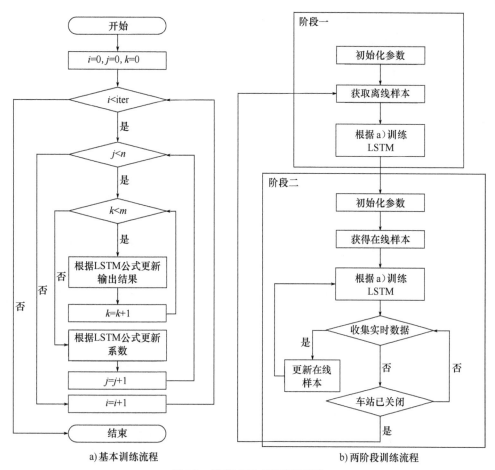

图 2-8　训练 LSTM 的流程设计图

$f(\hat{y}_1(t))$ 可以通过式(2-27)计算,其中,$e(\hat{y}_1(t))$ 表示 SVR2 的绝对误差程度,$g(\hat{y}_1(t))$ 表示 SVR2 的相对误差程度,$\pi(\hat{y}_1(t))$ 表示 SVR2 的近期误差趋势,β、δ 和 η 是系数。$e(\hat{y}_1(t))$、$g(\hat{y}_1(t))$ 和 $\pi(\hat{y}_1(t))$ 可由式(2-28)~式(2-30)计算得到。其中,offset 是向后预测的步长数量,L 是参数。

$$f(\hat{y}_1(t)) = \min[e(\hat{y}_1(t)) - \beta, g(\hat{y}_1(t)) - \delta, \pi(\hat{y}_1(t)) - \eta] \tag{2-27}$$

$$e(\hat{y}_1(t)) = \sum_{i=\text{offset}}^{L} |y_1(t-i) - \hat{y}_1(t-i)| \tag{2-28}$$

$$g(\hat{y}_1(t)) = \sum_{i=\text{offset}}^{L} \frac{|y_1(t-i) - \hat{y}_1(t-i)|}{y_1(t-i)} \tag{2-29}$$

$$\pi(\hat{y}_1(t)) = \prod_{i=\text{offset}}^{L} [y_1(t-i) - \hat{y}_1(t-i)] \tag{2-30}$$

式(2-26)中的 a 可由式(2-31)计算得到:

$$\alpha = \frac{g(\hat{y}_1)}{|g(\hat{y}_1)| + |g(\hat{y}_2)|} \tag{2-31}$$

2.3.2 实例分析

1）数据说明

使用某城市轨道交通车站 2017 年的 AFC 系统数据，该车站是换乘车站，主要为通勤客流，但有时也会出现突发异常大客流。考虑三种情形下的异常大客流，基本信息见表 2-4。

三种情形的基本信息　　　　　表 2-4

不同情形	线路	日期	日期类型	客流类型	客流特征
情形 1	5 号线	6 月 2 日	工作日	出站客流	早高峰大客流
情形 2	5 号线	8 月 31 日	工作日	出站客流	平峰大客流
情形 3	1 号线	12 月 31 日	假期	进站客流	午夜大客流

包括这三种情形在内的客流量波动如图 2-9 所示，其中分别在 6 月 2 日早高峰、8 月 31 日平峰、12 月 31 日午夜出现显著的异常大客流量。

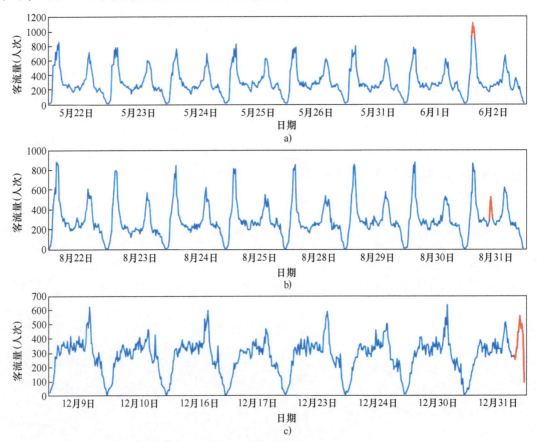

图 2-9　三种情形下的客流波动

2）实验结果

SVR1、SVR2、LSTM、ARIMA、Fusion-KNN 和 SVR-LSTM 的预测结果见表 2-5，其中时间粒度为 15min。

不同预测结果比较　　　　表 2-5

预测方法	情形 1			情形 2			情形 3		
	MAPE	RMSE	MAE	MAPE	RMSE	MAE	MAPE	RMSE	MAE
SVR1	17.53	100.17	57.47	12.98	69.29	42.66	23.22	120.92	66.78
SVR2	13.67	94.34	50.78	11.03	57.99	36.17	13.03	61.83	39.32
LSTM	33.87	88.88	57.97	27.59	76.99	50.08	16.46	53.96	38.82
ARIMA	16.52	97.29	54.10	15.13	69.35	43.05	25.80	139.84	81.13
Fusion-KNN	19.83	105.71	58.89	15.11	59.67	37.50	18.03	56.86	42.50
SVR-LSTM	12.59	68.54	40.06	10.45	49.51	32.58	11.53	43.09	30.48

将 SVR-LSTM 以及对比模型的预测结果与实际客流量进行比较，如图 2-10 所示。由图 2-10 可以看出，SVR1 的趋势是最平滑的，SVR2 反映出比 SVR1 更多的异常波动；而 SVR2 不会对剧烈的异常波动作出反应，这是因为历史数据样本中不存在类似的波动；两阶段训练的 LSTM 对异常波动反应敏感。然而，LSTM 也存在两个显著的缺陷：LSTM 会过度响应轻微的波动，并且当异常正在消失时误差很大。SVR-LSTM 结合了 SVR2 和 LSTM 的优点，能够更准确地反映轻微和剧烈的波动。

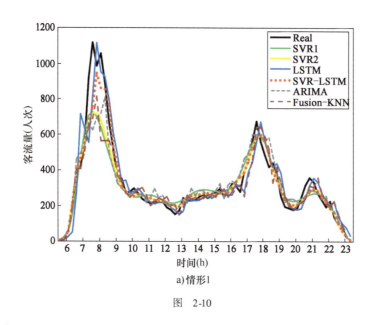

a) 情形1

图 2-10

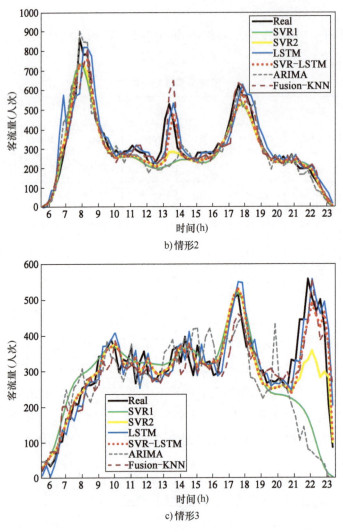

图 2-10 三种情形下的预测结果

2.4 考虑时空关联特征的出站客流预测

出站客流的动态变化不仅影响城市轨道交通系统内部的运营,还会影响地面交通的管理。准确的城市轨道交通出站客流预测对车站运营以及所接驳交通系统具有重要意义。根据客流来源特征,某一车站的出站客流量是多个车站进站客流的延迟反映。因此,本研究在既有时序特征的基础上,同时考虑多个车站客流量的时空关联特征,利用 LSTM 结合问题特征构建模型,进行城市轨道交通车站出站客流预测。

2.4.1 考虑时空关联特征的出站客流预测模型

短期出站客流预测模型框架如图 2-11 所示。首先根据原始客流数据进行时序特征分析和时空关联分析,其中时序特征包括工作日和非工作日出站客流随时间的变化趋势,时空关联特征包括关联车站进站客流随时间变化的趋势对被预测车站出站客流随时间变化趋势的影响。此外,需要对时空关联特征进行数据降维,匹配时序特征数据和时空关联特征数据,最后根据这两类数据,采用 LSTM 预测模型进行出站客流预测。

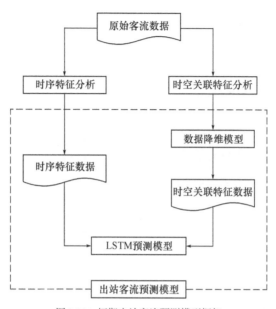

图 2-11 短期出站客流预测模型框架

预测样本的时空综合特征原始数据呈三维结构,每个时刻的客流预测对应的输入数据结构可表示为 $\left[\text{实际客流},\left[\text{时序特征数据}\right],\left[\text{时空综合特征数据}\right]\right]$,即 $\left[\text{Real-data},\left[\text{Time}\right],\right.$ $\left[\text{Space}\right]\right]$,如图 2-12 所示,数据维度差距较大。

$$\left[\text{Real-data},\left[\text{Time}\right],\begin{bmatrix} a_{1,1} & \cdots & a_{1,S} \\ \vdots & \ddots & \vdots \\ a_{T,1} & \cdots & a_{T,S} \end{bmatrix}\right]$$

其中,Real-data 为被预测车站出站客流实际历史数据;Time = $[M, d_1, d_2, \cdots, d_k, a_1, a_2, \cdots, a_k]$ 为出站客流的时序特征数据,即 $1 \times (2k+1)$ 的数组,M 为各星期同时段的客流平均值,$(d_1, d_2, \cdots, d_k)$ 分别为当前时段的前 k 个时刻的客流,$(a_1, a_2, \cdots, a_k)$ 分别为各星期同时段的前 k 个时刻的客流平均值;Space 为出站客流的时空关联特征数据。

图 2-12 每一时刻客流预测的输入数据结构

由于时空关联特征数据维度通常会大大超过时序特征数据,所以需对其进行数据降维,将时序特征数据与时空关联特征数据进行匹配,以提高预测模型的效率。本研究选取 t 分布随机近邻嵌入(t-distributed Stochastic Neighbor Embedding,t-SNE)算法对关联的 S 个车站前 T 个时间单位进站客流数据进行降维。

可将时空综合特征原始数据降维至 $1 \times n$(其中 n 的取值将根据实际数据测试得到)的数组,特征空间由 $[S \times T \times F]$(其中 F 指最大客流量)的三维结构降至 $[n \times F]$ 的二维结构。降维后,每一个时刻的客流预测对应的输入数据的时序特征和时空综合特征得到匹配,整体可用一维数组表示。降维效果如图 2-13 所示。

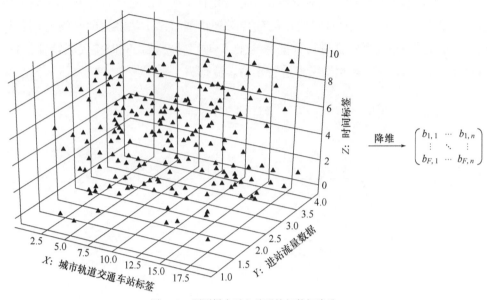

图 2-13 预测样本时空关联特征数据降维

2.4.2 实例分析

1）出站客流时空关联分析

选取北京地铁东四十条站的出站客流作为预测对象，进行实例验证。由于东四十条站为城市轨道交通网络中办公集聚特征突出的车站，并且经常有大型文体活动在周边举办，考虑到城市轨道交通系统中的车站出站客流都是由路网上其他车站的进站客流构成的，因此，通过其他车站的进站客流规模的变化可以判断东四十条站出站客流的趋势。北京城市轨道交通线网规模庞大，各个车站的进站客流对东四十条站的出站客流贡献不同，通过实际调研，选取了东四十条站出站客流构成中贡献比例较大的 19 个车站（表 2-6），进行时空关联分析，进而得到空间特征数据。

对东四十条站出站客流贡献比例较大的城市轨道交通车站　　　　表 2-6

线路	编组	城市轨道交通车站
1 号线	6B	西单、王府井、大望路
2 号线	6B	西直门、长椿街、和平门、前门、崇文门、北京站、东直门、安定门、积水潭
4 号线	6B	北京南站
5 号线	6B	天通苑、天通苑北
6 号线	8B	青年路、草房、物资学院路
八通线	6B	双桥

根据各车站至东四十条站的列车运行时间，考虑换乘等车、高峰拥挤等状况，东四十条站出站乘客最晚出站时间在最短乘车时间的基础上增加 30min，得到以东四十条站为目标从各个车站出发的行程时间区间，见表 2-7。

各车站至东四十条站行程时间区间　　　　表2-7

车站编号	车站名	行程时间(min)	车站编号	车站名	行程时间(min)
1	西单	18～48	11	积水潭	12～42
2	王府井	12～42	12	北京南站	27～57
3	西直门	16～46	13	天通苑	31～61
4	长椿街	19～49	14	天通苑北	33～63
5	和平门	15～45	15	青年路	17～47
6	前门	13～44	16	草房	28～58
7	崇文门	10～40	17	物资学院路	31～61
8	北京站	7～37	18	大望路	14～44
9	东直门	2～32	19	双桥	29～59
10	安定门	7～37			

例如，5号线起点的天通苑北站是居住密集区，从天通苑北站到东四十条站之间共有13站，乘坐5号线在雍和宫站换乘2号线，全程需要约35min，考虑早高峰等待的时间，天通苑北站进站客流对于东四十条站出站客流具有延迟影响，延迟的行程时间为等待和乘坐城市轨道交通的时间，如图2-14所示。

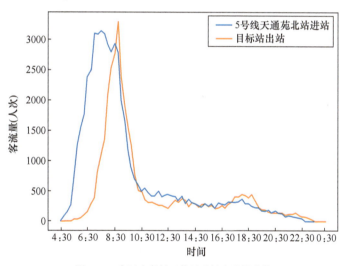

图2-14　东四十条站工作日出站客流拟合线

各站点进站客流对东四十条站出站客流的影响具有延迟性。通过计算各车站至东四十条站乘车时间发现，这19个车站到目标东四十条站路程时间不超过63min，故取前4个统计时间间隔(每个间隔15min)作为时空关联特征输入的原始数据。因此，每一个时刻的时空关联特征数据对应前4个时刻19个车站的进站客流。

2) 数据集

为保证训练集的数据规模，选取2018年连续两个月东四十条站前55天出站客流数据进行训练，以最后一周客流进行测试，时间粒度为15min。即将LSTM预测样本 T 以天为单位划分，$T = \{t_1, t_2, t_3, \cdots, t_{62}\}$，其中每天的数据 $t_x = \{p_1, p_2, p_3, \cdots, p_{64}\}$ $(x = 1 \sim 64)$，样本的最后一周作为测试集 test_X，其余 55 天作为训练集 train_X，则训练数据量 n_train_X 为 $55 \times 64 = 3520$ 个。模型的训练集和测试集样本见表 2-8。样本数据格式见表 2-9。

预测模型训练集和测试集样本 表 2-8

分类	日期	数据量（个）
训练集	7月1日—8月24日	3520
测试集	8月25—31日	448

样本数据格式 表 2-9

符号	特征	含义
L	—	索引信息
Real-data	—	出站客流实际值
M	时间	当前时刻各星期平均客流
d1	时间	当前时刻的前 1 个时刻客流
d2		当前时刻的前 2 个时刻客流
d3		当前时刻的前 3 个时刻客流
d4		当前时刻的前 4 个时刻客流
a1	时间	前 1 个时刻客流各星期平均值
a2		前 2 个时刻客流各星期平均值
a3		前 3 个时刻客流各星期平均值
a4		前 4 个时刻客流各星期平均值
B	时空	19 个车站前 4 个时刻的进站客流矩阵

3) 时空关联数据降维

通过实际调研，选取了东四十条站出站客流构成中贡献比例较大的 19 个车站进行时空关联分析。由于每个时刻的时序特征可表示为 1×9 的数组，而时空关联特征可表示为 19×4 的数组，所以需对时空关联特征进行数据降维。将 19 个车站的进站原始数据由 $[19 \times 4] \times 3520$ 分别降至 3×3520，2×3520 或 1×3520。降至 1 维、2 维和 3 维的时空关联特征数据如图 2-15 所示。

在相同条件下进行对比实验，降维结果与实验精确度的关系见表 2-10。可以看出，时空数据有效地提高了预测精确度，最终选取 3 列降维数据进行实验。

降维与实验预测结果 表 2-10

实验次数	MAPE	MAE	RMSE	备注
1	15.26	43.34	61.18	不包含降维数据
2	15.31	41.61	60.50	含 1 列降维数据
3	11.25	37.33	59.02	含 2 列降维数据
4	9.60	32.13	50.79	含 3 列降维数据

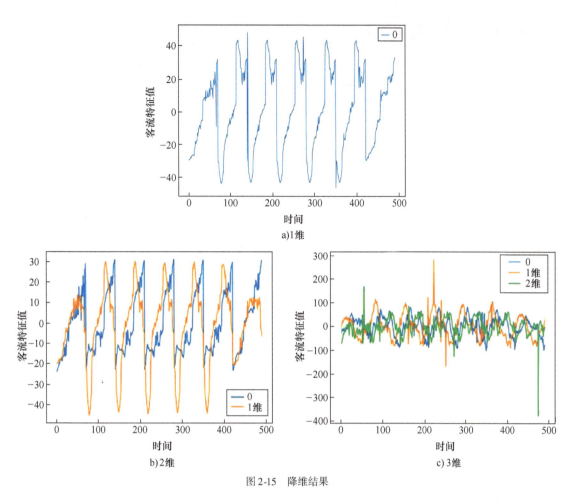

图 2-15 降维结果

4)模型参数选取

本研究使用的 LSTM 客流预测模型是基于 Keras 使用 TensorFlow 为后台支持构建的多变量时间序列预测模型。为达到输入模型的数值需求,基于 MinMaxScaler 库对数据进行归一化处理并转化为监督学习问题。

根据测试,batch_size 取值为 64,epoch 取值为 1000 时,模型性能最稳定且精确度较高。模型的主要参数见表 2-11。

表 2-11 预测模型主要参数

参数	参数值	含义
LSTM 隐藏层单元数目	50	—
Optimizer	Adam Optimizer	激活函数
epochs	1000	代数
batch_size	64	批处理参数

5)实验结果

实验以测试集为预测目标,将本书模型与 BP 神经网络和 KNN 算法、随机森林(RF)算法的预测结果进行对比,结果见表2-12。

表2-12 预测模型精度比较

项目	模型			
	LSTM	BP	KNN	RF
MAPE(%)	9.60	15.82	15.59	13.21
RMSE	50.79	96.86	87.55	72.38

结果表明,基于LSTM的城市轨道交通出站客流预测模型的预测结果,在平均绝对百分比误差与均方根误差上优于BP神经网络和KNN算法,精确度较高。模型的预测值与真实值对比结果如图2-16a)所示,训练、测试过程误差曲线如图2-16b)所示,拟合效果较好,预测结果稳定。

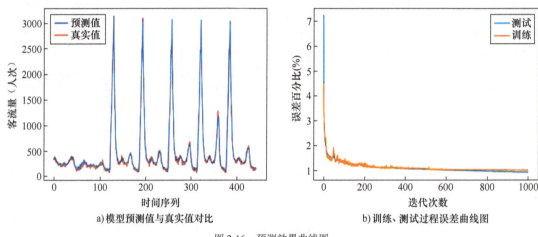

a) 模型预测值与真实值对比　　　b) 训练、测试过程误差曲线图

图2-16 预测效果曲线图

2.5　基于多图网络的多点协同客流预测

城市轨道交通车站是城市轨道交通网络的核心枢纽,承担着重要的客流集散功能。当大量乘客集中进入车站或下车时,车站内经常变得极端拥挤,影响乘客的出行安全。利用当前丰富的客流视频检测数据,进行站内关键区域客流实时预测,可以有效实现站内客流安全态势感知。基于此,本书提出了时间图卷积神经网络模型(TGACN),基于站内多点客流流量和密度检测数据实现车站关键区域的客流实时预测。

2.5.1　基于时间图网络的多点协同客流预测模型

车站多点客流实时预测方法采用一种新的融合方法来提取和表达时空特征,实现车站各关键区域客流量和密度的预测;提出一种多图特征生成方法,包括静态地理图和动态语义图,反映节点间相关性随时间的变化;并构造一个城市轨道交通车站内客流变化的数据集,并利用此数据集实验对比其他神经网络方法,验证了TGACN的优越性。

TGACN 模型如图 2-17 所示。模型通过多图生成(MGG)模块构建静态地理图和动态语义图生成多个邻接矩阵作为空间特征提取(GACN)模块的输入;GACN 包括图神经网络中的两个经典模型图卷积神经网络(GCN)和图注意力网络(GAT),主要用于提取客流数据中的空间特征和隐含的动态相关性;趋势特征提取(TFE)模块采用了一种新的时空融合方法,将 GACN 输出的空间特征与时间特征联系起来,并将融合后的特征作为 LSTM 模型的输入,预测未来的短期客流。

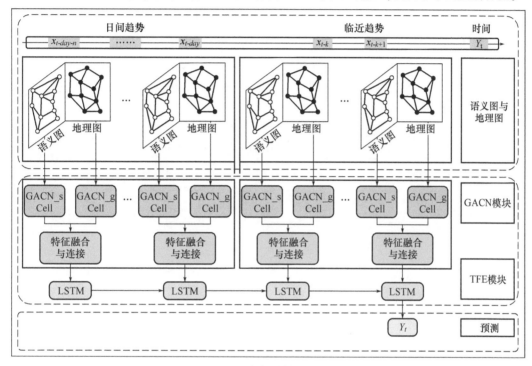

图 2-17 具有降维结构的 TGACN

1) MGG 模块

MGG 模块用来构建静态地理图和动态语义图。

(1) 构建静态地理图。

将站点的空间结构抽象为由点和线组成的无向地理图 $G_g = (V_g, E_g)$,以便于提取空间特征,其中 $V_g = \{v_1, \cdots, v_N\}$ 是节点集合,N 是节点数,E_g 是连接两个节点的边集,$(v_i, v_j) \in E_g$。在无向地理图 G_g 中,节点 v_i 表示车站内的关键区域或设备,而边 (v_i, v_j) 表示节点 v_i 和节点 v_j 之间连通可供乘客通行。无向地理图 G_g 中节点之间的连接关系可以由 0 和 1 组成的邻接矩阵表示,0 表示两个节点之间没有连接,1 表示两节点之间存在连接,如式(2-32)所示:

$$a_{ij} = \begin{cases} 1 & (v_i, v_j) \in E \\ 0 & 其他 \end{cases} \quad (2\text{-}32)$$

(2) 构建动态语义图。

车站微观网络节点之间的距离很近,乘客可以在很短的时间(比如一分钟或者几秒钟)内,完成在相邻节点之间的移动,移动时间远小于短期预测的时间步长(如 5min)。因此,仅考虑微观网络中节点之间的地理连接关系是远远不够的，需要考虑节点之间的隐含相关性来提高预测精度。因此，构建了语义图 G_s，获得节点之间的隐含相关性，以更好地量化邻接节点和非邻接节点与目标节点的动态相关程度。语义图 $G_s = (V_s, E_s)$ 反映了网络中节点之间的相关关系，节点 V_s 是站内监控的关键区域，节点的边集 E_s 取决于两个节点之间的客流状态是否存在相关。这条边不受地理结构的限制，因为即使两个节点在空间上不相邻，它们也可能相互影响。由于节点之间的影响程度在不同时间段是不同的，所以语义图 G_s 是时变的。

基于 GACN_s Cell 操作过程中生成的注意系数矩阵 A_s 来构造动态语义图 G_s。从语义图 G_s 抽象出语义邻接矩阵 A_s，其构造过程如图 2-18 所示。语义邻接矩阵 A_s 的初始矩阵为零矩阵，表明语义图中节点之间不存在互相影响。通过模型训练，将语义邻接矩阵 A_s 更新为训练计算出的注意系数矩阵。

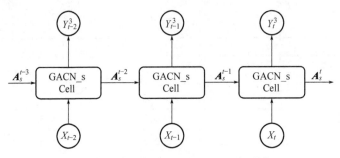

图 2-18 语义邻接矩阵 A_s 的整体构建过程和操作过程

2) GACN 模块

GACN 模块是基于 GCN 和 CAT 进行构建的。

选择 GCN 进行空间特征提取，GCN 可以将邻接节点的信息连同换乘站网络结构一起传输到目标节点。随着迭代次数的增加，目标节点可以获得更远节点的信息，如图 2-19 所示。

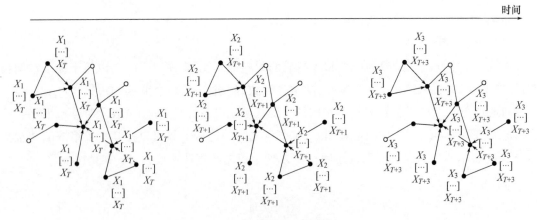

图 2-19 上下游客流交互过程

GCN 将邻接矩阵 A 和特征矩阵 X 作为输入，并使用傅里叶变换实现卷积运算以捕获节点之间的空间特征。GCN 的核心公式为：

$$H^{(l+1)} = \text{ReLU}(\tilde{D}^{-\frac{1}{2}}\tilde{A}\tilde{D}^{-\frac{1}{2}}H^{(l)}W^{(l)}) \tag{2-33}$$

其中，$\tilde{A} = A + I$，I 是单位矩阵，$\tilde{D}$ 是 $\tilde{A}$ 的度矩阵，$\tilde{D}_{ii} = \sum_j \tilde{A}_{ij}$ 表示连接到每个节点的边数；ReLU 是激活函数；$W^{(l)}$ 是第 l 层的权重矩阵；$H^{(l)}$ 是第 l 层的输入矩阵。当 $l = 1$ 时，$H^{(l)} = X$。

GAT 可以为相邻节点分配不同的权重，以反映相邻节点的不同重要度。该权重是注意系数，所有节点之间的权重构成注意系数矩阵。节点对 (i, j) 注意系数的计算公式如式（2-34）所示：

$$a_{ij} = \text{softmax}(\sigma(\vec{a}^T[W\vec{h}_i \| W\vec{h}_j])) \tag{2-34}$$

式中：a_{ij}——节点 i 和节点 j 之间的注意力系数；

σ——激活函数；

W——隐藏层的权重矩阵，$W \in R^{F \times F'}$，其中 F 为输入特征的维度，F' 为输出特征的维度；

$\vec{h}_i, \vec{h}_j$——节点 i 和节点 j 的属性特征；

$\vec{h}_i \in R^{1 \times F}$——拼接矩阵的操作，即节点 i 和节点 j 的特征与权重矩阵相乘后拼接成一个矩阵；

$\vec{a}^T$——注意力核，$\vec{a}^T \in R^{2F' \times 1}$。

3）空间相关性建模

GACN_g 和 GACN_s 用于获得节点间关系特征和计算注意系数，如图 2-20 所示。为了准确表征网络中节点之间的影响，优化模型的空间特征提取性能，将 GCN 的输出作为 GAT 的输入。首先，将邻接矩阵 A 与特征矩阵 X 结合，作为 GCN 的输入，获取客流数据的空间特征。其次，将 GCN 的输出结果作为 GAT 的输入，计算节点之间的注意系数；最后，将基于 GAT 计算的注意系数矩阵 A 与 GCN 的输出结果 X 相乘，得到输出结果 Y。

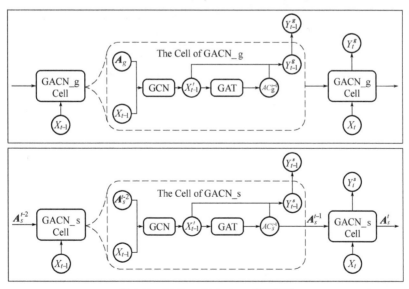

图 2-20　GACN_g 和 GACN_s 详细流程

GACN_s 和 GACN_g 之间的区别是所使用的邻接矩阵。GACN_s 使用前一时刻的注意系数矩阵 A_s^{t-1} 作为下一时刻的语义邻接矩阵 A_s^t 计算时的输入,GACN_g 使用基于站点空间结构构造的地理邻接矩阵 A_g。因此,在 GACN_s 中输入的图是动态的,而在 GACN_g 中输入的图是静态的。

4) TFE 模块

车站客流变化具有周期性和不规则波动性,周期性源于通勤客流的影响,在工作日会出现早晚高峰。车站的客流也极易受到外部条件的影响,在短时间内出现不规则波动。客流预测的一个重要组成部分是获取数据的时间相关性。在此使用 LSTM(原理见 2.3 节)实现了这一目的。

将 GACN 的结果与特征矩阵 X 进行融合,将融合后的特征矩阵作为 TFE 的输入,实现时间特征提取和未来客流预测。然而,GACN 输出的空间特征信息的维度与历史客流信息的维度不匹配,影响了 TFE 的特征提取效果。为此,提出了一种新的时空关系融合方法,通过降低空间特征的维度,筛选有效空间信息,将空间特征与时间特征融合起来。最后,将降维后的空间特征信息 $G_i = [x_1^{i,r}, \cdots, x_g^{i,r}]^T$ 与历史时间特征信息 X_i 结合,形成 LSTM 的输入 $[X_i, G_i] = [x_{t-m}^{i,r-1}, \cdots, x_t^{i,r-1}, x_t^{i,r}, \cdots, x_g^{i,r}]^T$,预测 t 时刻图中各节点的乘客流量,得到预测结果 $\widehat{Y} = [\widehat{y}_t^{1,r}, \cdots, \widehat{y}_t^{i,r}, \cdots, \widehat{y}_t^{N,r}]$。

2.5.2 实例分析

选择 2019 年 1—6 月某地铁换乘站工作日的视频监控统计数据,车站监测点涉及站厅、楼扶梯、站台等 37 个位置。该车站平日早晚高峰客流量较大,根据节点功能特性进行视频监测区域内的通过客流量或客流密度统计,统计客流的时间间隔为 5min。车站平面结构图和监控摄像机位置如图 2-21 所示。

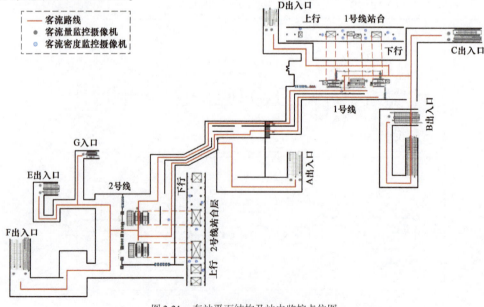

图 2-21 车站平面结构及站内监控点位图

通过 GACN_s 生成的随时间变化的语义网络邻接矩阵如图 2-22 所示。其中,每个图中的横、纵坐标是监控点位序号,图中不同的深浅蓝色表示不同的注意力系数,颜色越深,注意力系数越大,节点间的客流相关性越强。

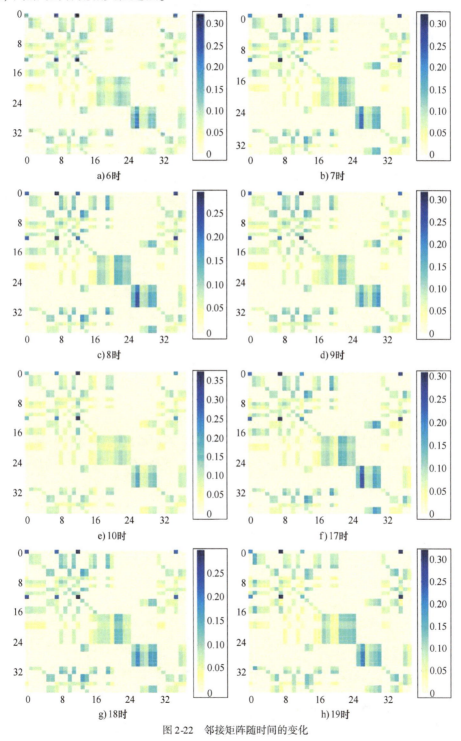

图 2-22 邻接矩阵随时间的变化

TGACN 和其他模型在 5min 粒度下的预测性能见表 2-13,可以看出,在所有评估指标下,TGACN 均获得了最好的预测结果。其中,sin-graph 是输入单个静态拓扑图。

TGACN 和其他对比模型的预测结果　　　　　表 2-13

指标	模型						
	SVM	GRU	LSTM	GCN	TGACN (Without GAT)	TGACN (sin-graph)	TGACN
MAE	14.27	10.54	10.91	16.13	15.27	14.62	9.93
RMSE	17.79	12.05	12.42	19.97	19.64	10.25	6.87
MAPE	0.34	0.26	0.27	0.36	0.25	0.17	0.08

选取两个客流变化规律不同的典型入口进行分析,进站客流预测结果如图 2-23 所示。A 口和 C 口的客流趋势相反,在早高峰时大部分客流从 A 口进站,而在晚高峰时大部分客流从 C 口进站。由此可见,TGACN 能够准确捕捉客流变化规律,实现准确的预测。

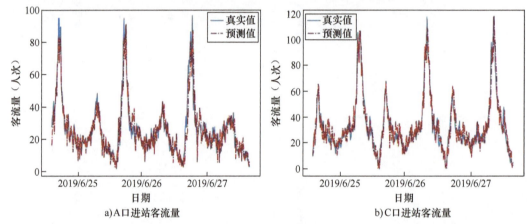

图 2-23　进站客流预测结果

图 2-24 为两个方向换乘通道内换乘客流预测效果。可以看出,换乘客流具有明显的周期性变化,早晚高峰时段的换乘客流明显多于平高峰时段的换乘客流,不同方向的换乘客流预测效果均较好。

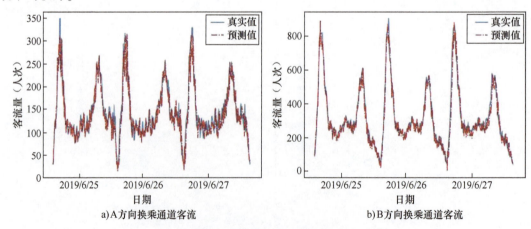

图 2-24　换乘通道客流预测结果

图 2-25 为换乘站两条线路对应站台客流预测效果。其中,图 2-25a) 和图 2-25d) 分别为两个站台连接的楼梯的客流真实值与预测值对比;图 2-25b) 和图 2-25e) 分别为两线上行方向某车门处的客流密度的真实值与预测值对比;图 2-25c) 和图 2-25f) 为下行方向某车门处客流密度的真实值与预测值对比。可以看出,站台上的客流密度变化也具有早晚高峰的特征。实验结果也证明了 TGACN 可以同时预测客流量和客流密度,并获得了较好的预测结果。

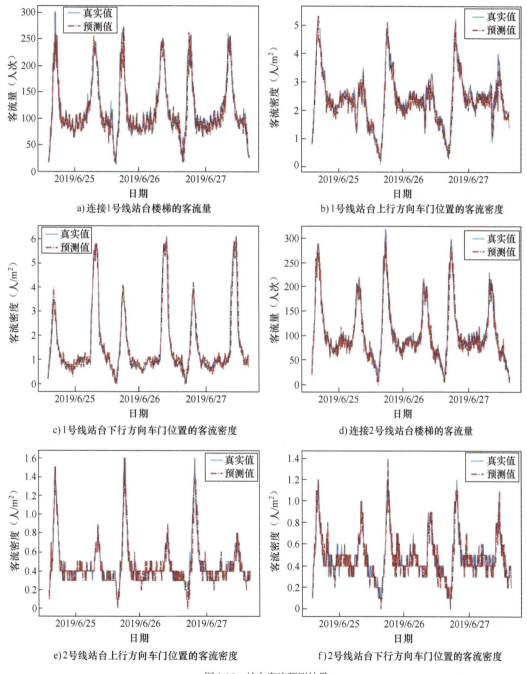

a) 连接1号线站台楼梯的客流量　　　　　　　b) 1号线站台上行方向车门位置的客流密度

c) 1号线站台下行方向车门位置的客流密度　　d) 连接2号线站台楼梯的客流量

e) 2号线站台上行方向车门位置的客流密度　　f) 2号线站台下行方向车门位置的客流密度

图 2-25　站台客流预测结果

2.6　本章小结

　　本章主要介绍了多种场景下的客流短期预测模型。对于规律性比较强且特征简单的日常短期进站客流预测，可采用 SVR 算法；对于突发大客流预测，则更适合用实时序列与日常客流的差异来捕获异常的发生和发展，结合 SVR 和 LSTM，运用两阶段训练方法训练 LSTM 模型，会有更好的预测效果。

　　在数据条件允许的情况下，获得多点客流数据，对单点客流预测效果会有很大提升。通过考虑多站之间的影响，提取站间时空特征，与单站本身的客流时序特征结合作为输入，有利于单站出站客流预测；考虑站内多点间客流影响，也同样有利于站内客流预测精度的提升。随着深度学习的发展，图神经网络成为多点间影响特征提取的有力工具，注意力机制的引入，对多点间影响的刻画更加贴切。

　　客流预测精度提升是不变的目标，常规客流预测精度已经达到90%以上的平均水平，从应用的角度已经基本可以满足客流和行车组织的需求；对特殊场景如大型活动、节假日、列车延误、线路改造等条件下的客流预测，将会逐渐成为研究重点。在这些特殊场景下，影响因素更加复杂，客流变化规律更难以捕获，数据驱动与机理相结合的客流预测方法是未来值得探索的方向。

第3章

数据驱动的乘客出行选择模型

乘客出行选择模型反映了乘客决策机理,支撑了客流在路网时空分布推演。乘客出行选择的研究历时已久,在主流的 Logit 模型基础上,学者们不断丰富,考虑的影响因素也日趋多样;但因为乘客出行选择的主观性强,且路网出行乘客规模巨大,出行选择模型的校验和提升面临巨大困难。大数据技术的发展,为乘客出行选择研究的突破提供了契机,利用乘客出行的交易记录和列车运行记录,构建数据驱动的乘客出行选择模型,成为学者们近年研究的热点。本章围绕数据驱动的乘客出行选择模型展开,在乘客出行行为分析的基础上,以贝叶斯理论为核心,给出了日常高峰的路径选择模型,以及列车延误下的出行反演模型。

3.1 乘客出行选择模型概述

3.1.1 乘客出行选择研究概述

乘客动态出行决策研究集中在出行路径选择上。传统的乘客出行路径选择研究主要应用了离散选择模型,其以随机效用理论为基础,根据乘客对于不同路径的效用值估计乘客路径选择概率。乘客对于不同路径的效用值需体现出路径的客观属性和乘客的偏好特征,可考虑路网结构、路径行程时间、拥挤程度、换乘便捷性、舒适度,以及乘客出行时间、目的、距离、路网熟悉度等因素。此外,假设不同的随机误差项分布形式可以推出不同的离散选择模型,最早提出和应用最广泛的是多项式 Logit(Multinomial Logit,MNL)模型。然而 Logit 模型的无关方案独立性(IIA)特性使得预测结果与实际情况会有较大差别,因此,各种离散选择模型相继被提出并得到发展,如多项式 Probit(Multinomial Probit,MNP)模型、混合 Logit(Mixed Logit)模型、CLogit 模型和交叉巢式 Logit(Cross-Nested Logit,CNL)模型等。之后,针对随机效用理论的研究认为出行者是完全理性的这一局限性,有学者考虑出行者在决策时的风险偏好,采用了前景理论或后悔理论来研究乘客出行路径选择行为。

在离散选择模型参数估计方面,研究者们主要依靠大量现场调研采集的数据,如实际调查 RP 数据(Revealed Preference Data)和意向调查 SP 数据(Stated Preference Data),通过统计分析调研结果,得到乘客的出行信息和意向选择结果,从而估计模型相应的参数。但此类方法不仅调查费用高,数据的可靠度也难以保证。

随着大数据技术的发展,研究者们倾向于利用海量 AFC 数据来提取城市轨道交通乘客的实际出行信息,反演乘客路径选择结果。AFC 数据记录了乘客的进、出站过闸时刻和车站名称,据此可观测到乘客的行程时间,可基于统计学理论从行程时间组成要素和分布两个角度来研究乘客的路径选择行为。从旅行时间组成要素的角度,结合列车时刻表可估计出 OD 对间每条路径的行程时间分布参数,得到乘客对每条路径的选择比例。从旅行时间分布的角度,有的学者基于混合正态分布和期望最大算法(Expectation Maximization,EM)获取路径选择比例,此外,也可根据贝叶斯理论求解已知乘客行程时间条件下,乘客选择某条路径的后验概率。

近年来,许多学者也开始研究城市轨道交通突发事件下的乘客出行决策,主要采用了离散选择模型和前景理论等方法来研究突发事件下乘客路径选择行为。在突发事件下,采用传统的问卷调查法进行离散选择模型的参数估计存在主观性强的缺陷,乘客的问卷调查基于设想,问卷结果的可用性很低。而使用数据驱动的方式进行突发事件下的路径研究,其基于大量历史数据和严格的统计概率方法,客观性强,逐渐受到研究者关注。

3.1.2 城市轨道交通乘客行程分析的基础数据

城市轨道交通系统是复杂与封闭的公共交通系统,其网络化运营产生了大量的运营基础数据,主要包括 AFC 系统自动采集的数据和列车运行数据。其中,AFC 数据作为乘客出行行为的直观表征,是运营管理的重要依据和建设改造的重要参考信息;列车运行数据是列车开行计划和实际运行情况的直接体现,是城市轨道交通运营供给的重要基础文件。

1) AFC 数据

AFC 系统是基于通信、计算机和自动控制等技术,实现城市轨道交通内部售票检票、计费收费、统计和清分管理等全过程的自动化系统,其结构层次主要由车票、车站终端设备、车站计算机系统、线路中央计算机系统和清分系统构成。

通过 AFC 设备所收集的乘客票卡数据(AFC 数据),记录了乘客个体出行的基本信息,包括进出站时间、线路编号、线路名称、车站编号、车站名称和票卡编号、票卡类型等,其主要数据结构和形式见表 3-1。由表 3-1 可见,通过进站时间和出站时间字段,可获取乘客个体的进出站时刻,该字段以秒(s)为单位、1s 为精度对全天 24h 进行记录。

城市轨道交通日常不断运营,AFC 系统所形成的海量 AFC 数据,不仅记录了持卡(刷码)者的出行行为信息,展现了乘客的时空出行数据,也揭示了城市轨道交通网络客流的时空分布特征。随着大数据挖掘和分析技术的发展,利用 AFC 数据可以统计得到如进站量、出站量、OD 量、换乘量、断面流量等诸多客流指标,为城市轨道交通的规划设计和运营管理提供决策支撑。

AFC 数据的结构和形式 表 3-1

进站线路编号	进站线路名称	进站站点编号	进站站点名称	进站时间	出站线路编号	出站线路名称	出站站点编号	出站站点名称	出站时间	卡（码）号
07	7号线	0759	××	2019/4/1 08:11:52	74	14号线（东段）	1479	××	2019/4/1 09:03:04	××××
10	10号线	1037	××	2019/4/1 18:23:17	10	10号线	1053	××	2019/4/1 18:48:30	××××
01	1号线	0113	××	2019/4/1 17:44:52	95	房山线	9527	××	2019/4/1 18:41:01	××××
01	1号线	0112	××	2019/4/1 18:18:00	14	14号线（西段）	1433	××	2019/4/1 18:38:08	××××
10	10号线	1091	××	2019/4/1 09:06:00	02	2号线	0201	××	2019/4/1 09:06:15	××××

和人工调查法相比，AFC 系统获取的乘客出行信息不但节省人力、物力，而且数据的准确性和全面性有了保证。但是，AFC 终端设备所记录的仅是乘客在进入付费区和离开付费区时的时空信息，而无法记录乘客在城市轨道交通线网内的移动过程，需要依托数据挖掘方法，对 AFC 数据所隐含的乘客出行特征进行深度探索，科学合理地解释乘客在城市轨道交通线网中出行的行程。

2）列车运行数据

研究涉及的列车运行数据主要包括列车定员信息和列车运行时刻表。城市轨道交通的列车定员信息主要由车辆形式和列车编组决定，列车定员决定了列车的载客能力。列车运行时刻表直接展示了列车的开行计划，见表 3-2，包含了线路编号、列车车次、列车行程编号、途经车站编号、到站时间、离站时间、运行方向和列车终点站等信息。另外，在列车计划运行图的基础上，运营结束后可以统计得到列车实际运行图，后者结合 AFC 数据，可以更加准确地挖掘乘客的出行行为特征。

列车实际运行时刻表的结构和形式 表 3-2

线路编号	列车车次	列车行程编号	途经车站编号	到站时间	离站时间	运行方向	列车终点站
09	2054	11	0925	2019/4/1 08:39:18	2019/4/1 08:40:38	02	0921
15	2142	14	1551	2019/4/1 16:11:13	2019/4/1 16:12:00	02	1563
95	2187	1	9543	2019/4/1 20:23:07	2019/4/1 20:24:48	02	9521

续上表

线路编号	列车车次	列车行程编号	途经车站编号	到站时间	离站时间	运行方向	列车终点站
96	1053	12	9643	2019/4/1 10:07:29	2019/4/1 10:08:07	01	9647
93	2P348	3	9337	2019/4/1 13:41:13	2019/4/1 13:41:58	02	9319

3.2 城市轨道交通乘客出行行为分析

本节将以乘客个体为研究对象,基于个体在城市轨道交通路网出行移动过程的分解,挖掘乘客的行程选择影响因素,并对旅行时间等重要的影响因素进行分析。

3.2.1 乘客在路网的移动过程

乘客在城市轨道交通线网中的移动过程如图 3-1 所示。乘客在起始站 O 站通过进站闸机刷卡(码)进入车站后,从站厅步行抵达 O 站站台候车,通常登上所等候的列车离开;如果需要换乘,则在到达换乘站后下车,通过不同的换乘形式如通道换乘、站厅换乘等,步行抵达换乘目的线路的车站站台进行候车,之后登上所等候的列车离开;如果无须换乘,则在到达 D 站后下车,从 D 站站台步行抵达出站闸机,刷卡(码)出站。

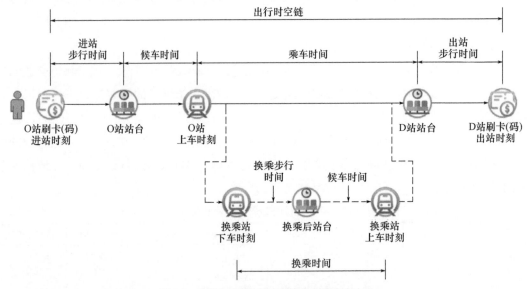

图 3-1 乘客在城市轨道交通线网中的移动过程

由图 3-1 可见,刷卡(码)进站、进站步行、进站候车、乘车、换乘步行、换乘候车、出站步行、刷卡(码)出站等一系列环节构成了乘客在城市轨道交通路网中完整的出行时空链,其中的每个环节都有可能因为某些因素的影响而造成乘客个体间的行程差异。这种差异主观上来自乘客路径选择和乘车方案选择决策行为,而这些主观决策的差异受到客观条件的影响。

1) 乘客物理路径选择

随着城市轨道交通的网络化建设和运营组织,线路间的换乘关系逐渐复杂,不同站点间的可达性日渐提高,相同起讫点间乘客的出行路径也呈现出更多的可能。以北京为例,图 3-2 显示了北京城市轨道交通线网从 2002 年到 2023 年间的变化。

由图 3-2 可见,北京城市轨道交通在 21 年间开通了 22 条运营线路,使 OD 对之间的可达性大大提高。以 13 号线霍营站至 1 号线大望路站这一 OD 对为例,根据图 3-2a)所示的 2002 年北京城市轨道交通线路图,乘客当年最可能的出行路径如图 3-3 所示。

而在 2023 年,根据图 3-2b)所示的北京城市轨道交通线路图,乘客在这对 OD 间的出行在图 3-3 所示路径的基础上,有了更多可供选择的路径,如图 3-4 所示。

由此可见,不同路径有不同的途经线路、车站数量、换乘位置和换乘次数,而路径属性特征的差异导致了选择不同路径出行的乘客所花费的广义费用不同,主要体现在乘车时间、换乘次数和换乘时间、拥挤度等方面。

2) 乘客乘车方案选择

乘客在某条物理路径上的移动是通过步行与列车的载运来完成的,通常,乘客在非高峰时段进入城市轨道交通车站后,会顺畅地到达站台,并乘坐最先到达站台的一趟列车离开;但高峰时段,由于车内拥挤,乘客可能无法乘坐当前到达的列车,而需要等待下一趟乃至更下一趟列车,使得乘客可能乘坐的列车数量增加,乘车方案选择充满不确定性。

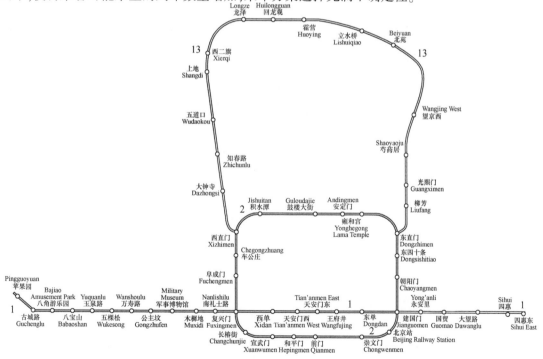

a)2002年北京城市轨道交通线路图

图　3-2

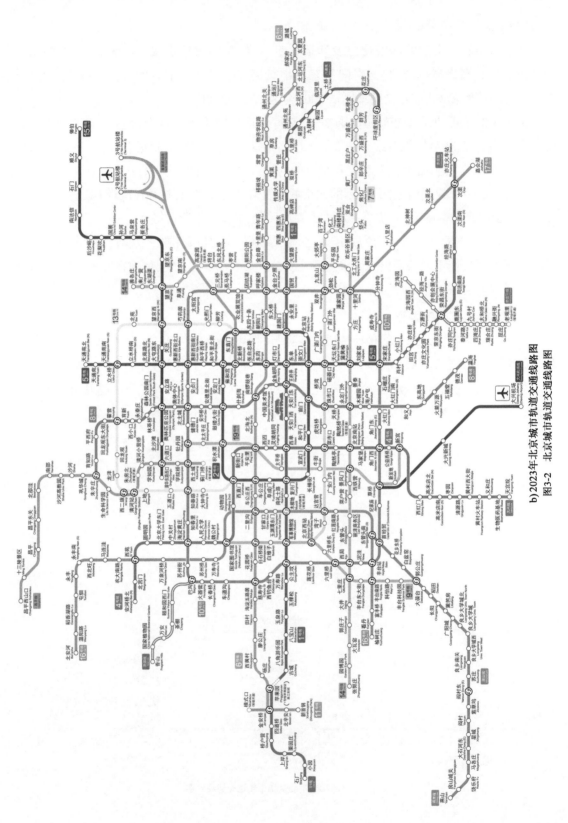

b) 2023年北京城市轨道交通线路图

图3-2 北京城市轨道交通线路图

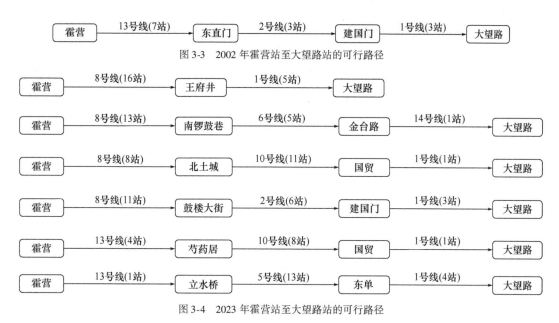

图 3-3 2002 年霍营站至大望路站的可行路径

图 3-4 2023 年霍营站至大望路站的可行路径

从乘客角度,影响乘客乘车方案选择的因素取决于乘客个体到达站台的时间,而该时间又与乘客在站内步行的速度和距离有关;从列车角度,影响乘客乘车方案选择的因素为列车容量和线路的发车间隔等。这些因素共同作用在乘客的可选列车数量和乘车概率上。

综上所述,乘客出行的行程方案的决策结果受到多种因素的影响,主要体现在乘客出行路径选择和乘车方案选择两个环节。

3.2.2 乘客旅行时间构成及成分分析

乘客的旅行时间体现了乘客采用每种行程方案出行所花费的时间长短,由个体的进、出站刷卡(码)时刻的时间间隔计算得出。

由前文中对乘客出行移动过程的分析,可知乘客个体在城市轨道交通网络中完整的出行时空链包含进站、换乘、出站三个主要环节;乘客旅行时间与之对应,如式(3-1)所示,包含五个部分。

$$T_{OD}^k = T_O^{access} + T_O^{wait} + T^{train} + T^{transfer} + T_D^{exit} \qquad (3-1)$$

式中:T_{OD}^k——OD 对间路径 k 的旅行时间,s;

T_O^{access}——乘客在 O 站的进站步行时间,以乘客在进站闸机刷卡(码)进站时刻为始,到达站台时刻为止,s;

T_O^{wait}——乘客在 O 站站台的等候时间,表示乘客到达站台时刻起,直到登上列车时刻为止的时间间隔,s;

T^{train}——乘客的在车时间,包含列车在区段的运行时间和经停站的起停附加时分、停站时间,s;

T_D^{exit}——乘客在 D 站的出站步行时间,以乘客搭乘列车在 D 站站台停靠的时刻为始,到乘客在闸机刷卡（码）出站的时刻为止，s；

$T^{transfer}$——乘客的换乘时间，$T^{transfer} = T^{transferwalk} + T^{transferwait}$，在换乘站的换乘时间等于换乘步行时间和换乘等待时间之和，前者表示乘客搭乘的换乘前线路的列车到站停靠时刻起，步行到换乘后线路站台的到达时刻为止；后者表示乘客在换乘后站台的到达时刻为始，登上换乘后列车的时刻为止，二者的单位均为 s。

对以上时间进一步说明如下。

1) 进、出站步行时间

不少学者通过对城市轨道交通乘客微观行为的研究发现，乘客在车站内的步行时间符合一定的分布特征。大量的实际调研数据以及拟合结果表明，日常乘客在城市轨道交通车站内的步行时间符合正态分布。因此，本节依据以上研究结论，认为常规场景下乘客在城市轨道交通车站内的步行时间均符合正态分布，后文将对这一分布特征进行假设检验。

2) 候车时间

乘客进入城市轨道交通车站后，在站台的候车时间取决于乘客到达站台时刻、列车到达时刻和剩余容量。候车时间包括等待第一趟列车的时间和站台滞留造成的额外等待时间，通常在平峰时段，若无突发事件等原因造成的大客流拥挤，车辆的到达间隔固定，乘客到达站台的时间是随机的，在站台上服从均匀分布，则可认为乘客平均等待第一趟列车的时间是该线路发车间隔的一半。而在早、晚高峰时段，大量的通勤、通学乘客涌入车站，由于列车容量的限制，乘客到达站台后，经常难以登上最先到达的一趟列车，因而需要继续等待下一趟甚至更晚的列车，这就是城市轨道交通乘客在站台的"留乘现象"。由此造成的乘客候车时间延长，其程度与乘客个体的滞留次数有关。

3) 在车时间

乘客的在车时间指以乘客登上列车的时刻为始，以搭乘列车到达目的地站台停靠时刻为止的时间间隔，再减去乘客在换乘车站的步行与等候时间。在车时间和列车的运行图有关，包括了列车在区段的运行时间和经停站的起停附加时间、停站时间。乘客的在车时间，可以从列车的实际运行图中获取。对于选择相同路径、乘坐相同车次出行的乘客，其在车时间相同且为定值。

4) 换乘时间

换乘乘客的换乘时间分布与换乘设备设施以及换乘前后线路的发车间隔有关，包括换乘的步行时间和等待时间。如前文中提到城市轨道交通站内乘客的步行时间符合正态分布，因此，认为换乘步行时间也符合正态分布。换乘等待时间为乘客到达换乘后线路站台的等待时间，同前文中对乘客候车时间的分析，可认为换乘乘客的换乘等待时间等同于同一时刻到达该线站台的进站乘客的候车时间，也就是说，在高峰时段，可以假设发生和没有发生换乘的乘客在同一个车站所经历站台的滞留概率相同。这为后文中乘客出行轨迹的推算提供了思路。

以上对乘客旅行时间的构成和各组成成分的分析，体现出时间要素对乘客出行行程决策的重要影响，也为下文城市轨道交通高峰期出行路径的广义费用估计奠定了基础。

3.3 基于贝叶斯推理和 EM 算法的日常高峰期出行选择模型

3.3.1 乘客乘车方案选择行为的贝叶斯推理

1) 贝叶斯定理

贝叶斯理论(Bayesian Theory)是一种基于概率的归纳推断方法,其原理与人脑的工作机制相似,都是根据主观判断,结合新搜集到的信息,来进行优化判断。贝叶斯定理的数学定义如下:

假设随机事件 A 和事件 B 发生的概率分别是 $P(A)$ 和 $P(B)$,则事件 A 在事件 B 发生条件下发生的概率为 $P(A|B)$,根据条件概率定义和全概率公式,可得:

$$P(A|B) = \frac{P(AB)}{P(B)} = \frac{P(A)P(B|A)}{P(B)} \tag{3-2}$$

式中：$P(A|B)$——后验概率,表示事件 B 发生之后,对事件 A 发生概率的重新评估;

$P(AB)$——事件 A 和事件 B 的联合概率;

$P(A)$——先验概率,表示在不知道事件 B 发生的前提下,对事件 A 发生概率的主观判断;

$\frac{P(B|A)}{P(B)}$——可能性函数,表示发生新信息事件 B 后,对先验概率的调整,调整后概率更接近真实概率。

对于多事件的样本空间,将样本空间 S 划分为事件 $A_1, A_2, A_3, \cdots, A_n$,则对于发生的任意事件 B,全概率公式为:

$$P(B) = \sum_{i=1}^{n} P(A_i)P(B|A_i) \tag{3-3}$$

代入式(3-2),则贝叶斯公式可改写为:

$$P(A_i|B) = \frac{P(A_iB)}{P(B)} = \frac{P(A_i)P(B|A_i)}{\sum_{i=1}^{n} P(A_i)P(B|A_i)} \tag{3-4}$$

2) 问题描述

对于城市轨道交通封闭的 AFC 系统,乘客 i 的进、出站刷卡(码)时刻是已知的,分别用 t_i^{in} 和 t_i^{out} 表示;列车 j 到达和离开某车站的时刻也可以通过列车运行时刻表得知,分别用 AT_j 和 DT_j 表示。乘客 i 的进站步行时间为刷卡(码)进站后,步行抵达站台的时间间隔,用 t_i^a 表示;同理,出站步行时间为乘客 i 搭乘列车到达站台后,至乘客 i 步行抵达闸机刷卡(码)出站的时间间隔,用 t_i^e 表示。

为简化计算,这里假设城市轨道交通乘客的上车行为遵循"先到先服务"原则(First Come

First Service,FCFS),那么在高峰期,站台可能会因为列车容量的限制而发生乘客留乘现象,因此,乘客 i 的候车时间仅取决于其能够乘坐哪一趟列车。同时,高峰期列车的发车间隔较短,乘客 i 可以乘坐的列车往往不止一趟,则对于乘客 i 所有可能乘坐的列车构成的集合称为可行列车集合,集合内列车的数量为 M_i,集合内所有列车的到发时刻满足以下约束:

(1)列车 j 在起点 O 站的离站时刻 DT_j 大于乘客 i 的进站刷卡(码)时刻 t_i^{in}:

$$t_i^{in} < DT_j \tag{3-5}$$

(2)列车 j 在终点 D 站的到达时刻 AT_j 小于乘客 i 的出站刷卡(码)时刻 t_i^{out}:

$$AT_j < t_i^{out} \tag{3-6}$$

以上两个约束基于乘客最小进站时间和最小出站时间均为零的假设(也可以根据实际情况,设置最小进站和出站时间为非零的数值),该假设可以将乘客 i 乘坐列车的所有可能性包含进来。由此,通过以上两个约束可以筛选出乘客 i 的可行列车集合及其中的列车数量 M_i。

以图 3-5 为例,乘客 i 在列车 0 和列车 1 在 O 站的离站间隔内抵达站台,在列车 3 和列车 4 在 D 站的到站间隔内离开车站,其可行列车的数量为 3 列。由此,对乘客乘坐可行列车的行为建模,在乘客 i 的进、出站时刻 t_i^{in} 和 t_i^{out} 已知的情况下,乘客能否登上某趟列车取决于他的进站时间、出站时间和列车负荷。

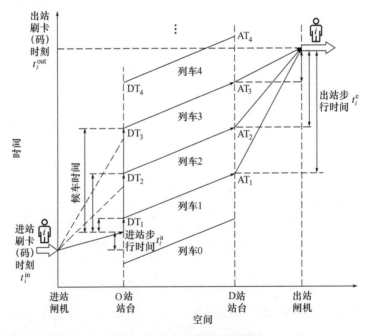

图 3-5 乘客-列车分配时空关系图

基于前文的分析和假设,用出站步行时间来表示出站时间,即所有乘客到站下车后,直接步行到出站闸机处刷卡(码)出站而没有停留,因此,个体的出站步行时间和其乘坐的可行列车之间具有对应关系,可以用出站步行时间的分布来估计乘客的乘车概率。

设乘客 i 乘坐第 j 趟可行列车的事件为 $A_{i,j}$,显然,事件 $A_{i,1},A_{i,2},\cdots,A_{i,M_i}$ 相互独立,必有且仅

有一个发生。如果已知乘客的出站刷卡(码)时刻t_i^{out},则乘坐第j趟列车的概率为$P_i(A_{i,j}|t_i^{out})$,这就是本节所求的目标概率,也就是乘客乘坐某趟可行列车的后验概率,使用贝叶斯定理可得:

$$P_i(A_{i,j}|t_i^{out}) = \frac{P_i(A_{i,j},t_i^{out})}{P_i(t_i^{out})} = \frac{P_i(A_{i,j},t_i^{out})}{\sum_{j'=1}^{M_i} P_i(A_{i,j'},t_i^{out})} \quad 1 \leq j \leq M_i \quad (3\text{-}7)$$

式中:$P_i(A_{i,j}|t_i^{out})$——乘客i在t_i^{out}时刻刷卡(码)出站的情况下,乘坐第j趟列车到达目的站的概率;

$P_i(A_{i,j},t_i^{out})$——乘客i乘坐第j趟列车,并且在t_i^{out}时刻刷卡(码)出站的概率;

$P_i(t_i^{out})$——乘客i在t_i^{out}时刻刷卡(码)出站的概率;

$\sum_{j'=1}^{M_i} P_i(A_{i,j'},t_i^{out})$——乘客$i$乘坐不同可行列车,并且在$t_i^{out}$时刻刷卡(码)出站的概率之和。

而乘客i在登上第j趟列车之前,其过程涉及多种可能性,如图3-5中乘客i刷卡(码)进站后的虚线行动路线,即使乘客i在第一趟列车之前到达站台,也有可能因为列车容量的限制而无法乘坐该趟列车,必须等待下一趟或其之后的列车。换句话说,这就意味着乘客i可能在所乘坐的第j趟列车离开之前的任一时刻到达站台,即考虑乘客i的进站步行时间,将乘客i到达站台的时刻按照列车的行车间隔划分,则乘客i乘坐第j趟列车,并且在t_i^{out}时刻刷卡(码)出站的概率可以用全概率公式表达如下:

$$\begin{cases} P_i(A_{i,j},t_i^{out}) = \sum_{m=1}^{j} P_i(A_{i,j},t_i^{out}|DT_{i,m-1} \leq t_i^a \leq DT_{i,m})P(DT_{i,m-1} \leq t_i^a \leq DT_{i,m}) \\ 1 \leq j \leq M_i, 1 \leq m \leq j \end{cases} \quad (3\text{-}8)$$

式中: m——在乘客i所乘坐第j趟列车离开前到达该站站台的可行列车;

t_i^a——乘客i的步站步行时间;

$P(DT_{i,m-1} \leq t_i^a \leq DT_{i,m})$——乘客$i$在第$m-1$趟列车和第$m$趟列车之间到达站台的概率;

$DT_{i,j}$——第j趟列车在起点O站的相对离站时刻,即假设乘客i的进站刷卡(码)时刻为零时,可行列车集合中的列车在O站的离站时刻,以第j趟列车为例,第j趟列车的相对离站时刻和实际离站时刻的关系是$DT_{i,j} = DT_j - t_i^{in}$。

另外,$DT_{i,0} = 0$。

从旅行时间的构成角度看,式(3-8)是综合考虑了乘客的进站步行时间、候车时间、出站步行时间三种因素的情况下,乘客选择列车的可能性。

3.3.2 乘车概率与步行时间分布的相关性

由于乘客可能在任一时刻到达站台,因此,乘客的进站步行时间是连续型随机变量,其分布决定了乘客不同时间段到达站台的概率。在乘客i的可行列车集合中,最后一趟可行列车M_i在O站的相对离站时刻DT_{i,M_i}必定大于或等于乘客i的进站刷卡(码)时刻t_i^{in},即$DT_{i,M_i} \geq$

t_i^{in},则可认为最后一趟可行列车 M_i 的相对离站时刻 DT_{i,M_i} 是乘客 i 进站步行时间的概率密度函数 $f_a(t)$ 的上界。那么乘客 i 在第 $m-1$ 趟可行列车和第 m 趟可行列车之间到达站台的概率为：

$$P(\mathrm{DT}_{i,m-1} \leqslant t_i^a \leqslant \mathrm{DT}_{i,m}) = \frac{\int_{\mathrm{DT}_{i,m-1}}^{\mathrm{DT}_{i,m}} f_a(t)\mathrm{d}t}{\int_0^{\mathrm{DT}_{i,M_i}} f_a(t)\mathrm{d}t} \quad 1 \leqslant m \leqslant j \leqslant M_i \tag{3-9}$$

倘若高峰期列车的发车间隔固定,那么式(3-9)为定值,表示乘客 i 在 M_i 趟可行列车中,于第 $m-1$ 趟和第 m 趟($m=1,2,\cdots,j$)可行列车之间到达站台的概率相同。

乘客的出站步行时间取决于其所乘坐列车在 D 站的到站时刻,也就是说和其乘坐的可行列车之间存在着一一对应关系,即对于 M_i 趟可行列车,乘客 i 有 M_i 个可能的出站步行时间。因此,乘客的出站步行时间是离散型随机变量。那么假设乘客 i 登上第 j 趟列车的概率和相应出站步行时间的分布概率 $P(t_i^e)$ 成正比,则式(3-8)中,在已知乘客 i 于第 $m-1$ 趟列车和第 m 趟列车之间到达站台的前提下,乘坐第 j 趟列车并且在 t_i^{out} 时刻刷卡(码)出站的概率为：

$$P_i(A_{i,j}, t_i^{out} | \mathrm{DT}_{i,m-1} \leqslant t_i^a \leqslant \mathrm{DT}_{i,m}) = \frac{P(t_i^e)}{\sum_{j'=m}^{M_i} P(t_i^e)} \quad m \leqslant j \leqslant M_i \tag{3-10}$$

其中,t_i^e 可以通过乘客 i 的旅行时间和列车的相对到站时刻来计算,即：

$$t_i^e = \mathrm{JT}_i - \mathrm{AT}_{i,j} \tag{3-11}$$

式中：t_i^e——乘客 i 的出站步行时间;

JT_i——乘客 i 的旅行时间,通过 $\mathrm{JT}_i = t_i^{out} - t_i^{in}$ 计算得到;

$\mathrm{AT}_{i,j}$——第 j 趟列车在终点 D 站的相对到站时刻,即假设乘客 i 的进站刷卡(码)时刻为零时,可行列车集合中的列车在 D 站的到达时刻,以第 j 趟列车为例,第 j 趟列车的相对到站时刻和实际到站时刻的关系是 $\mathrm{AT}_{i,j} = \mathrm{AT}_j - t_i^{in}$。

进一步,若出站步行时间的概率质量函数为 $f_e(t)$,那么出站步行时间的分布概率可以表示为：

$$P(t_i^e) = \frac{f_e(t)}{\sum_{j'=1}^{M_i} f_e(t)} \quad 1 \leqslant j \leqslant M_i \tag{3-12}$$

将式(3-12)代入式(3-10),可得：

$$P_i(A_{i,j}, t_i^{out} | \mathrm{DT}_{i,m-1} \leqslant t_i^a \leqslant \mathrm{DT}_{i,m}) = \frac{P(t_i^e)}{\sum_{j'=m}^{M_i} P(t_i^e)} = \frac{\dfrac{f_e(t)}{\sum_{j'=1}^{M_i} f_e(t)}}{\sum_{j'=m}^{M_i}\left(\dfrac{f_e(t)}{\sum_{j''=1}^{M_i} f_e(t)}\right)}$$

$$= \frac{f_e(t)}{\sum_{j'=m}^{M_i} f_e(t)} \quad 1 \leqslant m \leqslant j \leqslant M_i \tag{3-13}$$

上式体现了乘客 i 在第 $m-1$ 趟列车和第 m 趟列车之间到达站台的情况下,乘坐第 j 趟列车,且在 t_i^{out} 时刻刷卡(码)出站完成本次出行的概率与出站步行时间的概率分布有关。

将式(3-9)和式(3-13)代回式(3-8),可得乘客 i 乘坐了第 j 趟列车,并且刷卡(码)出站时刻为 t_i^{out} 的概率 $P_i(A_{i,j}, t_i^{\text{out}})$ 为:

$$P_i(A_{i,j}, t_i^{\text{out}}) = \sum_{m=1}^{j} P_i(A_{i,j}, t_i^{\text{out}} | \text{DT}_{i,m-1} \leq t_i^{\text{a}} \leq \text{DT}_{i,m}) P(\text{DT}_{i,m-1} \leq t_i^{\text{a}} \leq \text{DT}_{i,m})$$

$$= \sum_{m=1}^{j} \left(\frac{f_e(t)}{\sum_{j'=m}^{M_i} f_e(t)} \frac{\int_{\text{DT}_{i,m-1}}^{\text{DT}_{i,m}} f_a(t) \, dt}{\int_0^{\text{DT}_{i,M_i}} f_a(t) \, dt} \right) \quad 1 \leq j \leq M_i \tag{3-14}$$

可见, $P_i(A_{i,j}, t_i^{\text{out}})$ 取决于乘客 i 的进、出站步行时间的概率分布。

将式(3-14)代入式(3-7),可得所求的目标概率,即已知乘客 i 的刷卡(码)出站时刻 t_i^{out},则其乘坐第 j 趟列车的概率 $P_i(A_{i,j} | t_i^{\text{out}})$ 为:

$$P_i(A_{i,j} | t_i^{\text{out}}) = \frac{P_i(A_{i,j}, t_i^{\text{out}})}{\sum_{j'=1}^{M_i} P_i(A_{i,j'}, t_i^{\text{out}})} = \frac{\sum_{m=1}^{j} \left(\frac{f_e(t)}{\sum_{j''=m}^{M_i} f_e(t)} \frac{\int_{\text{DT}_{i,m-1}}^{\text{DT}_{i,m}} f_a(t) \, dt}{\int_0^{\text{DT}_{i,M_i}} f_a(t) \, dt} \right)}{\sum_{j'=1}^{M_i} \sum_{m'=1}^{j'} \left(\frac{f_e(t)}{\sum_{j''=m'}^{M_i} f_e(t)} \frac{\int_{\text{DT}_{i,m'-1}}^{\text{DT}_{i,m'}} f_a(t) \, dt}{\int_0^{\text{DT}_{i,M_i}} f_a(t) \, dt} \right)}$$

$$= \frac{\sum_{m=1}^{j} \left(\frac{f_e(t) \int_{\text{DT}_{i,m-1}}^{\text{DT}_{i,m}} f_a(t) \, dt}{\sum_{j''=m}^{M_i} f_e(t)} \right)}{\sum_{j'=1}^{M_i} \sum_{m'=1}^{j'} \left(\frac{f_e(t) \int_{\text{DT}_{i,m'-1}}^{\text{DT}_{i,m'}} f_a(t) \, dt}{\sum_{j''=m'}^{M_i} f_e(t)} \right)} \quad 1 \leq m \leq j \leq M_i \tag{3-15}$$

式(3-15)表达了乘客乘坐某趟可行列车的后验概率,与乘客在起点 O 站的进站步行时间概率分布和在终点 D 站的出站步行时间概率分布有关。该公式很好地体现了容量限制下影响乘客乘车方案选择行为的相关因素及其影响程度。

通常在编制运行计划时,在不同的时间段内,发车间隔是固定的,因此,乘客随机到达站台,符合均匀分布,那么意味着进站步行时间的概率密度函数为常量,乘客在不同时刻到达站台的概率相同。那么,式(3-15)可以写为:

$$P_i(A_{i,j}|t_i^{\text{out}}) = \frac{\sum_{m=1}^{j}\left(\dfrac{f_e(t)\int_{\text{DT}_{i,m-1}}^{\text{DT}_{i,m}}f_a(t)\,\mathrm{d}t}{\sum_{j''=m}^{M_i}f_e(t)}\right)}{\sum_{j'=1}^{M_i}\sum_{m'=1}^{j'}\left(\dfrac{f_e(t)\int_{\text{DT}_{i,m'-1}}^{\text{DT}_{i,m'}}f_a(t)\,\mathrm{d}t}{\sum_{j''=m}^{M_i}f_e(t)}\right)}$$

$$= C \cdot \frac{\sum_{m=1}^{j}\left(\dfrac{f_e(t)}{\sum_{j'''=m}^{M_i}f_e(t)}\right)}{\sum_{j'=1}^{M_i}\sum_{m'=1}^{j'}\left(\dfrac{f_e(t)}{\sum_{j'''=m}^{M_i}f_e(t)}\right)} \quad 1 \leqslant m \leqslant j \leqslant M_i \quad (3\text{-}16)$$

式中：C——与 j 和 M_j 有关的常数。

由此可见，当线路列车的发车间隔固定时，乘客 i 乘坐第 j 趟列车的后验概率 $P_i(A_{i,j}|t_i^{\text{out}})$ 与出行目的站的乘客出站步行时间概率分布有关。该公式是后面对乘客乘车概率估计的基础。

在高峰时段，列车发车间隔的缩小将导致更多的乘客可选列车的范围增大，该样本估计出的参数并不能完全体现高峰期所有乘客的站内步行时间总体分布，因此，需要对高峰期乘客的步行时间分布参数进行重新估计。基于对同一车站的进、出站步行时间是独立且为同正态分布的假设，可知对乘客乘车概率估计的前提是获取车站的乘客步行时间分布参数。那么在无法得知乘客是否选择该趟列车的情况下，对步行时间分布的参数进行估计，是需要重点解决的问题。根据这一问题特性，后文将采用期望最大化（EM）算法，来实现乘客乘车概率和步行时间分布模型的参数估计。

3.3.3 基于 EM 算法的乘车概率和步行时间分布模型参数估计

期望最大化（EM）算法作为参数估计的重要方法，是一种从不完全数据或有数据丢失的数据集（存在隐含变量）中求解概率模型参数的最大似然估计方法，由美国数学家 Dempster、Laird 和 Rubin 于 1977 年提出，被广泛使用在机器学习算法的参数估计中，具有简单、鲁棒性好和易于实现的特点。

本研究使用 EM 算法来求解乘客乘车概率和步行时间分布模型的参数，以及求解描述乘客旅行时间总体分布的高斯混合模型的参数。在此对算法的原理进行介绍。

1）EM 算法原理

EM 算法的基本原理是在一组不完整数据中，通过 E(Expectation) 步和 M(Maximum) 步，迭代找到参数 θ，使观测数据 x 的对数概率 $\log P(x;\theta)$ 最大化。因此，EM 算法可以理解为数据缺失情况下的最大似然估计。

EM 算法的思想为：给定 m 个相互独立的样本构成的样本集 $X = \{x^{(1)}, x^{(2)}, \cdots, x^{(m)}\}$，这些样本中存在着隐含类别 z，称为隐变量 z，每个样本属于隐变量的某个取值，目标是寻求使概率模型 $p(x;z)$ 最大化的样本模型参数 θ。算法需要随机初始化模型参数 θ 的初值 θ_0，然后考虑隐变量 z，则 $p(x;z)$ 的对数似然函数是：

$$l(\theta) = \sum_{i=1}^{m} \log p(x;\theta) = \sum_{i=1}^{m} \log \sum_{z^{(i)}} p(x,z;\theta) = \sum_{i} \log \sum_{z} p(x^{(i)}, z^{(i)};\theta) \quad (3\text{-}17)$$

由于 z 的存在以及公式中和的对数的形式，使得对 $l(\theta)$ 直接求导变得极为困难，EM 算法考虑利用 Jensen 不等式来建立 $l(\theta)$ 的下界，通过不断提高下界的方式使 $l(\theta)$ 不断变大。Jensen 不等式的思想为：如果 f 为凸函数，X 为随机变量，则 $E[f(X)] \geqslant f(E[X])$。而这里 f 为凹函数，则不等号方向反向：

$$f\left(E_{z^{(i)} \sim Q_i}\left[\frac{p(x^{(i)}, z^{(i)};\theta)}{Q_i(z^{(i)})}\right]\right) \geqslant E_{z^{(i)} \sim Q_i}\left[f\left(\frac{p(x^{(i)}, z^{(i)};\theta)}{Q_i(z^{(i)})}\right)\right] \quad (3\text{-}18)$$

那么式 (3-18) 可以写为：

$$l(\theta) = \sum_{i} \log \sum_{z^{(i)}} Q_i(z^{(i)}) \frac{p(x^{(i)}, z^{(i)};\theta)}{Q_i(z^{(i)})} \geqslant \sum_{i} \sum_{z^{(i)}} Q_i(z^{(i)}) \log \frac{p(x^{(i)}, z^{(i)};\theta)}{Q_i(z^{(i)})} \quad (3\text{-}19)$$

在 Jensen 不等式中，当且仅当 X 是常量时，不等号取等，那么为了使 $l(\theta)$ 取最大值，其下界也应该尽可能地取最大值，并且使 $l(\theta)$ 取其下界：

$$\frac{p(x^{(i)}, z^{(i)};\theta)}{Q_i(z^{(i)})} = c \quad (3\text{-}20)$$

式中：c——不依赖于 $z^{(i)}$ 的常数。

又 $\sum_{z} Q_i(z) = 1$，可得 $\sum_{z} p(x^{(i)}, z^{(i)};\theta) = c$，那么式 (3-19) 中 Q 函数又写为：

$$Q_i(z^{(i)}) = \frac{p(x^{(i)}, z^{(i)};\theta)}{\sum_{z} p(x^{(i)}, z;\theta)} = \frac{p(x^{(i)}, z^{(i)};\theta)}{p(x^{(i)};\theta)} = P(z^{(i)} | x^{(i)};\theta) \quad (3\text{-}21)$$

$Q_i(z^{(i)})$ 可以理解为隐变量 z 发生的后验概率。以上就是 EM 算法中的 E 步，计算目标函数的期望，即给定参数 θ 后，对每个样本 $x^{(i)}$，计算 $Q_i(z^{(i)})$ 的值，得到似然函数 $l(\theta)$ 的下界。

EM 算法的 M 步，最大化上述期望，则是在得到 $Q_i(z^{(i)})$ 后，计算新的参数 θ，再使 $l(\theta)$ 的下界最大化：

$$\theta := \arg\max_{\theta} l(\theta) = \arg\max_{\theta} \sum_{i} \sum_{z^{(i)}} Q_i(z^{(i)}) \log \frac{p(x^{(i)}, z^{(i)};\theta)}{Q_i(z^{(i)})} \quad (3\text{-}22)$$

然后，重复 E 步和 M 步，直到参数 θ 收敛，输出得到考虑了样本的隐变量 z 的概率模型 $p(x;z)$ 的参数值。

2）基于 EM 算法的乘车概率和步行时间分布模型参数估计

针对前文中对乘客乘坐某趟可行列车的后验概率的推算，可知乘客的乘车概率取决于相应车站出站步行时间分布的均值 μ 和方差 Σ。对于乘客是否选择该趟列车是未知的，但却仅有两种可能的情况，可以将其看作为乘车概率和步行时间分布模型的隐变量。

那么,乘客在高峰期的列车选择行为的数学描述为:已知所有样本的进、出站刷卡(码)时刻(t^{in},t^{out}),彼此之间相互独立,乘客是否乘坐该趟可行列车的情形为隐变量z,z为0-1变量,取值如下:

$$z_{i,m} = \begin{cases} 1 & 乘客\ i\ 乘坐第\ m\ 趟可行列车 \\ 0 & 乘客\ i\ 未乘坐第\ m\ 趟可行列车 \end{cases} \quad (3-23)$$

可见,对乘客i来说,$z_{i,m} \in \{0,1\}$,$\sum_{M_i} z_{i,m} = 1$。那么,隐变量z的分布为:

$$p\{z_{i,m} = 1\} = \gamma_{i,m}$$
$$p\{z_{i,m} = 0\} = 1 - \gamma_{i,m} \quad (3-24)$$

式中:$\gamma_{i,m}$——乘客i乘坐第m趟车的概率。

那么,对于乘客i的可行列车集合来说,$p(Z) = p(z_{i,1})p(z_{i,2})\cdots p(z_{i,M_i}) = \prod_{m=1}^{M_i} \gamma_{i,m}^{z_{i,m}}$。

那么单个乘客的似然函数为:

$$p(x_i | z_i, \theta) = \prod_{m=1}^{M_i} p(x_i | \mu_k, \Sigma_k)^{z_{i,m}} \quad (3-25)$$

式中:θ_i——对于乘客i的模型参数,$\theta_i = (\gamma_{i,1}, \gamma_{i,2}, \cdots, \gamma_{i,M_i}, \mu_k, \Sigma_k)$;

x_i——乘客i的进、出站刷卡(码)时刻,$x_i = \{t_i^{in}, t_i^{out}\}$;

μ_k——目的站k的步行时间分布的均值;

Σ_k——目的站k的步行时间分布的方差。

若一对OD间出行乘客的样本数量为N,那么所有乘客的似然函数即联合概率分布为:

$$p(X, Z; \theta) = \prod_{i=1}^{N} \prod_{m=1}^{M_i} \gamma_{i,m}^{z_{i,m}} p(x_i | \mu_k, \Sigma_k)^{z_{i,m}} \quad (3-26)$$

由此可以写出乘客乘车概率和车站步行时间分布模型的对数似然函数:

$$l(\theta) = \log p(X, Z; \theta) = \sum_{i=1}^{N} \sum_{m=1}^{M_i} z_{i,m} \log \gamma_{i,m}^{z_{i,m}} + z_{i,m} \log p(x_i | \mu_k, \Sigma_k) \quad (3-27)$$

从而目标成为求解使$l(\theta)$极大化的模型参数$\theta = (\theta_1, \theta_2, \cdots, \theta_N) = (\gamma_{i,m}, \mu_k, \Sigma_k)$,$1 \leq i \leq N$,$1 \leq m \leq M_i$。

采用EM算法来求解上述含有隐变量的概率模型参数,步骤如下:

(1)给定模型初始参数θ_0。

(2)E步。对每个样本x_i的第j次迭代,计算$Q_i(z)$构造$l(\theta)$的下界。

$$\begin{aligned} Q_i(z_{i,m}) &= p(Z | X; \theta^{(j)}) = \frac{p(Z)p(X|Z;\theta^{(j)})}{p(X)} \\ &= \frac{p(z_{i,m})p(x_i | z_{i,m}; \theta_k^{(j)})}{\sum_{m=1}^{M_i} p(z_{i,m})p(x_i | z_{i,m}; \theta_k^{(j)})} \\ &= \frac{\gamma_{i,m}^{z_{i,m}} p(x_i | \mu_k^{(j)}, \Sigma_k^{(j)})}{\sum_{m=1}^{M_i} \gamma_{i,m}^{z_{i,m}} p(x_i | \mu_k^{(j)}, \Sigma_k^{(j)})} \end{aligned} \quad (3-28)$$

(3) M 步。极大化 $l(\theta)$，得到新的参数 $\theta^{(j+1)}$。

$$\theta^{(j+1)} = \underset{\theta}{\arg\max}\, l(\theta^{(j)}) = \underset{\theta}{\arg\max} \sum_i \sum_{z_{i,m}} Q_i(z_{i,m}) \log \frac{p(x_i, z_{i,m}; \theta^{(j)})}{Q_i(z_{i,m})} \tag{3-29}$$

(4) E 步和 M 步循环交替，直到 $\theta^{(j+1)}$ 收敛后得到模型参数 $\theta^* = (\gamma_{i,m}^*, \mu_k^*, \Sigma_k^*)$，$1 \leqslant i \leqslant N$，$1 \leqslant m \leqslant M_i$。

其中，参数 μ 和 Σ 的迭代求解采用 L-BFGS-B 算法，该算法和牛顿迭代法相比，收敛速度更快，占用内存更小，更适合大规模数据计算。

以上便是在已知每位乘客的进、出站刷卡（码）时刻，车站步行时间分布为正态分布而未知乘客是否选择某趟可行列车的情况下，利用 EM 算法计算乘客的乘车概率和车站步行时间分布参数的过程，模型输出为每位乘客对其可行列车集合中列车的选择概率和出行目的站的乘客步行时间分布参数。

进一步，以每位乘客可行列车集合中乘车概率最大的列车作为该乘客所乘坐的列车，便可得到每位乘客的滞留次数，从而可以计算出站台滞留次数的期望，将其视为站台的滞留系数。站台滞留系数作为拥挤效应对乘客行程影响程度的量化体现，反映了起始站站台的乘客总体留乘情况，站台滞留系数大于零即可视作拥挤所造成出行路径广义费用的增加。

上述模型综合描述了城市轨道交通高峰期列车容量限制条件下乘客出行的乘车方案选择行为，以及高峰期车站乘客步行时间的总体分布情况。利用该模型可以获取城市轨道交通高峰期各个车站的乘客步行时间分布参数和站台的滞留系数，为后文换乘情形下出行路径广义费用的估计提供了基础。

3) 换乘时间估计

城市轨道交通线路成网后，相同起讫点之间的出行路径可能不止一条，为乘客的出行提供了更多种选择；与此同时，随着出行需求的多样化，乘客出行的起讫点在不同线路上的情况也十分普遍，需要经过连接不同线路的换乘站来到达目的地，完成此次出行。

城市轨道交通的网络化运营使得跨线出行越来越常见，而换乘乘客在换乘前后的出行过程与无换乘乘客的出行过程基本一致，那么在两类乘客的旅行时间已知的情况下，基于前文对站内步行时间的估计，二者的差别在于换乘时间，因此，只需要分析换乘过程所消耗的时间费用，结合路径的换乘次数，便可以获得换乘广义费用，从而对包含换乘的路径广义费用进行估计。

考虑到乘客换乘时间包含了换乘步行时间和换乘等待时间，其分布特性不仅与换乘前后线路列车的衔接间隔有关，与乘客的步行速度也有很大关系。

对于换乘步行时间，有研究表明，乘客的步行速度近似有规律的正态分布，这与前文中乘客进、出站步行时间 T_o^a 和 T_d^e 的分布正态性是一致的，因此，假设换乘步行时间也符合正态分布，即：

$$T_{tr}^w \sim N(\mu_{tr}^w, (\sigma_{tr}^w)^2) \tag{3-30}$$

式中：μ_{tr}^w——换乘步行时间的均值；

σ_{tr}^w——换乘步行时间的标准差。

另一角度，这里假设乘客的旅行时间 T_{od} 服从正态分布，即 $T_{od} \sim N(\mu_{od},(\sigma_{od})^2)$，$\mu_{od}$ 和 σ_{od} 分别是 OD 对旅行时间的均值和标准差。对于换乘候车时间，基于出行高峰时段乘客在站台的留乘现象，候车时间由乘客等待第一辆车的时间和站台滞留时间构成。

假设高峰期列车的发车间隔 H 是定值，乘客在站台等候第一辆车的候车时间 T_o^{wait} 服从均匀分布，为换乘后线路列车发车间隔的一半，即：

$$T_o^{wait} \sim U(0,H)$$

$$E(T_o^{wait}) = \frac{H}{2}$$

$$D(T_o^{wait}) = \frac{H^2}{12}$$

(3-31)

式中：$E(T_o^{wait})$、$D(T_o^{wait})$——候车时间的均值和方差。

对于换乘乘客，将乘客换乘后在站台的候车时间等同于同一时刻到达该站台的换乘站进站乘客的候车时间，那么根据旅行时间各时间成分的相互独立性，同样可以认为换乘步行时间服从正态分布，并且能够由下式计算得到：

$$E(T_{od}) = \mu_o^a + \frac{H_1}{2} + \mu_{tr}^w + \frac{H_2}{2} + \mu_d^e + t_{od}^m$$

$$D(T_{od}) = (\sigma_o^a)^2 + \frac{H_1^2}{12} + (\sigma_{tr}^w)^2 + \frac{H_2^2}{12} + (\sigma_d^e)^2$$

(3-32)

式中：μ_o^a、σ_o^a——进站步行时间分布的均值和标准差；

H_1——换乘前线路的发车间隔；

H_2——换乘后线路的发车间隔；

μ_d^e、σ_d^e——出站步行时间分布的均值和标准差；

t_{od}^m——OD 之间乘客的在车时间。

根据前文所述，出行中有无换乘的两类乘客在部分出行移动环节具有相似性，对于换乘乘客来说，乘客在换乘后线路站台的候车时间，可以等同为同一时刻到达该站台的换乘站进站乘客的候车时间，即：

$$T_{transfer}^{wait} = T_{in}^{wait}$$

(3-33)

式中：$T_{transfer}^{wait}$——换乘乘客在换乘站的候车时间，即换乘候车时间；

T_{in}^{wait}——进站乘客在换乘站的候车时间。

基于出行高峰时段乘客在站台的留乘现象，候车时间的长短用乘客等待第一辆车的时间和站台滞留系数共同来衡量。

3.3.4 基于高斯混合模型的旅行时间总体分布

AFC 数据所记录的准确的乘客旅行时间，是多因素影响下的乘客个体路径选择和乘车方案选择综合作用结果。掌握 OD 对间的旅行时间分布,有利于分析乘客出行决策。

1)单条路径旅行时间分布检验

OD 对间的路径 k 的旅行时间 T_{OD}^k 指乘客进、出站刷卡(码)时刻的差值,有研究通过拟合认为单条路径的旅行时间特征符合对数正态分布或者正态分布,结合北京城市轨道交通线网的真实数据,对两种分布进行验证。

从两类出行的角度来考虑城市轨道交通单条路径的乘客旅行时间分布情况:出行无须换乘的乘客和出行需要换乘的乘客。前者选取不为环线或 C 形线线路的唯一物理路径乘客样本,后者选取出行起终点不在同一线路的唯一物理路径乘客样本。为消除数据偶然性的误差,选取北京城市轨道交通系统 2019 年相邻 3 个星期一的 7:00—9:00 早高峰 AFC 数据,各选取两对 OD 作为示例,进行旅行时间分布的特征分析。

以单路径无换乘 OD 对间的乘客样本为例,进行旅行时间和旅行时间对数的拟合和假设检验。选取 1 号线四惠东—国贸、4 号线新街口—西单两对 OD,二者均有唯一物理路径且不需要换乘。对两种样本进行正态分布的 K-S 检验,检验结果见表 3-3。

旅行时间正态分布 K-S 检验结果　　　　　　　　　　表 3-3

OD	样本	K-S 检验结果		
		统计量	df	Sig.
四惠东—国贸	旅行时间	0.022	1496	0.099
	旅行时间对数	0.031		0.002
新街口—西单	旅行时间	0.040	396	0.145
	旅行时间对数	0.046		0.043

零假设为该样本符合正态分布,取 0.05 的显著性水平进行拟合结果的判定,则由表 3-3 可知两对 OD 旅行时间的双尾显著性均大于其显著性水平,均可以接受原假设;而旅行时间对数的双尾显著性均小于显著性水平,因此均拒绝原假设,可以认为旅行时间比旅行时间对数更符合正态分布特征。

进一步以四惠东—国贸间的乘客出行为例,使用 Q-Q 图来观测样本和正态分布的差异。如图 3-6 所示,从图形曲线上看来,旅行时间的正态描述性更好。

综合以上假设检验结果,正态分布比对数正态分布更能刻画 OD 对间单条路径的乘客旅行时间分布特征,因此,选用城市轨道交通系统中任一路径的高峰期乘客旅行时间分布服从正态分布。

2)高斯混合模型描述

高斯混合模型(Gaussian Mixture Model,GMM)是 Simon Newcomb 于 1886 年提出的一种聚类算法,通过多个高斯分布函数的线性组合,来描述某一样本集合的总体分布情况。给定一组数据 $X = \{x_1, x_2, \cdots, x_N\}$,假设该组数据由 K 个单高斯分布组成,每个分布视为一个单高斯模型,则 GMM 的表达式如下:

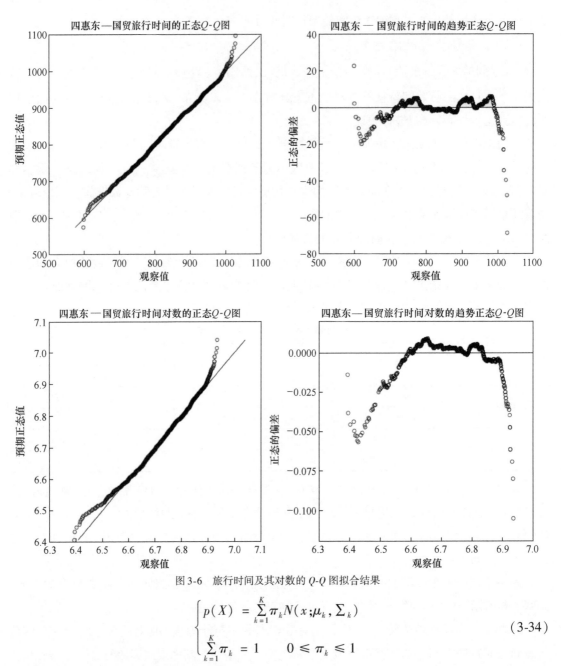

图 3-6 旅行时间及其对数的 Q-Q 图拟合结果

$$\begin{cases} p(X) = \sum_{k=1}^{K} \pi_k N(x;\mu_k,\Sigma_k) \\ \sum_{k=1}^{K} \pi_k = 1 \quad 0 \leqslant \pi_k \leqslant 1 \end{cases} \quad (3\text{-}34)$$

式中：$p(X)$——样本 X 的概率密度函数；

π_k——第 k 个分模型的系数，也可以看作权重；

μ_k、Σ_k——第 k 个分模型的均值和方差。

基于前文对城市轨道交通路网中单条路径的旅行时间服从正态分布的校验，若一对 OD 之间有多条有效物理路径，那么该 OD 的旅行时间总体分布服从混合正态分布，可以用 GMM 来描述各条路径的分布特征和分布概率。若 OD 对之间出行的乘客样本为 X，有效物理路径

的数量为 K，有效路径 k 的旅行时间服从 $N(x;\mu_k,\Sigma_k)$ 的正态分布，那么式(3-34)中的 π_k 可以用来描述乘客选择路径 k 的概率，μ_k、Σ_k 即为路径 k 旅行时间分布的均值和方差，表示该路径旅行时间的平均水平和波动情况，二者的大小均受到路径属性和乘客属性的影响。

由此，GMM 的参数为 $\theta=(\pi,\mu,\Sigma)=\{\pi_1,\mu_1,\Sigma_1,\cdots,\pi_k,\mu_k,\Sigma_k,\cdots,\pi_K,\mu_K,\Sigma_K\}$。GMM 的对数似然函数是和的对数，直接求导十分困难，因此，无法使用极大似然估计进行模型参数的估计。

假如已知每一个观察到的样本属于哪一个分布，那么，就可以直接求解出各个分布的参数。因此，为简化模型的求解，引入隐变量 Z，其含义为第 k 个分模型对样本数据的响应度，取值如下：

$$z_{jk}=\begin{cases}1 & \text{第 } j \text{ 个观测样本来自第 } k \text{ 个分模型}\\ 0 & \text{第 } j \text{ 个观测样本不来自第 } k \text{ 个分模型}\end{cases} \quad (3\text{-}35)$$

在乘客的路径选择问题中，该隐变量 $z_{jk}=1$ 可以理解为乘客 j 选择了 OD 间第 k 条有效物理路径，反之没有选择该条路径；也就是说，乘客 j 的旅行时间样本落在了第 k 条有效路径的旅行时间频率分布中，反之则没有。那么很容易得到：

$$\begin{cases}z_{jk}\in\{0,1\},\sum_K z_{jk}=1\\ p(z_{jk}=1)=\pi_k\\ p(Z)=p(z_1)p(z_2)\cdots p(z_k)=\prod_{k=1}^{K}\pi_k^{z_{jk}}\end{cases} \quad (3\text{-}36)$$

式中：z_{jk}——隐变量，为 0－1 变量，其值取 1 的概率即为乘客 j 选择 OD 间第 k 条有效物理路径的概率，乘客 j 必将选择且只能选择有效物理路径集合中的一条路径完成出行，且决策结果相互独立。

3）基于 EM 算法的 GMM 求解方法

由上文可知，GMM 的概率密度函数为 $p(X|\theta)=p(X|\pi,\mu,\Sigma)$，则单个样本 j 的似然函数为：

$$p(x_j|z_j,\theta)=\prod_{k=1}^{K}N(x_j|\mu_k,\Sigma_k)^{z_{jk}} \quad (3\text{-}37)$$

式中：x_j——乘客 j 在 OD 对间的旅行时间。

若总样本量即所有乘客数量为 N，根据全概率公式，可以求出所有乘客旅行时间样本的似然函数：

$$p(X,Z;\theta)=\prod_{j=1}^{N}\prod_{k=1}^{K}\pi_k^{z_{jk}}N(x_j|\mu_k,\Sigma_k)^{z_{jk}} \quad (3\text{-}38)$$

则对每一个乘客样本 j，隐变量 Z 的后验概率也就是 Q 函数为：

$$Q(z_{jk})=p(Z|X;\theta)=\frac{p(Z)p(X|Z;\theta)}{p(X)}$$

$$=\frac{p(z_k)p(x_j|z_k;\theta_k)}{\sum_{k=1}^{K}p(z_k)p(x_j|z_k;\theta_k)}=\frac{\pi_k N(x_j|\mu_k,\Sigma_k)}{\sum_{k=1}^{K}\pi_k N(x_j|\mu_k,\Sigma_k)} \quad (3\text{-}39)$$

下面通过比较原问题的目标函数和使用隐变量简化问题后的目标函数,来说明 EM 算法由于隐变量的引入而体现出的参数估计能力:

$$\ln p(X;\theta) = \sum_{j=1}^{N} \ln p(x_j;\theta) = \sum_{j=1}^{N} \ln(\sum_{k=1}^{K} \pi_k N(x_j;\mu_k,\Sigma_k))$$

$$\ln p(X,Z;\theta) = \ln[\prod_{j=1}^{N}\prod_{k=1}^{K}\pi_k^{z_{jk}} N(x_j|\mu_k,\Sigma_k)^{z_{jk}}]$$

$$= \sum_{j=1}^{N}\sum_{k=1}^{K} z_{jk}[\ln \pi_k^{z_{jk}} + \ln N(x_j|\mu_k,\Sigma_k)] \qquad (3\text{-}40)$$

由式(3-40)可见,后者的对数形式直接作用于正态分布 N,使正态分布由乘法的自然对数指数形式变为简单的加法形式,便利了问题的求解,可见 EM 算法在机器学习、数据挖掘领域具有独特的优势。

以上便是 EM 算法的 E 步——构建目标概率函数的下界。接下来,需要通过对目标函数的极大似然估计,来得到 GMM 参数 θ 的显性表达式,以求解新一轮迭代的参数。

对 GMM 中的每一个单高斯分布 N_k,其样本集为 $X_k = \{x_1,x_2,\cdots,x_m\}$,样本数量为 N_k,有:

$$\ln N(X|\mu_k,\Sigma_k) = -\frac{N_k D}{2}\ln(2\pi) - \frac{N_k}{2}|\Sigma_k| - \frac{1}{2}\sum_{m=1}^{N_k}(x_m-\mu_k)^T \Sigma_k^{-1}(x_m-\mu_k) \qquad (3\text{-}41)$$

式中:D——数据的维度。

首先,假设 z_{jk} 是已知量,对上式中的 μ_k 求偏导并令上式等于零,则可得到单高斯分布 N_k 参数 μ_k 的取值:

$$\frac{\partial}{\partial \mu_k}\ln N(X|\mu_k,\Sigma_k) = \sum_{m=1}^{N_k}\Sigma_k^{-1}(x_m - \mu_k) = 0$$

$$\mu_k = \frac{1}{N_k}\sum_{m=1}^{N_k} x_m = \frac{1}{N_k}\sum_{j=1}^{N} z_{jk} x_j, N_k = \sum_{i=1}^{N} z_{ik} \qquad (3\text{-}42)$$

同理对 Σ_k 求偏导,使其等于零,可得:

$$\Sigma_k = \frac{1}{N_k}\sum_{m=1}^{N_k}(x_m-\mu_k)(x_m-\mu_k)^T = \frac{1}{N}\sum_{j=1}^{N} z_{jk}(x_j-\mu_k)(x_j-\mu_k)^T \qquad (3\text{-}43)$$

然后,假设所有的 μ_k 和 Σ_k 是已知的,且根据 $\sum_{k=1}^{K}\pi_k = 1$,那么可以通过在 $\ln p(X,Z;\theta)$ 中引入拉格朗日乘子 λ,来求解 π_k:

$$L = \ln p(X,Z;\theta) + \lambda(\sum_{k=1}^{K}\pi_k - 1)$$

$$= \sum_{j=1}^{N}\sum_{k=1}^{K} z_{jk}[\ln \pi_k + \ln N(x_j|\mu_k,\Sigma_k)] + \lambda(\sum_{k=1}^{K}\pi_k - 1) \qquad (3\text{-}44)$$

对 L 中的 π_k 和 λ 分别求导并命其等于零,可得:

$$\begin{cases}\dfrac{\partial L}{\partial \pi_k} = \dfrac{\sum_{j=1}^{N} z_{jk}}{\pi_k} + \lambda = 0 \\ \dfrac{\partial L}{\partial \lambda} = \sum_{k=1}^{K}\pi_k - 1 = 0\end{cases} \Rightarrow \begin{cases}\pi_k = \dfrac{\sum_{j=1}^{N} z_{jk}}{N} = \dfrac{N_k}{N} \\ \lambda = -\sum_{j=1}^{N}\sum_{k=1}^{K} z_{jk} = -N\end{cases} \qquad (3\text{-}45)$$

由式(3-42)、式(3-43)、式(3-45)不难看出，μ_k、Σ_k 和 π_k 都与隐变量的取值有关，于是用隐变量 Z 发生的后验概率 $Q(z_{jk})$ 来表示 z_{jk} 的取值情况，即 $N_k = \sum_{i=1}^{N} z_{ik} = \sum_{j=1}^{N} Q(z_{jk})$，那么，GMM 模型参数的数值解为：

$$\begin{cases} \mu_k = \dfrac{\sum_{j=1}^{N} Q(z_{jk}) x_j}{\sum_{j=1}^{N} Q(z_{jk})} \\ \Sigma_k = \dfrac{\sum_{j=1}^{N} Q(z_{jk})(x_j - \mu_k)^T (x_j - \mu_k)}{\sum_{j=1}^{N} Q(z_{jk})} \\ \pi_k = \dfrac{\sum_{j=1}^{N} Q(z_{jk})}{N} \end{cases} \quad (3\text{-}46)$$

基于以上参数估计过程，图3-7归纳总结了利用EM算法求解高斯混合模型的流程。

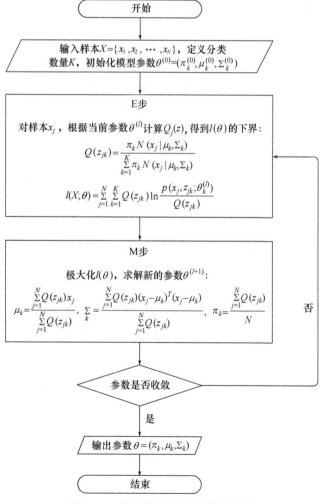

图 3-7 EM 算法求解高斯混合模型流程图

前文提到，EM算法只能收敛到目标函数的局部最大值而不是全局最优解，因此，研究中确定GMM最优解的方法，是通过设定多组GMM参数θ的初值，选取各自迭代收敛后拥有最大似然函数值的一组参数。

由于EM算法需要给定分量的数目K，因此，可依据基于分支定界的路径搜索算法得到的OD对间有效物理路径数量，来确定K的取值。另外，使用GMM常用的初始化方法——K均值聚类算法(K-Means Clustering Algorithm, K-means)来确定参数θ的初值。并且经实验证明，K-means方法和随机方法相比，模型最终计算得到的似然函数值更大，迭代次数更少。

3.3.5 高峰期乘客路径选择Logit模型及参数估计

作为最早出现的离散选择模型，Logit模型于1959年被首次提出，目前已广泛应用在计量经济学、市场学、心理学等领域。在交通方面，Logit模型作为非集计模型，已成为交通行为分析的有力工具。在此，考虑多种因素对出行路径广义费用的影响，基于多元Logit模型(Multivariate Logit, MLogit)实现乘客的路径选择概率估计。

1) 多元Logit模型概述

Logit随机概率选择模型以随机效用理论(Random Utility Theory)为基础，模型思想是采用效用值来度量每种方案，认为决策者总是偏向于选择拥有最大效用值的方案。效用由可确定的效用值和随机误差项组成，在路径选择Logit模型中，假设物理路径效用的随机误差项相互独立，且服从相同的耿贝尔分布(Gumbel Distribution)，那么路径选择概率可以表示为：

$$\begin{cases} P_i^{rs} = \dfrac{\exp(V_i^{rs})}{\sum_{i=1}^{K}\exp(V_i^{rs})} & \forall i \in K \\ \sum_{i=1}^{K} P_i^{rs} = 1 & 0 \leq P_i^{rs} \leq 1 \end{cases} \tag{3-47}$$

式中：P_i^{rs}——OD对rs之间路径i的被选择概率；

V_i^{rs}——OD对rs之间路径i的可确定的效用值；

K——OD对rs之间的有效物理路径集合。

用路径i的广义费用C_i^{rs}来表示可确定的效用值V_i^{rs}，即$C_i^{rs} = -\theta V_i^{rs}$，其中$\theta$为常数，可以理解为多种因素对乘客出行决策的综合影响程度，也可以用来度量乘客总体对城市轨道交通线网的熟悉程度。那么，乘客对于OD对rs之间路径i的选择概率可以用下式表示：

$$P_i^{rs} = \dfrac{\exp(-\theta C_i^{rs}/\overline{C})}{\sum_{i=1}^{K}\exp(-\theta C_i^{rs}/\overline{C})} \qquad \forall i \in K \tag{3-48}$$

式中：$\overline{C}$——OD对rs之间所有有效物理路径的平均广义费用。

用$\overline{C}$来平衡各路径之间效用值的绝对差，能够在一定程度上避免路径选择概率估计的绝对性。

根据前文对路径广义费用的估计结果,构建路径的总广义费用函数,包含进出站步行时间、候车时间、在车时间、换乘时间,以及换乘次数和站台滞留系数。路径的总广义费用越高,乘客的出行成本越高,乘客选择该条路径出行的概率越低。

考虑广义费用的不同构成因素对路径总广义费用的影响,引入相应的惩罚项来表示其影响程度。由于换乘时间是乘客出行所额外花费的时间,并且会造成一定的体力消耗,因此,在换乘时乘客所感知的时间花费比在等车时的时间花费要多。根据已有调查研究,乘客所感知的换乘步行时间与实际换乘步行时间符合幂函数关系,通过引入换乘步行时间的幂函数参数 β 来表示换乘步行时间的惩罚,同时,换乘次数也会极大地影响乘客的路径选择结果,引入参数 α 来体现换乘次数的惩罚。此外,对于列车容量限制导致的乘客滞留站台现象,引入参数 γ 来表示乘客等候第一趟列车及无法乘坐到达站台的第一趟车而滞留的惩罚。由此,OD 对 rs 之间第 i 条路径的总出行广义费用计算方法如下:

$$\begin{cases} C_i^{rs} = T_i^{rs} + C_i^r + \sum_M C_m^{rs} \\ \qquad = T_i^{rs} + \gamma(0.5h + \mu h)\delta_i + \sum_M (n_i^{rs})^\alpha [(t_m)^{\beta+1} + \gamma(0.5h' + \mu' h')] \\ \delta_i = \begin{cases} 0 & \text{起始站为换乘站且有效路径存在于起始站的不同线路站台} \\ 1 & \text{其他} \end{cases} \\ \forall i \in K \end{cases} \quad (3\text{-}49)$$

式中:C_i^{rs}——OD 对 rs 之间路径 i 的出行广义费用;

T_i^{rs}——路径 i 的乘客总在车时间;

C_i^r——路径 i 在起始站的候车广义费用;

C_m^{rs}——换乘站 m 在 rs 方向的换乘广义费用;

M——路径 i 的换乘站集合;

n_i^{rs}——路径 i 在换乘站的累计换乘次数;

t_m——换乘站 m 在 rs 方向的平均换乘步行时间;

h、h'——起始站线路和换乘后线路的发车间隔,认为高峰期发车间隔固定,乘客等候第一辆车的时间为发车间隔的一半;

μ、μ'——在起始站站台和换乘后站台一次无法上车的概率,用站台滞留系数表示;

α、β、γ——模型参数。

考虑式(3-48)中的参数 θ,则乘客路径选择多元 Logit 模型的参数有四个,分别是 α、β、γ 和 θ。

对于同一对 OD 间出行的乘客,式(3-49)考虑了在车时间、候车时间、换乘次数、换乘步行和等待时间五大因素对乘客路径选择行为的影响,并综合考虑城市轨道交通高峰期可能发生的首站站台滞留和换乘后站台滞留的情况,是路径属性和乘客个体感知层面上的出行路径总广义费用。

2) 基于 GMM 的 Logit 模型参数估计

高斯混合模型在对乘客旅行时间样本拟合时，分类数目 K 值和模型的初始参数对最终的拟合结果有很大影响。对于每一对 OD 间的出行，为确保 GMM 结果的可靠性，一方面，需要对参数 K 值进行校核，以防止模型的过拟合现象；另一方面，需要采用不同初始参数进行多次迭代，以避免模型结果的局部最优情况。另外，迭代次数也会对模型的计算效率产生影响。因此，使用高斯混合模型进行乘客的路径选择概率估计具有一定的使用条件限制，并且模型的求解结果缺乏对目标问题的解释性。

而 Logit 随机概率选择模型作为经典的概率模型，具有广泛的应用基础，不仅在模型参数确定后可直接估计选择结果，而且模型参数具有可解释性，能够体现不同因素对乘客出行决策的影响，参数的灵敏度更是体现了不同因素的影响程度。Logit 模型作为非集计模型，通常采用乘客路径选择意向 SP 调查的调研结果来拟合模型的参数值，该方法不仅需要人力和物力的消耗，而且样本数量有限，拟合结果的有效性和模型的可靠性还有待考究。本节借助 AFC 数据对旅行时间的准确刻画和高斯混合模型对旅行时间总体分布的充分描述，提出完全数据驱动下的多元 Logit 模型参数估计方法。

基于 EM 算法对旅行时间的 GMM 进行拟合，可以得到 GMM 最终的参数解 $\theta^* = (\pi_k^*, \mu_k^*, \Sigma_k^*), k = \{1, 2, \cdots, K\}$。那么，每个单高斯分模型的权重 π_k 即可理解为乘客选择该条路径的概率，也可以说是选择了该条路径的乘客比例。以该结果为基础，采用极大似然估计法，对乘客路径选择多元 Logit 模型的参数进行估计。

算法认为，乘客个体间的路径选择结果是相互独立的，为离散型随机变量，那么一对 OD 之间所有乘客的路径选择概率即为独立样本概率密度的乘积，若 OD 对间的客流量为 N，有效路径数量为 M，其中选择各条有效路径的乘客数量为 $N_1, N_2, \cdots, N_M$，那么所有乘客路径选择结果的联合概率，也就是总体样本的似然函数，表示如下：

$$L = \Pr(\{N_i \mid \vec{\theta}\}) = \frac{N!}{\prod N_i!} \prod P_i^{N_i} \tag{3-50}$$

式中：N——OD 对间出行乘客的总量；

N_i——选择路径 i 的乘客数量；

P_i——路径 i 的选择概率；

$\vec{\theta}$——待估参数，在本问题中 $\vec{\theta} = \{\alpha, \beta, \gamma, \theta\}$。

为求得似然函数 L 的极大值，对上式左右两边取对数：

$$L^* = \ln L = \ln \left(\frac{N!}{\prod N_i!} \prod P_i^{N_i} \right) = \ln \frac{N!}{\prod N_i!} + \sum N_i \ln P_i \tag{3-51}$$

对参数向量 $\vec{\theta}$ 中的所包含的参数分别求偏导并令导数等于零，联合式(3-48)、式(3-49)，可以得到方程组：

$$\nabla L^* = \begin{pmatrix} \dfrac{\partial L^*}{\partial \alpha} \\ \dfrac{\partial L^*}{\partial \beta} \\ \dfrac{\partial L^*}{\partial \gamma} \\ \dfrac{\partial L^*}{\partial \theta} \end{pmatrix} = \begin{pmatrix} 0 \\ 0 \\ 0 \\ 0 \end{pmatrix} \tag{3-52}$$

联立求解便可得到多元 Logit 模型各个参数的估计值。

3.3.6 实例分析

依据前文模型与方法,首先以本线进出的 OD 对间的出行乘客样本为基础,认为此类出行不存在换乘行为,并且只有唯一的物理路径,用来计算各车站的步行时间分布参数和站台的滞留系数;进一步,拟合唯一物理路径且途经唯一换乘站的 OD 对间的旅行时间分布情况,来计算换乘步行时间;最后,在这些基础上进行 Logit 模型参数估计与灵敏度分析。

1) 乘客乘车概率估计结果

考虑乘客在起始站站台和换乘站站台滞留的可能性,对选定的 OD 对样本的所有换乘站和部分起始站的站台滞留系数进行估计。

认为同一车站在线路的上行和下行方向的站台滞留系数不同,因此,筛选从该车站进站、和所选 OD 对出行方向一致的本线 AFC 数据,用于获取该车站该线路方向的站台滞留次数估计样本。

首先根据 AFC 数据记录的进、出站刷卡(码)时刻和进、出站车站名称,与列车实际运行时刻表进行匹配,依据式(3-5)和式(3-6)的约束条件,筛选出每位出行乘客的可行列车集合,记录可行列车的数量和列车车次,以及所有可行列车在出行起始站的离开时刻和出行终点站的到达时刻,从而计算得到乘客乘坐某趟可行列车所对应的进、出站时间。

然后,依据前文对车站的进、出站步行时间为独立同正态分布的假设,通过乘车概率和步行时间分布模型,计算出每个 OD 对的出行终点站的出站步行时间分布参数,以及每位乘客对其可行列车集合内每列车的选择概率。

最后,假设乘客登上了选择概率最大的列车,那么就可以统计出所有乘客在该站台的滞留次数分布,进而计算出该站台的滞留系数,也就是乘客滞留的平均次数。显然,乘客个体滞留次数的最大值为其最大可行列车数减一。

为排除乘客个体因素造成的车站内逗留时间过长所出现的旅行时间远超理论值的情况,设定每位乘客的最大可行列车数量为 10 辆。以宋家庄站和立水桥站为例,图 3-8 与图 3-9 展示了车站不同线路站台以及相同线路不同方向站台的乘客滞留次数频数分布情况。

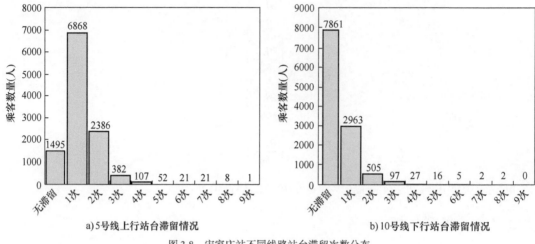

图 3-8 宋家庄站不同线路站台滞留次数分布

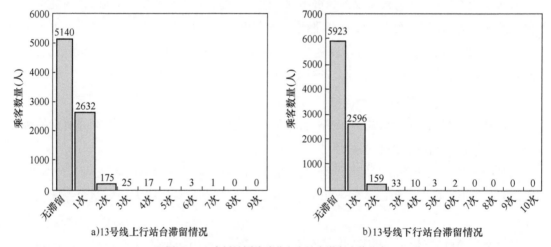

图 3-9 立水桥站同线路分方向站台滞留次数分布

由图 3-8、图 3-9 可以看出,乘客进站后,在站台的滞留系数不仅与客流量密切相关,而且会受到车站类型、线路类型、站台方向等因素的影响。根据站台滞留次数的频数分布直方图可以计算出线路分方向的站台滞留系数,作为列车拥挤度的度量参考。由图 3-8 可以统计得到宋家庄站 5 号线上行站台的滞留系数为 1.220,而 10 号线下行站台的滞留系数为 0.393;由图 3-9 可以统计得到立水桥站 13 号线上行站台的滞留系数为 0.353,下行站台的滞留系数则为 0.398。

其余相关车站早高峰站台的滞留系数的计算结果见表 3-4。

相关起始站和换乘站的早高峰站台滞留系数　　　表 3-4

车站	所属线路	方向	站台滞留系数
崇文门	2 号线	上行	0.481
东四	6 号线	上行	0.716
东单	1 号线	上行	0.586

续上表

车站	所属线路	方向	站台滞留系数
国贸	1号线	下行	0.706
建国门	2号线	上行	0.582
雍和宫	2号线	下行	0.420
霍营	13号线	上行	0.710
鼓楼大街	2号线	下行	0.414
惠新西街南口	10号线	下行	0.529
东直门	2号线	下行	0.692

2）车站步行时间分布估计结果

车站步行时间分布参数的估计结果可以为换乘站换乘步行时间的计算提供基础。认为同一车站由于上、下行线路的列车客流分布不同且列车停靠位置不同，故车站不同线路方向的出站步行时间分布有所差异。因此，筛选与所选 OD 对出行方向一致的、所有到达本次出行终点站的本线 AFC 数据，用于获取车站分方向的车站步行时间估计样本。

基于乘车概率和步行时间分布模型的参数估计方法，能够计算出车站的步行时间分布参数。为计算换乘站的换乘步行时间，筛选路网中唯一物理路径、只换乘一次且只在该换乘站换乘的 OD 对间的乘客样本，该类 AFC 数据记录的乘客旅行时间只包含了进站时间、在车时间、一次换乘时间和出站时间，用于估计换乘时间的分布参数较为可靠。

针对参数估计样本集 A1、A2、A3 所途经的 11 个换乘站，相关车站的进/出站步行时间分布估计结果见表 3-5。

相关车站早高峰乘客进/出站步行时间分布参数（单位：s） 表 3-5

车站	线路及方向	均值	标准差	车站	线路及方向	均值	标准差
刘家窑	5号线上行	170.44	67.05	惠新西街北口	5号线下行	101.47	67.49
北京站	2号线上行	115.13	68.87	东四十条	2号线下行	108.39	60.08
灯市口	5号线上行	102.31	63.53	回龙观东大街	8号线下行	67.58	39.90
东大桥	6号线上行	72.77	46.36	上地	13号线上行	96.55	57.23
天坛东门	5号线上行	139.06	61.54	安华桥	8号线下行	90.75	62.17
永安里	1号线上行	119.23	66.36	阜成门	2号线上行	110.11	66.53
天通苑北	5号线下行	82.49	50.04	立水桥南	5号线下行	129.03	64.83
北苑	13号线下行	71.53	40.96	西土城	10号线下行	127.42	65.73
王府井	1号线上行	125.11	64.24	芍药居	13号线下行	106.76	82.91

3）换乘步行时间估计结果和验证分析

根据单条路径旅行时间分布正态性的假设检验结果，以及本章中对换乘步行时间的估计方法，对前文中所筛选出的用于换乘步行时间估计的乘客样本，进行相应 OD 对间的旅行时间分布拟合。

同时，根据列车运行时刻表，可以统计得到换乘前后相应区段的列车运行和停站时间，以及相应线路方向的发车间隔。由此，通过式（3-33）计算得到的各换乘站相应换乘方向的换乘步行时间分布，结果见表3-6。

相关换乘站的乘客换乘步行时间分布估计结果（单位：s） 表3-6

换乘车站	OD 旅行时间		OD 在车时间	换乘方向	换乘步行时间	
	均值	标准差			均值	标准差
崇文门	1350.93	162.57	617	5号线→2号线	328.36	121.61
东四	913.68	102.21	354	5号线→6号线	234.60	19.00
东单	1244.16	123.93	615	5号线→1号线	250.86	69.06
立水桥	1434.88	156.20	885	5号线→13号线	223.36	120.40
建国门	1082.44	159.78	480	1号线→2号线	248.94	124.08
雍和宫	1344.81	148.90	770	5号线→2号线	241.95	107.29
霍营	1713.34	198.33	1020	8号线→13号线	349.22	168.73
鼓楼大街	1398.71	109.85	780	8号线→2号线	297.86	37.10
惠新西街南口	1839.43	169.74	1260	5号线→10号线	220.49	134.79
东直门	1380.61	124.79	480	13号线→2号线	257.47	38.84

为评估乘车概率和车站步行时间分布模型的参数估计结果的有效性，对以上车站进行实地调研。鉴于 AFC 所记录的乘客旅行时间的准确性和乘客在车时间的稳定性，换乘步行时间的估计结果很大程度上取决于相应车站的步行时间分布，而步行时间分布又决定了乘客的乘车概率。因此，只需要对换乘站的换乘步行时间进行验证，便可在一定程度上证明乘车概率和车站步行时间分布模型的有效性。

采用跟踪调查法，对表3-6中所涉及的换乘站的早高峰换乘步行时间进行实地调查，数据记录和统计格式见表3-7。

乘客步行时间调查数据统计表 表3-7

车站名称	乘客编号	换乘方向	通道编号	起始时刻	终止时刻	换乘所用时间（s）
崇文门	01	5号线换2号线	1	7：08：52	7：13：43	0：04：51
……	……	……	……	……	……	……

选择和数据集相同日期类型的相同时段进行调查，由于车站结构和设备设施的配置不会发生很大改变，所以假设调查日车站的乘客流线和所选样本集的乘客流线相同。在工作日的早高峰时段，调查员在每个车站随机跟踪调查20位身体健康的中、青年乘客，以每位乘客下车到换乘站站台的时刻为始，步行抵达换乘后线路站台的时刻为止，记录其换乘步行的路径和所用时间。

调查结束后，统计每个车站的调研结果，取均值视为该站的实际换乘步行时间值。由此，可以对比各车站换乘步行时间的参数估计值和实际调查值的差异，如图3-10所示。

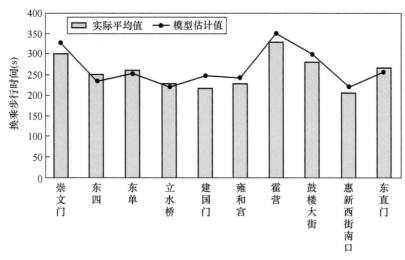

图3-10 换乘步行时间估计结果和调研结果对比

由图3-10可以看出,大部分车站的换乘步行时间估计值和实际值比较接近,估计值和实际值的偏差在可接受范围内,因此,可以认为换乘步行时间的估计结果具备一定的有效性,从而间接证明了乘客乘车概率估计结果和车站步行时间估计结果的可信度。

4) Logit 模型参数估计结果及灵敏度分析

采用极大似然估计,根据式(3-52),可以求解出乘客路径选择多元Logit模型的参数,见表3-8。

Logit 模型参数 表3-8

参数	α	β	γ	θ
取值	0.818	0.378	1.416	1.917

乘客路径选择多元Logit模型的各参数对应了不同因素对乘客出行决策的影响,参数取值的大小体现了影响程度的差异。本节针对模型参数α、β、γ,通过不同取值下乘客路径选择概率的变化,分析换乘次数、换乘步行时间、候车时间三个主要因素对乘客路径选择概率的影响。

以天通苑—国贸的乘客出行为例,其有效物理路径为3条(表3-9),换乘次数分别为2次、1次和1次,途经车站数量分别为17个、19个和17个。

OD 对间的路径示例 表3-9

OD	有效路径数量	途经线路	途经换乘站	途经车站数量(个)
天通苑—国贸	3	5号线→2号线→1号线	雍和宫、建国门	17
		5号线→1号线	东单	19
		5号线→10号线	惠新西街南口	17

(1) 参数α的灵敏度分析。

参数α体现了乘客对换乘次数的感知程度,当α从0按比例增加到2.0时,每条路径的乘客选择概率也发生了不同程度的变化,如图3-11所示。

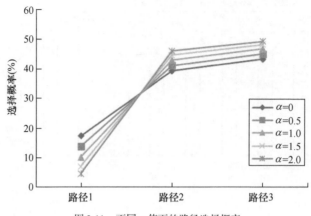

图 3-11　不同 α 值下的路径选择概率

由图 3-11 可见,随着换乘次数惩罚项 α 数值的增大,乘客选择路径 1 的概率逐渐降低,与此同时,选择路径 2 和路径 3 的概率同步提高。从变化幅度来看,随着 α 的取值从 0 增大到 2.0,路径 1 的选择概率幅度变动最大,从 17.37% 降至 4.56%;路径 2 和路径 3 的选择概率增幅较为接近,分别从 39.32% 和 43.32% 提升至 46.11% 和 49.33%。这是因为路径 1 的换乘次数为 2 次,而路径 2 和路径 3 均只需要换乘一次,乘客在选择出行的物理路径时,对路径的换乘次数十分看重,更倾向于选择次数较少的出行路径;而 α 的增大,意味着乘客对换乘次数的感知增大,使得换乘次数较多的路径受乘客偏好的程度大大降低,这与实际中乘客对换乘次数十分敏感的情形相一致。

(2) 参数 β 的灵敏度分析。

参数 β 体现的是换乘步行时间对乘客路径选择概率的影响。由图 3-12 可以看出,该因素影响下的乘客路径选择概率的变化趋势与换乘次数带来的影响的变化趋势一致,且变化幅度相对更大些。结合式(3-49)与表 3-8 可知,换乘步行时间在换乘广义费用中所占的比重很大,直接影响着乘客对换乘的感知程度。

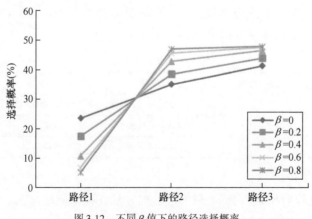

图 3-12　不同 β 值下的路径选择概率

随着 β 从 0 分别增大到 0.2、0.4、0.6 和 0.8 时,即使较小的增幅也能带来路径选择概率的大范围变化。其中,路径 1 的选择概率从 23.62% 降至 5.21%,路径 2 和路径 3 的选择概率则分别从 35.08%、41.30% 提高到 46.98%、47.81%。可以看到路径 2 和路径 3 的选择概率随着换乘步行时间惩罚项的加大而逐渐接近,这是因为两条路径在各自换乘站的换乘步行时间相近,分别为 230.86s 和 230.49s,而当换乘步行时间在路径广义费用中所占的权重增大时,换乘步行时间会更明显地影响乘客的决策。

(3) 参数 γ 的灵敏度分析。

参数 γ 体现的是候车时间对乘客路径选择行为的影响,包含了起始站站台的候车时间和换乘后站台的候车时间,由线路的发车间隔和站台滞留系数所决定。图 3-13 展示了不同 γ 取值下乘客的路径选择概率结果。

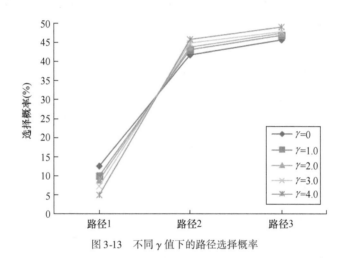

图 3-13 不同 γ 值下的路径选择概率

由图 3-13 可以看出,候车时间对乘客的路径选择比例虽有影响,但相对该对 OD 间路径的换乘次数和换乘时间来说程度较轻,γ 从 0 增加到 4.0 的过程中,乘客选择路径 1 的概率降低了 7.51%,同时,选择路径 2 的概率提高了 4.08%,路径 3 的概率提高了 3.43%。结合式(3-49)与表 3-8,其主要原因在于,候车时间成分相对旅行时间的构成来说,组成部分所占的比例较小,且大部分乘客选择该条路径出行时,对站台的拥挤情况往往缺少预判,即决策时的感知较轻,故候车时间对乘客的路径选择概率影响相对较小。

另外,该案例中 3 条路径在各自换乘后站台的滞留系数接近,路径 1 的两个换乘站站台滞留系数分别为 0.42 和 0.58,路径 2 和路径 3 的站台滞留系数分别为 0.59 和 0.53,且 3 条路径在起始站站台的滞留系数对路径总费用不造成影响,故体现出的候车时间惩罚参数 γ 的变化没有大幅影响乘客的路径选择概率。

综合以上参数的灵敏度分析结果,可知换乘次数、换乘步行时间和候车时间均对出行路径的总广义费用产生了不可忽略的影响,其影响程度不同。

3.4 基于贝叶斯推理的列车延误下出行选择反演

3.4.1 列车延误下的出行时空路径选择反演模型概述

随着城市轨道交通线网规模逐渐扩大,其承担的客流量也日渐增多,而设备故障、客流变化与突发事件等原因常使列车发生延误,这将导致线网发生和平日不一样的客流时空分布,大客流聚集在车站内,并在线网上传播,给线网运营带来安全隐患。如何在列车延误的情况下进行有效的运营组织管理已成为城市轨道交通系统亟待解决的难题。

在列车延误情况下,乘客的出行时空路径呈现出和平日不同的特征,使用数据驱动的方式是更有效的手段。但作为新兴的研究热点,数据驱动的方法还较少用于列车延误场景下的时空路径选择研究。因此,本节以 AFC 数据和列车实际运行时刻为驱动,进行列车延误下城市轨道交通乘客出行时空路径选择反演模型研究。

列车延误是列车进入区间(车站)或在区间(车站)运行过程中偏离(滞后)计划运行轨迹的综合表现。本节研究模型适用于多列车、多区间发生延误,且多数延误发生在 5~30min 之间,对乘客出行选择会产生明显影响,但未发生行车中断与列车救援的情况。列车延误下乘客出行时空路径选择模型的框架如图 3-14 所示。首先获取乘客的出行时空路径集合,之后基于贝叶斯定理对乘客的出行时空路径选择进行概率估计,并采用蒙特卡罗仿真方法来得到乘客的出行时空路径选择结果。

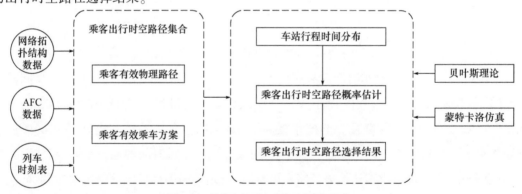

图 3-14 乘客出行时空路径选择模型框架

3.4.2 乘客出行时空路径集合生成

乘客的出行时空路径集合包括有效物理路径集和有效乘车方案集。通过路径搜索可获取乘客的有效物理路径集,而有效物理路径集 $R_{o,d}$ 中每条物理路径 l 都有其对应的有效乘车方案集合 $N_{o,d,l}$。

乘客的有效乘车方案集指乘客所有可能乘坐的列车集合,将根据 AFC 数据和列车时刻表获取,其中乘客在一次出行中可能登上的所有列车组成一个有效乘车方案 $n(n \in N_{o,d,l})$。

已知有效物理路径集后,可获取有效乘车方案集。有效乘车方案集内所有列车的到发时刻满足如下约束:

(1)进站时间 $t_n^{(a)}$ 为列车 j 在起点 O 站离站时刻 DT_j 与乘客 i 进站刷卡(码)时刻 t_i^{in} 之差,其大于最小进站时间 $t_{\min}^{(a)}$:

$$t_n^{(a)} = DT_j - t_i^{in} \tag{3-53}$$

$$t_n^{(a)} > t_{\min}^{(a)} > 0 \tag{3-54}$$

(2)出站步行时间 $t_n^{(e)}$ 为乘客 i 的出站刷卡(码)时刻 t_i^{out} 与列车 j 在终点 D 站的到站时刻 AT_j 之差,其大于最小出站步行时间 $t_{\min}^{(e)}$:

$$t_n^{(e)} = t_i^{out} - AT_j \tag{3-55}$$

$$t_n^{(e)} > t_{\min}^{(e)} > 0 \tag{3-56}$$

对于无换乘的乘客,乘客从起点 O 站到达终点 D 站只乘坐了一辆列车 j,根据以上两个约束即可筛选出该类乘客的有效乘车方案集合 $N_{o,d,l}$,如图 3-15 所示。

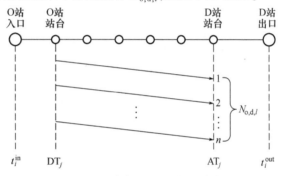

图 3-15　无换乘乘客的有效乘车方案集合

而对于换乘一次及以上的乘客来说,乘客每个有效乘车方案都包含了两辆及以上的列车。所以除了上述四个约束外,还需约束乘客乘坐的前一辆列车 j_1 与后一辆列车 j_2 在时间上的先后关系。对此,以换乘一次为例(图 3-16),其满足约束条件式(3-57)和式(3-58)。其中,列车 j_1 满足约束条件式(3-53)和式(3-54)且在换乘 T 站的到站时刻为 AT_{j_1},列车 j_2 满足约束条件式(3-55)和式(3-56)且在换乘 T 站的离站时刻为 DT_{j_2},最小换乘时间为 $t_{\min}^{(tr)}$。

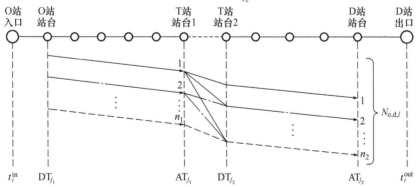

图 3-16　换乘一次乘客的有效乘车方案集合

$$t_n^{(\mathrm{tr})} = D_{j_2T} - A_{j_1T} \qquad (3\text{-}57)$$

$$t_n^{(\mathrm{tr})} > t_{\min}^{(\mathrm{tr})} > 0 \qquad (3\text{-}58)$$

3.4.3 行程时间分布计算

乘客的行程由进站时间、在车时间、换乘时间和出站步行时间组成,其中进站时间包括进站步行时间和进站候车时间,换乘时间包括换乘步行时间和换乘候车时间,如图3-17所示。在列车延误的情况下,站台上的乘客大量聚集,许多乘客无法登上等候的列车从而滞留在站台上,该情况下乘客的候车时间会明显增大。

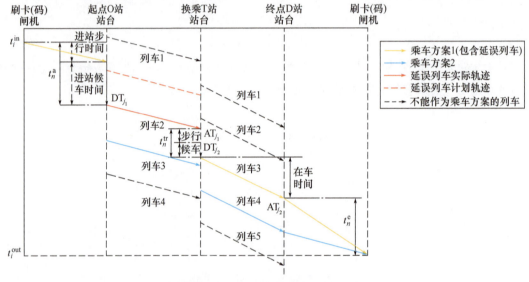

图 3-17 列车延误下乘客行程示意图

乘客的出行时空路径概率估计需要先获取各车站对应方向的时间分布,即出站步行时间分布和进站时间分布,换乘站还应包括换乘时间分布。不同时间分布的获取流程如图3-18所示。

1) 出站步行时间分布

对于物理路径选择唯一且有效乘车方案选择唯一的乘客来说,其出行时空路径明确,因此,可直接得到该类乘客的出站步行时间。由于AFC数据中该类乘客数据量足够大,在此将路网上各车站对应方向的出站步行时间分布近似等同于根据终点站相同的该类乘客得到的出站步行时间分布。

下面选取了北京城市轨道交通系统2019年某工作日早高峰发生列车延误的数据,以苏州街站为例对比正常情况下与列车延误下车站的出站步行时间分布,其中正常情况1与正常情况2分别与发生列车延误当天同时段且前后间隔一周。苏州街站上行列车延误情况下的出站步行时间分布及其核密度曲线如图3-19a)所示,正常情况与列车延误下的出站步行时间分布对比如图3-19b)所示。

第3章 数据驱动的乘客出行选择模型

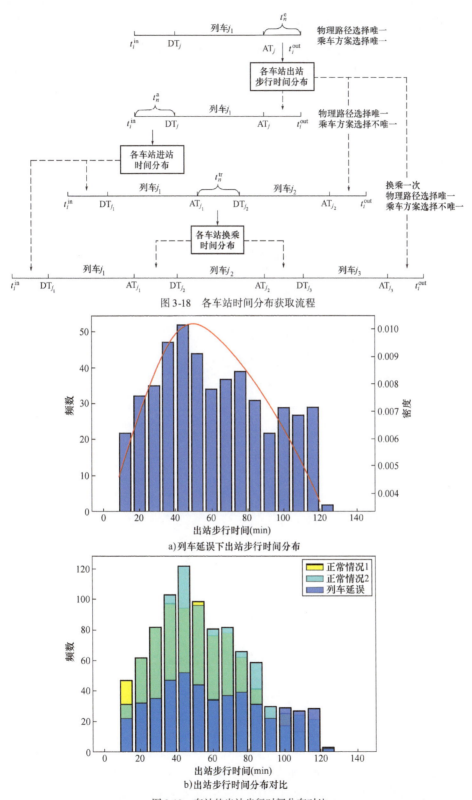

图 3-18 各车站时间分布获取流程

a) 列车延误下出站步行时间分布

b) 出站步行时间分布对比

图 3-19 车站的出站步行时间分布对比

2)进站时间分布

在已知各车站对应方向的出站步行时间分布后,对于物理路径选择唯一、有效乘车方案选择不唯一且无换乘的乘客来说,仅基于出站步行时间估计出乘客出行时空路径选择的结果,就可得到该类乘客的进站时间。因此,类似于出站步行时间分布的获取,选取起点站相同的该类乘客来获取各车站对应方向的进站时间分布。列车延误下,车站候车人数大幅增加,乘客候车时间也随之增加。以北京城市轨道交通系统劲松站上行为例,车站的进站时间分布如图3-20所示。

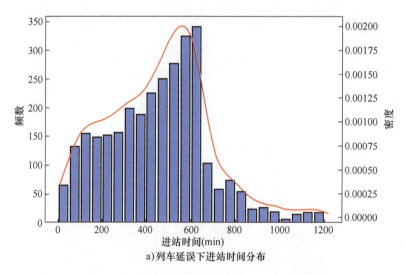

a) 列车延误下进站时间分布

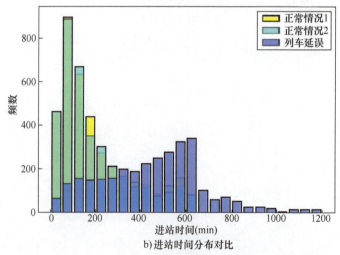

b) 进站时间分布对比

图 3-20 车站的进站时间分布对比

3)换乘时间分布

基于进站时间和出站步行时间可估计出物理路径选择唯一、换乘一次的乘客出行时空路径选择结果,从而可得到该类乘客的换乘时间。选取换乘站相同的该类乘客来得到各换乘站对应方向的换乘时间分布。类似地,以北京城市轨道交通系统惠新西街南口站 5 号线换乘 10 号线上行方向为例,换乘时间分布如图 3-21 所示。

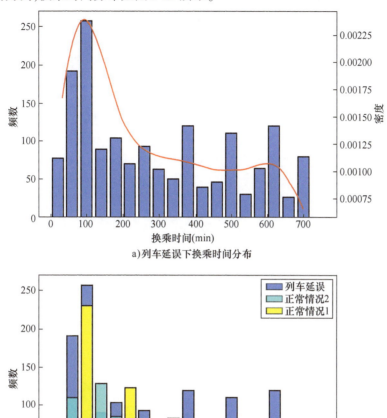

图 3-21 车站的换乘时间分布对比

3.4.4 乘客出行时空路径概率估计

下面基于贝叶斯定理来进行乘客出行时空路径选择概率的估计。乘客出行时空路径的概率为有效物理路径选择概率与有效乘车方案选择概率的乘积,即乘客的出行时空路径选择概率为:

$$P(C_{o,d,l,n} | I) = P(C_{o,d,l} | I) P(C_{o,d,l,n} | C_{o,d,l}, I) \tag{3-59}$$

式中:I——乘客的出行;

$C_{o,d,l}$——乘客选择 OD 间有效物理路径 l 出行;

$C_{o,d,l,n}$——乘客选择 OD 间物理路径 l 乘车方案 n 出行。

1) 有效乘车方案选择概率估计

根据贝叶斯定理,已知乘客选择物理路径 l 后,其选择该物理路径乘车方案 n 的概率为:

$$P(C_{o,d,l,n}|C_{o,d,l},I) = \frac{P(C_{o,d,l},I|C_{o,d,l,n})P(C_{o,d,l,n})}{P(C_{o,d,l},I)}$$

$$= \frac{P(C_{o,d,l},I|C_{o,d,l,n})P(C_{o,d,l,n})}{\sum_{m \in N_{o,d,l}} P(C_{o,d,l},I|C_{o,d,l,m})P(C_{o,d,l,m})} \quad (3-60)$$

根据物理路径 l 的换乘次数,有效乘车方案选择概率估计不同:

无换乘的物理路径上乘车方案选择概率的估计,利用乘车方案 n 的出站步行时间 $t_n^{(e)}$ 在终点站对应方向的出站步行时间分布中所落分组的时间样本频率值 $f_{t_n^{(e)}}$ 来计算:

$$P(C_{o,d,l,n}|C_{o,d,l},I) = \frac{f_{t_n^{(e)}}}{\sum_{m \in N_{o,d,l}} f_{t_m^{(e)}}} \quad (3-61)$$

其中

$$f_{t_n^{(e)}} = \frac{x_{t_n^{(e)}}}{X} \quad (3-62)$$

式中:$x_{t_n^{(e)}}$——$t_n^{(e)}$ 在分布中所落分组对应的频数;

X——样本总数。

换乘一次的选择概率估计基于进站时间和出站步行时间。与式(3-62)的逻辑类似,其概率为:

$$P(C_{o,d,l,n}|C_{o,d,l},I) = \frac{f_{t_n^{(e)}} \cdot f_{t_n^{(a)}}}{\sum_{m \in N_{o,d,l}} f_{t_m^{(e)}} \cdot f_{t_m^{(a)}}} \quad (3-63)$$

式中:$f_{t_n^{(a)}}$——乘车方案 n 的进站时间 $t_n^{(a)}$ 在起点站对应方向的进站时间分布中所落分组的时间样本频率值。

换乘一次以上的选择概率估计基于进站时间、出站步行时间以及所经过换乘站的换乘时间。类似地,其概率为:

$$P(C_{o,d,l,n}|C_{o,d,l},I) = \frac{f_{t_n^{(e)}} \cdot f_{t_n^{(a)}} \cdot f_{t_n^{(tr)}}}{\sum_{m \in N_{o,d,l}} f_{t_m^{(e)}} \cdot f_{t_m^{(a)}} \cdot f_{t_m^{(tr)}}} \quad (3-64)$$

式中:$f_{t_n^{(tr)}}$——乘车方案 n 的换乘时间 $t_n^{(tr)}$ 在换乘站对应换乘方向的换乘时间分布中所落分组的时间样本频率值。

2) 有效物理路径选择概率估计

根据贝叶斯定理,乘客选择有效物理路径 l 的概率为:

$$P(C_{o,d,l}|I) = \frac{P(I|C_{o,d,l})P(C_{o,d,l})}{\sum_{k \in R_{o,d}} P(I|C_{o,d,k})P(C_{o,d,k})} \quad (3-65)$$

在物理路径确定的情况下,其路径上所有有效乘车方案已知,则 $P(I|C_{o,d,l})$ 可以用有效物

理路径 l 上所有有效乘车方案概率之和表示,如式(3-66)所示。而先验概率则以行程时间、换乘次数为考虑因素,如式(3-67)所示:

$$P(I|C_{o,d,l}) = \sum_{n \in N_{o,d,l}} P(I|C_{o,d,l,n}) = \sum_{n \in N_{o,d,l}} f_{t_n^{(e)}} \cdot f_{t_n^{(a)}} \qquad (3\text{-}66)$$

$$P(C_{o,d,l}) = \frac{\exp[-(T_{o,d,l} + n_{o,d,l}^\alpha)]}{\sum_{k \in R_{o,d}} \exp[-(T_{o,d,k} + n_{o,d,k}^\alpha)]} \qquad (3\text{-}67)$$

式中:$T_{o,d,l}$——OD 间有效物理路径 l 的行程时间,通过计算有效物理路径 l 上 OD 固定时间段内所有乘客行程时间的平均值得到;

$n_{o,d,l}$——OD 间有效物理路径 l 的换乘次数;

α——模型参数,取 0.818。

最终乘客选择有效物理路径 l 的概率如下:

$$P(C_{o,d,l}|I) = \frac{[\sum_{n \in N_{o,d,l}} f_{t_n^{(e)}} \cdot f_{t_n^{(a)}}] P(C_{o,d,l})}{\sum_{k \in R_{o,d}} \{[\sum_{m \in N_{o,d,k}} f_{t_m^{(e)}} \cdot f_{t_m^{(a)}}] P(C_{o,d,k})\}} \qquad (3\text{-}68)$$

将 $P(C_{o,d,l}|I)$ 和 $P(C_{o,d,l,n}|C_{o,d,l},I)$ 代入式(3-59),即可求出乘客出行时空路径的选择概率。

之后采用蒙特卡罗仿真方法获取选择结果。首先根据乘客每个出行时空路径方案的选择概率生成对应的累积概率值,然后在区间[0,1]内均匀分布抽样以产生一个随机数,将大于该随机数的第一个累积概率值所对应的有效出行时空路径作为该乘客的选择结果。

3.4.5 实例分析

为了对比分析不同情况下乘客的出行时空路径选择行为,根据发生列车延误当天的延误时段选取了北京城市轨道交通系统 2019 年三个工作日该时段对应的数据,其分别间隔一周,第二天为发生列车延误当天,其余两天均为正常情况。发生列车延误当天,10 号线发生了 1 次 5min 及以上的延误事件,多个区间受到影响,延误时段为 8:12—9:37,其中晚到列车 40 列。接下来以天通苑—苏州街这一对典型 OD 为例进行说明,其物理路径如图 3-22 所示,路径特征属性见表 3-10。其中,路径 1 受延误影响较大。

路径特征属性值   表 3-10

日期	有效物理路径序号	行程时间(min)	换乘次数(次)
第一天	1	44.41	1
	2	46.61	2
第二天(延误)	1	63.81	1
	2	63.90	2
第三天	1	45.36	1
	2	47.22	2

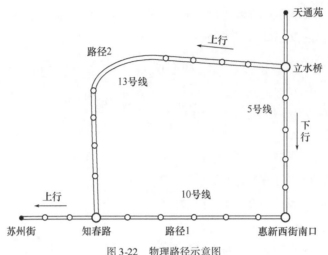

图 3-22 物理路径示意图

在获取乘客的出行时空路径集合以及根据乘客出行时空路径概率估计方法计算出选择概率后,进行了蒙特卡罗仿真以得到乘客选择结果,最后一次仿真乘客出行路径选择比例结果见表3-11。对于天通苑—苏州街路径,在第一天正常情况下乘客选择路径1的比例为94%,选择路径2的比例为6%,而在列车延误下乘客选择路径1的比例为79%,选择路径2的比例为21%(表3-11)。

乘客路径选择比例　　　　　　　　　　表 3-11

日期	有效物理路径序号	选择比例	选择人数(人)
第一天	1	94%	359
	2	6%	65
第二天(延误)	1	79%	192
	2	21%	185
第三天	1	88%	309
	2	12%	103

在蒙特卡罗仿真过程中,将仿真次数参数设为100,不同路径的选择比例随仿真次数的变化如图3-23所示。列车延误会对乘客选择不同路径产生明显影响,正常情况下选择比例较高的路径在列车延误下选择比例有所降低,而选择比例较低的路径在列车延误情况下选择比例则相对提高。

受列车延误影响的乘客会因延误增加的时间成本而改变日常出行选择路径,如图3-24所示,在受延误影响较为严重的时段内,日常选择较少的物理路径2的选择次数显著增多。

乘客有效乘车方案对应的选择概率如图3-25所示。其中,乘客按进站刷卡(码)时间排序,有效乘车方案的排序方式以一次换乘乘客为例,如图3-26所示。可以看出,随着乘客进站刷卡(码)时间的推移,在列车延误下,先到的乘客受延误影响较大,会更倾向于序号更大的乘车方案,这是因为站台聚集人数过多,乘客难以登上前几辆列车,从而乘客在站台的等候时间相对延长;晚到的乘客则受延误影响较小,其对于乘车方案的选择与正常情况下类似。

第3章 数据驱动的乘客出行选择模型

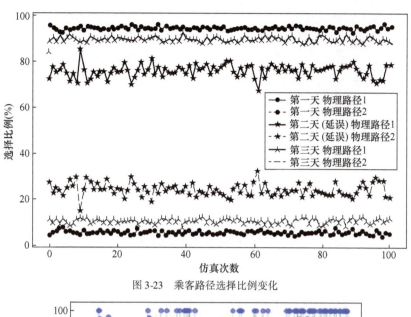

图 3-23 乘客路径选择比例变化

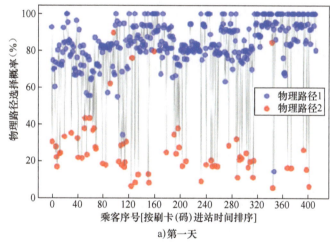

a) 第一天

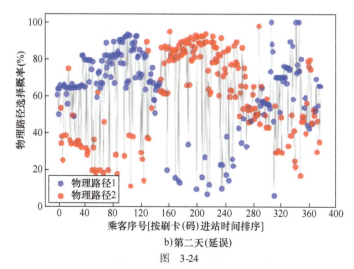

b) 第二天(延误)

图 3-24

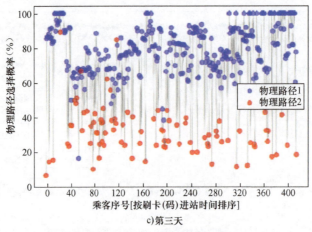

c) 第三天

图 3-24 乘客的物理路径选择概率

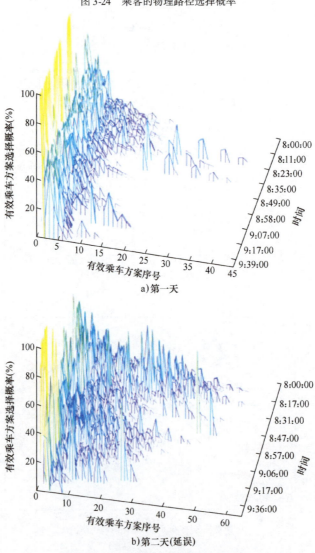

a) 第一天

b) 第二天(延误)

图 3-25 乘客的有效乘车方案选择概率

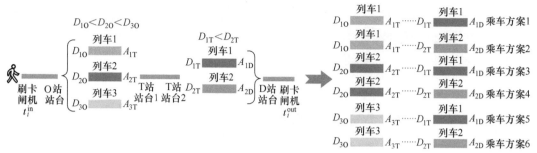

图 3-26　乘客的有效乘车方案排序方式

3.5　本章小结

本章简要介绍了乘客出行选择模型及其使用的基础数据。使用正态分布和伽马分布来分别刻画乘客的行程时间分布特征,以贝叶斯理论为基础,采用数据驱动的方法进行乘客行程反演,并使用极大似然方法进行路径选择参数估计。本章还分别给出了高峰和列车延误场景下的方法与案例分析。本章的研究内容可应用到客流仿真预测、行车组织和客流引导中,为其提供客流选择决策的理论基础。

本章的介绍以行程反演和路径选择为主,除此之外,出行模式选择、OD 选择、出发时间选择都是值得深入研究的方面。未来研究过程中,多源数据的应用也尤为重要,如综合交通、乘客个体信息、运营管理信息等,会有利于提高出行选择模型的精细化水平。在研究方法上,合理的广义费用方程构建与效用理论应用,都有利于出行选择模型准确性的提高。另外,使用神经网络等刻画乘客出行选择,也是一个新兴的方法;而将可解释的 Logit 等模型与神经网络等机器学习结合是未来值得探索的方向。并且,随着基于视频的乘客身份识别、基于北斗的地下空间出行引导等技术的不断深入研究与应用,获取各种场景下的乘客出行数据将逐渐成为可能,数据驱动的乘客出行选择模型也会迎来更大变革,这也是值得关注的研究方向。

第4章 多粒度客流仿真推演技术

客流仿真推演是获得客流在城市轨道交通网络中时空分布的手段。因为运营组织的需要,客流在网络的时空分布既包括宏观的车站、区间分布,也包括在车站内部设备设施的分布,甚至包括在车站某设备设施的具体分布。因此,对于客流仿真的研究,也体现在路网层面、车站层面和车站设备设施内部层面等多个粒度,这几个粒度分别反映乘客在站间的转移、在站内的转移以及在设备设施内部的微观运动。围绕多粒度的客流仿真推演,本章从大规模路网客流快速仿真、车站客流动态分布仿真与站台客流动态分布微观仿真几个方面展开论述。

4.1 客流仿真技术概述

4.1.1 路网客流仿真理论与技术概况

随着路网规模扩大,行车组织和乘客出行选择行为更加复杂,数学解析的方式很难描述客流在时空的分布,因此,使用计算机仿真的方式刻画客流随列车到发在路网的动态分布成为常用的手段。路网客流仿真通过对客流在路网时空分布的推演,既可以起到历史客流清分的作用,也可以起到对未来客流分布进行预测的作用,还可以用于对客流组织及运输计划的效果评估。路网客流仿真是路网-客流-车流动态耦合的结果,一方面受到路网结构和列车开行的约束,另一方面体现乘客出行选择决策的结果。随着计算机仿真技术的不断发展以及路网客流仿真问题研究的不断深入,路网客流仿真模型与技术不断完善,考虑的约束条件日趋复杂。列车到发时间和容量约束是路网仿真的基本约束条件;在此基础上,车站的进站和换乘时间也是必要的约束条件,进站和换乘时间分布的考虑可以提高仿真的精细化;在特殊场景下,如客流控制、列车运行调整增加了仿真约束的复杂性,也增加了仿真的适用性。路网客流仿真需要考虑乘客的选择决策行为,从最初的路径的静态比例选择,到考虑拥挤的动态路径选择;并且在特殊场景下,乘客的等待和绕行等行为逐渐被考虑,增加了仿真的准确性。如何提高大规模路网仿真速度也是学者们关注的方面,多智能体技术、分布式并行计算技术均被使用到路网客流仿真中,求解速度得到大幅提升。同时,路网客流仿真指标的统计更加多样化,提高了仿真应用价值。

4.1.2 车站客流仿真理论与技术概况

空间结构复杂、客流行为多样及大客流服务需求,促使城市轨道交通车站客流仿真受到学者的关注。在过去二十几年间,已有大量车站客流仿真方面的研究,相应的研究模型整体上分为宏观与微观两类方法。

宏观方法将个体视为同质性实体,适合车站内区域间流动的模拟。宏观模型包括系统动力学模型、元胞传输模型、排队论模型等。其中,系统动力学模型在分析车站客流系统要素间相互影响基础上,构建车站客流系统要素间因果关系,任一节点用系统动力学基本单元存量-流率表达,据此建立车站设备设施间客流流动关系。元胞传输模型将每个设施划分成大小相同的空间,可以实现复杂几何条件场景的简单、快速构建,但运行速度受元胞划分数量、行人数量等因素影响。排队论模型侧重于车站各类设施的建模分析,将设施与行人分别看作服务台与顾客,较好地刻画行人排队状态。各种模型的结合,对于车站内客流仿真能够起到更好的模拟效果。

微观方法集中在具体的车站关键区域仿真,将行人看作具有感知能力的个体。微观方法主要包括以社会力模型为代表的空间连续模型与以元胞自动机为代表的空间离散模型。近些年,相关学者提出应用社会力模型对城市轨道交通车站内三维空间的楼梯进行建模分析,校准关于楼梯的行人动力学参数;微观仿真中元胞自动机被应用于研究城市轨道交通车站乘客上下车过程仿真及校准双向行人通道的行人流基本图等。

4.1.3 行人仿真商业软件技术特征

国内的学术界和产业界,对于行人仿真的软件的开发还在起步阶段,还没有可实际应用的商业化软件产品。目前国内学者常使用国外的一些较成熟的商用软件,如 AnyLogic、VISSIM、Legion 等。

AnyLogic 是目前最为常见的仿真工具之一,由俄罗斯 XJ Technologies 公司开发。可以作为模拟离散、连续和混合系统行为的工具,还可以作为创建真实动态模型的可视化工具使用。在城市轨道交通车站行人仿真方面,AnyLogic 仿真软件通常用社会力模型和多智能体模型实现换乘站、大型交通枢纽等场景的行人微观仿真,是模拟车站客流流线、行人微观行为、行人流微观动态分布及可视化的有效方法;AnyLogic 的系统动力学模型还可以模拟包括客流流动在内的多种场景。

VISSIM 仿真软件提供能够模拟行人微观行为的仿真工具,可以基于时间间隔和驾驶行为构建模型,能分析在不同条件下的行人运动方式,不仅能对行人在与设备设施交互时的情况进行实时模拟,而且还可以获得所需要的各项参数,通过文件的形式将行人密度、速度、延误时间、总流程时间等记录下来。在以往的研究中，VISSIM 被用于客流分析、站内设施布置优化、车站客流疏散组织的优化、综合客运枢纽乘客流线优化以及关键瓶颈点识别等相关问题的研究中。

Legion 仿真软件可以模拟运动中行人的步行特征、行人相互间的作用，以及运动中的行人对周围环境中的障碍物的规避行为。Legion 能够以图表、数据表等形式输出人流密度、步行时间、疏散时间、步行速度、排队长度、区域内的人流密度分布、最大密度的持续时间分布以及空间利用率等数据。

除了以上这些常用的商用软件外，还有许多学者为适应其研究，应用了其他仿真软件。例如有学者使用 NetLoGo 仿真平台模拟通道内单双向行人流运动，并探讨行人流的不同组成方式对整个行人群的移动速度和疏散时间的影响；有学者使用 Unity 软件研究城市轨道交通车站发生火灾时乘客疏散情况的仿真问题以及搭建城市轨道交通车站的仿真环境，并通过对社会力模型进行改进，进而实现对城市轨道交通车站火灾疏散的虚拟现实系统的开发；还有学者将 Pathfinder 仿真软件用在评估城市轨道交通车站的应急疏散能力以及识别步行设施的瓶颈位置当中。

目前常用于研究行人行为特征的商业软件具有操作简单、效果美观、理论扎实等优点，但作为封装好的软件如 Legion，在操作上并不支持二次开发，因此，在很多细节处理上缺乏灵活性和真实性；VISSIM 可以利用 COM 接口读取和写入车辆和路况信息，但无法针对行人进行改进；AnyLogic 虽然可以进行二次开发，但无法对社会力模型进行改进，AnyLogic 在对宏观行人流的研究中具有较大优势，但在针对微观行人流的研究中缺乏灵活性。

4.2　大规模路网客流快速仿真

4.2.1　仿真模型框架

路网客流仿真需要在时变场景下完成快速推演，以达到对事件影响及处置措施实时评估的目的。路网客流快速仿真模型框架如图 4-1 所示。仿真系统以供给网络约束、分时 OD 需求、场景与事件（表 4-1）、配流模型（路径选择模型、上车选择模型）为输入条件，在仿真时钟的步进下，以列车到发等离散事件驱动推演。伴随仿真推演，进行乘客状态更新与统计，并将更新与统计结果反馈给运营网络和动态配流模块。

仿真场景与事件　　　　　　　　　　　　　　　表 4-1

场景	对应事件或策略
客流控制	限制进站客流数量以及换乘客流到达站台的数量
区间中断	在一段时间内，因故障区间禁止列车通行，出行路径不能经过此区间
行车调整	列车掉线清人、列车停运、列车跳站、调整列车在车站的到发时分
正常运营	列车按计划行车，乘客按照常态限流情况组织

第4章 多粒度客流仿真推演技术

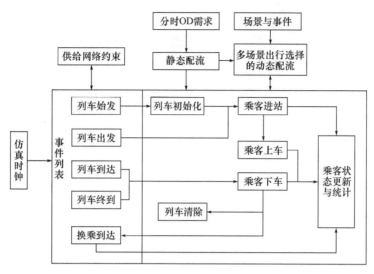

图 4-1 路网客流快速仿真模型框架

区间中断或列车延误涉及每对 OD 出行路径集合的临时变化,在生成新的路径集合之后,各事件的响应过程如图 4-2 所示。列车始发事件响应首先需要完成列车状态初始化,并且根据进站客流控制约束驱动乘客进站,进站的乘客在列车容量和跳站约束下,排队上车;列车出发事件响应无列车状态初始化的步骤,其余均与列车始发相同;列车到达事件响应,主要是乘客下车,并且根据乘客出行路径,获取乘客下车后的事件是出站或换乘,对换乘乘客根据换乘客流控制产生换乘到达事件;列车终到响应基于列车到达增加列车清除的操作;换乘到达事件发生时,需要将到达的换乘客流加入对应的候车节点中。

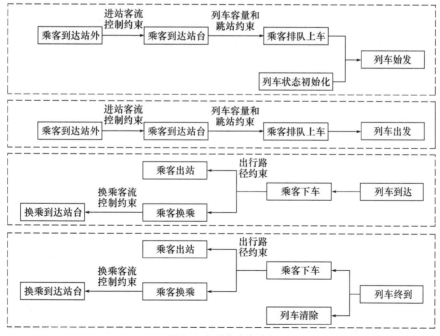

图 4-2 各事件响应过程

在上述的响应中,都会涉及乘客状态的更新与统计,每当有列车到达或出发,即可更新候车节点和列车的乘客数量,以及乘客在站外或在候车节点的等候时间、等候人数等,并依此更新路网客流分布与评估结果。

4.2.2 仿真的关键对象

路网客流仿真涉及的关键对象包含网络拓扑结构、列车运行、OD及路径、客流几大类。这几大类对象包含的关键属性分别如图4-3所示。

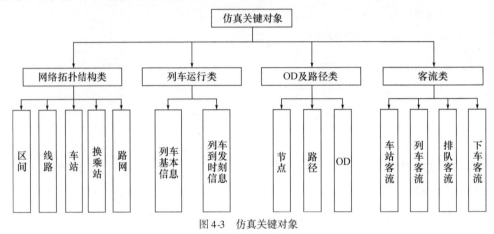

图4-3 仿真关键对象

1) 网络拓扑结构类

(1) 区间:区间编号、所在线路编号、区间关联车站、区间方向、区间距离、区间运行时分;

(2) 线路:线路编号、线路名称、线路上的车站信息;

(3) 车站:车站编号、车站名称、类别、关联的列车到发及客流信息;

(4) 换乘站:换乘前后的站台编号、换乘前后的列车开行方向、换乘步行时间、换乘距离;

(5) 路网:路网上的线路信息、路网上的区间信息。

2) 列车运行类

(1) 列车基本信息:所属线路、车次号、途经的经停信息、开行方向;

(2) 列车停站信息:到站时间、离站时间、停靠车站。

3) OD及路径类

(1) 节点:路径中连接的前后节点与节点相关的车站信息;

(2) 路径:路径序号、经过节点序列、路径成本、路径占OD的配流比例、路径关联的客流信息;

(3) OD:起点站、终点站、OD间的合理路径集合、OD间分时合理路径集合。

4) 客流类

(1) 车站客流:分时到达客流量、列车出发前后站外候车人数、列车出发间隔内到达的乘客数量、列车出发间隔内进入的乘客数量、列车出发前站内候车人数、列车到达后的下车人数、

列车上车人数、列车出发后站内滞留人数、列车出发后站内滞留次数、列车出发后站内滞留时间;

(2) 列车客流:车上总人数、车上客流的下车目的地;

(3) 排队客流:人数、候车状态、开始排队时刻、站外排队时间、站内合计滞留次数、站内排队滞留次数、站内排队滞留时间、排队乘客是否来自换乘;

(4) 下车客流:下车总人数、下车后不同目的地(出站、原地等待、换乘)的客流信息。

4.2.3 仿真的关键流程

仿真运行主流程如图4-4所示。仿真开始后首先确定仿真时钟的状态,若未停止,则判断当前时刻列车到发事件是否为空;如果不为空则取出第一个列车到发事件,根据事件列表(包括列车始发、列车出发、列车到达、列车终到、换乘到达),更新客流状态。当一个时刻的列车到发事件都读取完毕时,则更新时钟,直到仿真时钟已经停止,则结束仿真。

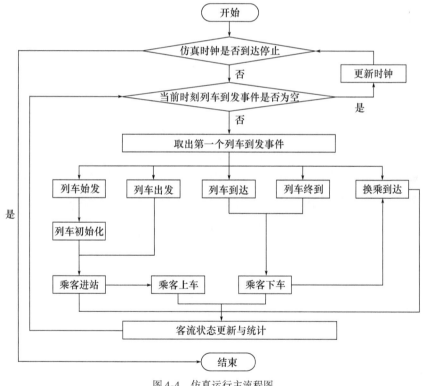

图4-4 仿真运行主流程图

1) 进站流程

首先判断是否有客流控制,如有,进站人数 n 为控制进站量;否则,进站人数 n 为站外候车人数。之后遍历站外候车队列中前 n 位乘客,如未遍历完毕完则乘客持续进站,更新站内候车队列与站外候车队列;遍历完毕则流程结束(图4-5)。

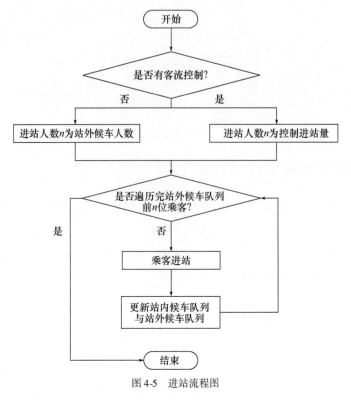

图 4-5 进站流程图

2) 上车流程

上车基本流程如图 4-6 所示,判断站台候车人数是否大于列车剩余容量,是的话上车人数 n 为列车剩余容量,否则,上车人数 n 为站内该列车运行方向的候车人数。之后遍历站内候车队列中前 n 位乘客,如未遍历完则乘客上车,更新站内候车队列;遍历完则更新列车剩余容量,流程结束。对于大小交路、快慢车的分队列排队上车流程,需要增加乘客目的地与列车经停车站的比较,乘客一般会选择在目的地经停的列车上车。

3) 下车流程

列车到达站台后,乘客下车,遍历下车的乘客,遍历完则结束;遍历时更新列车剩余容量,并根据出行路径约束判断乘客是否需要原地换乘列车或去其他线路换乘列车,若是,则执行换乘流程;否则,乘客直接出站(图 4-7)。

4) 换乘流程

首先遍历换乘的乘客,遍历完则结束;遍历时判断乘客是否为本线原地换乘列车,若是,则更新当前站内候车队列;若否,则判断乘客换乘方向,生成换乘到达事件(图 4-8)。

5) 列车跳站处理

列车跳站包括计划性列车跳站与临时的列车跳站;计划性列车跳站主要反映在上车流程中的乘客上车选择;临时性列车跳站则需要对等候乘客和车上乘客做统一处理,其处理流程如下。针对列车经停车站和车上乘客依次遍历,设置其上车的选择或改变其下车的车站(图 4-9)。

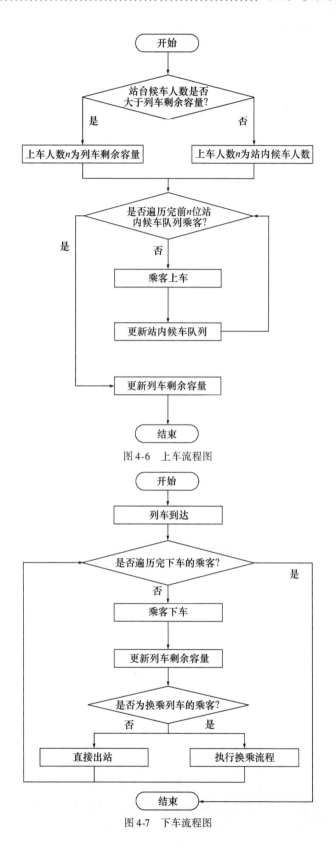

图 4-6 上车流程图

图 4-7 下车流程图

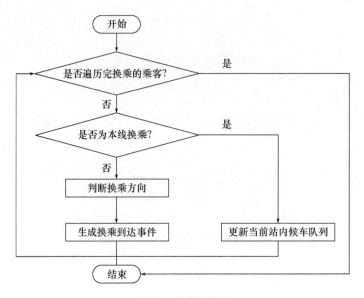

图4-8 换乘流程图

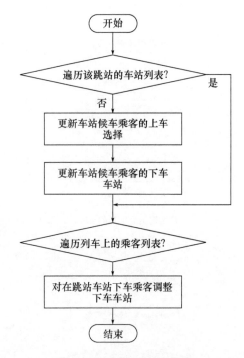

图4-9 列车跳站处理流程图

6）列车掉线清人处理

列车掉线清人时，首先判断该站点是否为乘客的目的车站，若是，则乘客下车直接出站；若否，判断该站点是否为乘客计划的换乘车站，如果是，则乘客下车换乘；如果不是，则乘客下车原地等候下趟列车，更新站内候车队列，清空列车，流程结束（图4-10）。

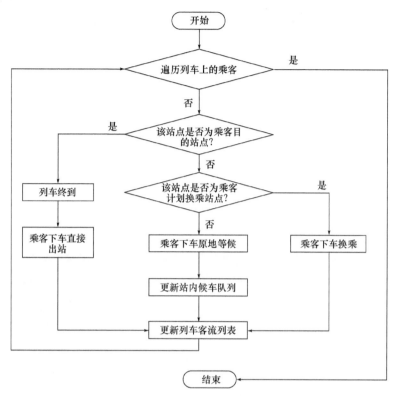

图 4-10 列车掉线清人处理流程图

4.2.4 仿真加速技术

为实现大规模路网客流快速仿真推演,针对路网海量客流、庞大 OD 与路径集以及高频列车到发的情况,采用路径及节点空间复用、离散事件与时序仿真相结合以及动态客流群的方式,具体如下。

1) 路径及节点空间复用

在路网构建中,路径及节点空间复用示意如图 4-11 所示。若不同路径有相同的节点,则将该节点合并为同一个。例如,OD1 的路径 1 和 OD2 的路径 2 有相同的节点 1 和节点 2,则在进行路网构建时,分别将这两条路径 OD1、OD2 中的节点 1 和节点 2 合并复用。

2) 离散事件与时序仿真相结合

列车到发事件结构示意如图 4-12 所示,因路网规模庞大,路网上的列车到发频繁,故将列车到发的离散事件与细粒度(如 1s)的时序相结合,具体设计包括:各个时刻依次排列,各个时刻存储对应的列车到发事件数据,在每一时刻下,依次排列存放每趟列车的事件属性(始发、终到、到达、出发等)。

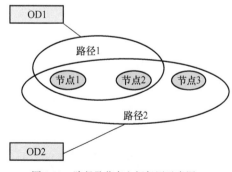

图 4-11 路径及节点空间复用示意图

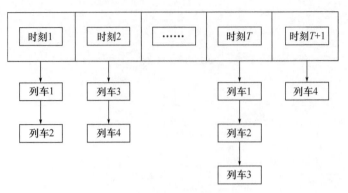

图4-12 列车到发事件结构示意图

3）动态客流群

在仿真过程中，客流群构成属性示意图如图4-13所示。根据仿真的设置（基于个体的随机仿真或基于概率的群体转移仿真），每个客流群由乘客个体或客流单元组成，其中乘客个体属性包括OD、出行路径、个体特征等；客流属性包括OD、该类客流出行路径、数量、客流构成，构成的客流群属性包括出发车站、出发时刻、目的地、下一到站和数量。客流群在仿真过程中，根据乘客的出行过程，动态生成和解体。

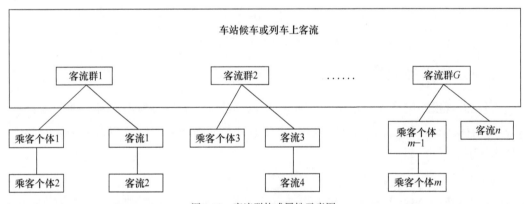

图4-13 客流群构成属性示意图

4.2.5 实例分析

1）仿真功能模块

功能模块划分如图4-14所示，其模块功能概述见表4-2。

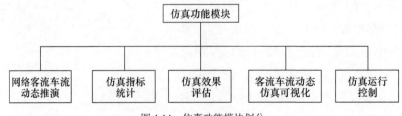

图4-14 仿真功能模块划分

仿真各模块功能概述　　　　　　　　　　　　　　表 4-2

模块名称	模块功能概述
网络客流车流动态推演	根据仿真的关键流程，构建关键仿真对象，随列车到发和事件发生发展推演客流与车流的状态
仿真指标统计	包含路网、线路、区间、车站、列车等多类仿真对象的指标统计，也包括特殊场景下的特征指标统计
仿真效果评估	用于评估客流仿真的准确度，统计路网、线路、车站上随时间变化的实际出站量与仿真出站量，及根据两者计算从开始仿真到目前的仿真精度
客流车流动态仿真可视化	显示路网、线路、车站上的客流状态，以及列车的运行及客流状况
仿真运行控制功能	提供用户控制仿真推演过程的功能，用户可根据该功能进行仿真开始、停止、加速、减速或定位到某个时间等操作

2) 仿真参数设置

仿真参数如图 4-15 所示。

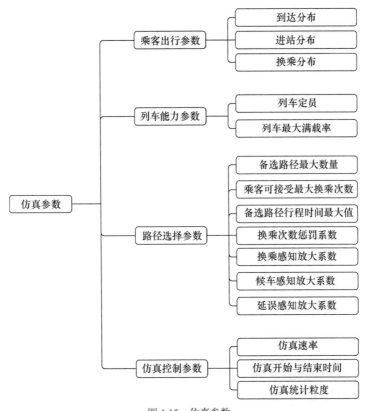

图 4-15　仿真参数

3）仿真统计指标

依据大规模路网客流快速仿真推演技术，可实现路网、线路、车站分层级的统计指标计算，从而掌握城市轨道交通系统内各层级的客流情况。以分（min）级乘客出行需求和秒（s）级的列车运行计划为输入，除了基础的进站量、出站量、换乘量，还可统计获得的指标，如图4-16所示。

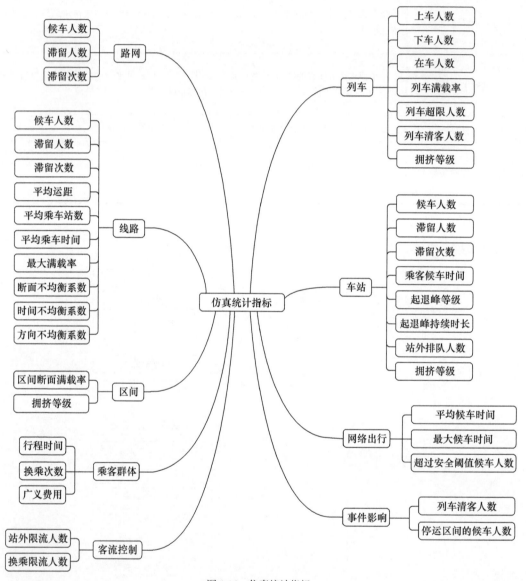

图4-16 仿真统计指标

4）仿真可视化界面

基于大规模路网客流快速仿真推演技术，开发了城市轨道客运组织仿真评估系统，主要界面如图4-17所示。

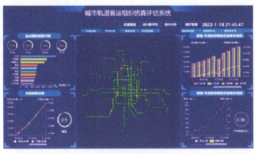
a) 仿真推演子模块

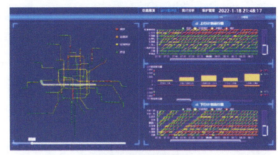
b) 运行图评估子模块

c) 客流仿真统计分析子模块

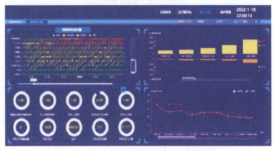
d) 列车运行仿真统计子模块

图 4-17　路网仿真评估系统界面

4.3　车站客流动态分布仿真

系统动力学(System Dynamics)由美国麻省理工学院的 J. W. Forrester 教授于 1956 年创立,最初用于帮助企业分析和解决生产库存的管理问题,20 世纪 90 年代开始应用于交通领域。系统动力学基于非线性动力学理论,以系统内部各个元素间的因果关系和系统的整个结构为基础,反映局部或整体的复杂非线性系统动态变化。

本节以系统动力学为基础模型,在分析车站客流系统要素间相互影响基础上,构建车站客流系统动力学要素间因果关系,将车站设施依据物理属性与客流步行关系转化为不同的节点,并建立节点间的客流转移关系,形成整个车站的系统动力学客流流动关系框架。考虑因下游节点容量约束而在上游节点出口形成的无序排队与有序排队,建立节点间排队模型,并给出排队规模、客流密度等服务水平评价指标。综合考虑系统动力学在构建系统要素间定性关系及客流流动方面的定量关系,结合节点容量约束带来的排队现象,提出基于系统动力学的城市轨道交通车站客流仿真模型。

4.3.1　车站客流系统动力学因果关系

车站客流系统动力学模型,其本质为根据前一时刻的客流状态,估算下一时刻的客流状态,逐步呈现整个车站系统的客流状态演变过程。为满足系统动力学的建模要求,需要考虑列车运输组织、车站空间布局、乘客步行需求、设施服务特点,建立图 4-18 所示的描述换乘车站客流系统元素间作用关系的系统动力学因果关系图。站台客流承载量受进站客流量、上车客流量、乘客出站通行流量和乘客进站通行流量等因素影响。站厅承载客流量受乘客进站通行流量(站厅—站台)、乘客出站通行流量(站台—站厅)、进站客流量、出站客流量、换乘流量(进)和换乘流量(出)等因素的影响。由多种设施构成的通道,如站台—站厅间及站厅—站外通道,主要受通道内设施流入与流出能力及客流状态影响,两者又决定于设施物理属性、运行参数与相邻设施间影响等。

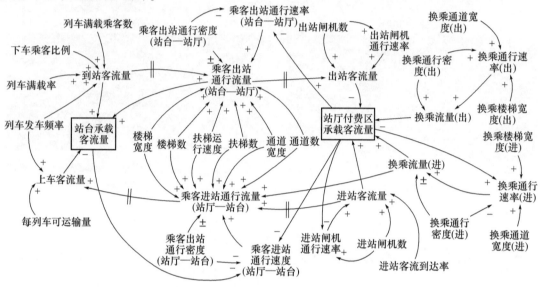

图 4-18 换乘站客流系统动力学因果关系

4.3.2 车站客流系统动力学模型

1) 符号定义

车站客流系统动力学模型用到的符号见表 4-3。

符号定义   表 4-3

符号	含义
T	全部仿真时间阈值
τ	仿真运行时刻
Δt	仿真步长
$t(\tau) = \phi \cdot \Delta t$	从时刻 τ 开始某个事件的持续时间为 ϕ 个时间间隔 Δt
C_a^{in}, C_a^{out}	根据行人流基本图得到的节点 a 的节点入口流入能力与出口流出能力
$x_a^{in}(\tau), x_a^{out}(\tau)$	时刻 τ 单位仿真时间 Δt 内节点 a 的客流流入需求与客流流出供给
$S_{a \to b}(\tau)$	时刻 τ 单位仿真时间 Δt 内节点 a 向节点 b 的实际输送流量供给
$R_a(\tau)$	时刻 τ 单位仿真时间 Δt 内节点 a 的实际接收能力
$f_a^{in}(\tau), f_a^{out}(\tau)$	时刻 τ 节点 a 的实际流入与流出流量
n_{max}	节点 a 在饱和流状态下最大容纳人数

续上表

符号	含义
$n_a(\tau)$	时刻τ节点a的等待流出客流量
$t_a(\tau)$	时刻τ行人在节点a的步行时间
$q_a(\tau)$	时刻τ节点a的累计出口排队人数
l_a, w_a	节点a的全部长度与宽度
$l_{a,w}(\tau), l_{a,q}(\tau)$	时刻τ节点a的乘客步行长度与排队长度
$n(\tau), \Delta n(\tau)$	分别表示时刻τ节点a的存量与在时间间隔$\Delta\tau$内的增量人数
$f_{a_i,w}^{out}(\tau)$	在τ时刻到达节点a排队的人数
Δl	有序排队下平均乘客排队占用长度
ξ	有序排队下排队列数
σ	无序排队的平均乘客占用面积,单位为$m^2/$人

2) 系统动力学基本方程

将车站系统描述为由节点构成的网络,这些节点可以是楼梯、通道等,也可以是站台、站厅或它们的区域。城市轨道交通车站系统动力学模型,根据前一时刻的网络客流状态,估算下一时刻的网络客流状态。

系统动力学模型用于描述车站服务网中,任意时刻任意节点的客流流动关系,即节点上客流存量与流入流出量之间的关系。时刻τ在$\Delta\tau$时间内车站系统中任意节点i的客流增量关系式为:

$$\Delta n(\tau) = \int_{\tau}^{\tau+\Delta\tau} \left(\sum_i f_i^{in}(\tau) - \sum_i f_i^{out}(\tau) \right) d\tau \tag{4-1}$$

式中:$f_i^{in}(\tau)$、$f_i^{out}(\tau)$——节点i流入的流率和流出的流率。

3) 节点间客流转移关系

根据基本方程式(4-1)可知,为确定节点的实际增量,需要获取节点的实际流入量与流出量,下面通过节点间客流转移关系给出获取方式。图4-19给出了一般化节点间关系示意图,任意上游节点a_i的客流会流入下游节点$b_j \in B_{a_i}$,下游节点b_j客流来源于上游节点$a_i \in A_{b_j}$。

时刻τ节点a_i转向节点b_j的实际输送流量供给为:

$$S_{a_i \to b_j}(\tau) = \delta_{a_i \to b_j}(\tau) \min\{x_{a_i}^{out}(\tau), C_{a_i}^{out}(\tau)\} \tag{4-2}$$

式中:$\delta_{a_i \to b_j}(\tau)$——节点$a_i$转向节点$b_j$的客流流出需求占节点$a_i$总流出需求的比例。

节点客流流出能力$C_{a_i}^{out}(\tau)$根据行人流基本速度-密度关系方程获得,所属不同类型设施的节点根据调研分别进行拟合获得对应方程。

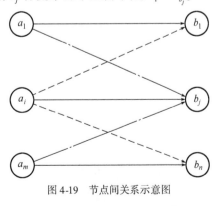

图4-19 节点间关系示意图

时刻 τ 节点 b_j 的实际接收能力为:

$$R_{b_j}^{\text{in}}(\tau) = \min\{n_{\max} - n_{b_j}(\tau), C_{b_j}^{\text{in}}(\tau)\} \qquad (4\text{-}3)$$

时刻 τ 节点 a_i 转向节点 b_j 的实际转移客流量为:

$$F_{a_i \to b_j}(\tau) = \begin{cases} S_{a_i \to b_j}(\tau) & \sum\limits_{a_i} S_{a_i \to b_j}(\tau) \leqslant R_{b_j}^{\text{in}}(\tau) \\ \xi_{a_i \to b_j}(\tau) \cdot R_{b_j}^{\text{in}}(\tau) & \text{其他} \end{cases} \qquad (4\text{-}4)$$

当所有上游节点 a_i 转向节点 b_j 的总供给量低于节点 b_j 的总需求时,转向节点 b_j 的客流量为所有上游节点 a_i 的总供给量;否则,按比例分配从节点 a_i 转向节点 b_j 的客流需求。式(4-4)中,$\xi_{a_i \to b_j}(\tau)$ 为:

$$\xi_{a_i \to b_j}(\tau) = \frac{S_{a_i \to b_j}(\tau)}{\sum\limits_{a_k} S_{a_k \to b_j}(\tau)} \qquad (4\text{-}5)$$

根据式(4-5)得到上游节点 a_i 实际流出客流量与下游节点 b_j 实际流入客流量分别为:

$$f_{a_i}^{\text{out}}(\tau) = \sum_{b_j} F_{a_i \to b_j}(\tau) \qquad (4\text{-}6)$$

$$f_{b_j}^{\text{in}}(\tau) = \sum_{a_i} F_{a_i \to b_j}(\tau) \qquad (4\text{-}7)$$

4) 节点内客流运动

受到下游节点的容量约束,由式(4-4)可知,当上游节点流出需求不能满足时,在其出口处形成客流聚集。为便于建模,将节点分成步行区域与排队区域,且两者长度随时间变化。特别指出,为方便描述,此处将客流聚集统称为排队,并按照排队有规律与否,形成两种排队形式:无序排队与有序排队,分别如图4-20与图4-21所示。根据节点间客流转移,时刻 τ 仿真时间间隔 $\Delta\tau$ 内,上游节点 a_i 客流流出需求不能满足时,其排队人数为:

$$y_{a_i}^{\text{out}}(\tau) = y_{a_i}^{\text{out}}(\tau - 1) - f_{a_i}^{\text{out}}(\tau) + f_{a_i,\text{w}}^{\text{out}}(\tau) \qquad (4\text{-}8)$$

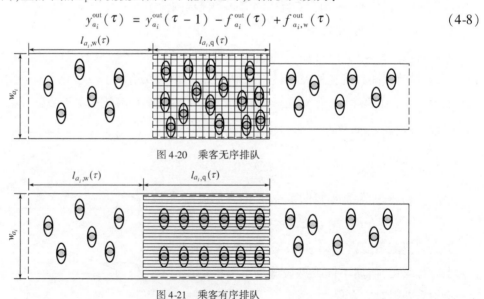

图 4-20 乘客无序排队

图 4-21 乘客有序排队

从步行区域传输至排队区域的客流,如果在时刻τ到达排队区域,则需要在$\tau - t_{a_i}(\tau)$时刻到达节点a_i,其关系式表示为:

$$f^{\text{out}}_{a_i,\text{w}}(\tau) = f^{\text{in}}_{a_i}(\tau - t_{a_i}(\tau)) \tag{4-9}$$

相对于车站设施空间,客流排队空间往往是不能忽略的,在此选择物理排队模型描述排队现象。

其中,客流从节点a_i入口传输至排队区域的传输时间可以简化表示为:

$$t_{a_i}(\tau) = \frac{l_{a_i,\text{w}} \Delta t}{v_{a_i}(k_{a_i}(\tau))} \tag{4-10}$$

式中,节点a_i步行区域的客流速率$v_{a_i}(k_{a_i}(\tau))$见式(4-14),客流密度$k_{a_i}(\tau) = \dfrac{y^{\text{out}}_{a_i}(\tau)}{w_{a_i} \cdot l_{a_i,\text{w}}(\tau)}$,两者满足基本的速密关系。

无序排队下,在时刻τ上游节点a_i内滞留人数,形成排队长度为:

$$l_{a_i,\text{q}}(\tau) = \frac{y^{\text{out}}_{a_i}(\tau)}{w_{a_i} k_{a_i,\text{jam}}} \tag{4-11}$$

式中:$k_{a_i,\text{jam}}$——节点a_i的饱和流密度。

有序排队下,在时刻τ上游节点a_i内等候流出的排队长度为:

$$l_{a_i,\text{q}}(\tau) = \frac{y^{\text{out}}_{a_i}(\tau)}{\xi} \Delta l \tag{4-12}$$

根据实际现场调研可知,给定的客流状态下,平均排队占用长度Δl是随机变量,一般服从均匀分布。平均排队占用长度为排队人数与排队空间的比值。

结合式(4-6)与式(4-9),获得时刻$\tau+1$关于节点a_i的流出需求的系统动力学流动关系表达式为:

$$x^{\text{out}}_{a_i}(\tau+1) = x^{\text{out}}_{a_i}(\tau) - f^{\text{out}}_{a_i}(\tau) + f^{\text{out}}_{a_i,\text{w}}(\tau+1) \tag{4-13}$$

为获取式(4-10)中节点步行区域的客流速度,在此应用行人流基本图的速率与密度关系。许多学者对客流速率标定做了大量工作并给出了客流运动基本图。此处,选用客流速率随密度变化的速度公式,如式(4-14)所示。

$$v(k) = v_{\text{f}} \left\{ 1 - \exp\left[-\gamma \left(\frac{1}{k} - \frac{1}{k_{\text{jam}}} \right) \right] \right\} \quad 0 \leq k \leq k_{\text{jam}} \tag{4-14}$$

式中:v_{f}——自由流速度;

k_{jam}——饱和流密度;

γ——速度曲线的形状参数。

通过现场采集数据,获取每种类型设施实际乘客速度与密度值,代入式(4-14)得到校准参数 v_f、k_{jam} 与 γ。

4.3.3 案例分析

1)车站描述

以 2016 年北京地铁西二旗站为例,地铁西二旗站在北京城市轨道交通线网的空间位置如图 4-22 所示,它是昌平线与 13 号线的换乘站,西二旗站设施连接关系如图 4-23 所示。北京通勤客流具有明显的潮汐特征,早高峰大量客流从郊区向市区转移,西二旗站早高峰每半小时的客流变化如图 4-24 所示。早高峰时段,西二旗站以出站量和昌平线换乘 13 号线换乘量为主,分别占早高峰客流的 30% 和 47%。且从昌平线下车客流占整个车站客流来源的 77%,从昌平线下车客流主要换乘至 13 线上行(开往西直门方向),因此,在昌平线站台出口区域与 13 号线站台候车区域,形成大量客流聚集。

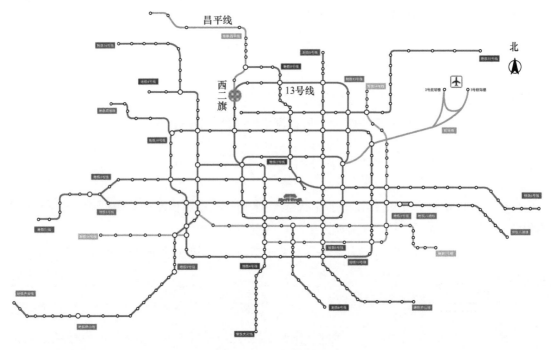

图 4-22 北京地铁部分线路图

昌平线下行方向列车平均发车间隔与停站时间分别为 360s 与 160s,13 号线上行与下行方向分别为 164s 与 30s。早高峰昌平线下行方向最大列车满载率超过 135%,13 号线外环最大列车满载率达到 130%。

根据车站空间布局及客流分布,将昌平线下车过程站台划分为图 4-25 所示的步行区域与排队区域,将 13 号线去往西直门方向(上行)站台划分成图 4-26 所示的形式。站台东西或南北对称,客流东西分流,在此选择东侧站台为例。

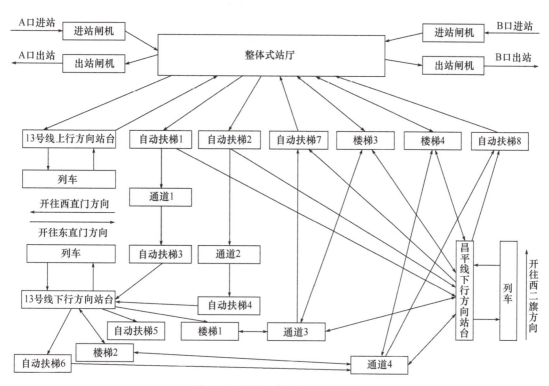

图4-23 地铁西二旗站设施连接关系

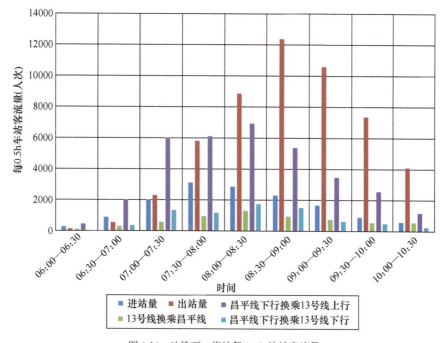

图4-24 地铁西二旗站每0.5h统计客流量

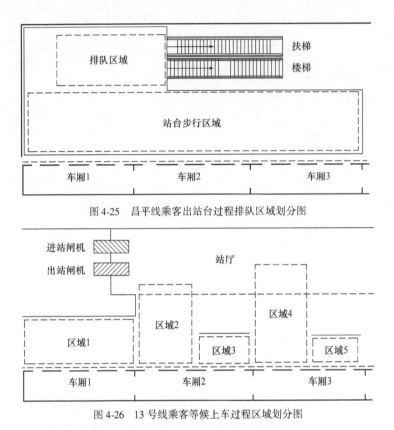

图 4-25 昌平线乘客出站台过程排队区域划分图

图 4-26 13 号线乘客等候上车过程区域划分图

2）车站系统动力学模型

根据图 4-25 所示的昌平线站台结构与客流分布，构建相应的系统动力学流动关系，如图 4-27 所示。来自不同车厢的下车乘客首先经过站台步行区域，然后均到达站台出口处排队，随后选择楼梯或扶梯离开站台。根据速度-密度关系获得站台步行区域与楼梯上的流动关系，站台出口处为一对多的节点关系。

根据图 4-26 所示的 13 号线站台结构与客流动态分布，构建相应的系统动力学流动关系，如图 4-28 所示。无列车到站时，来自站厅乘客选择不同的站台入口，随后选择不同的候车区域，经历步行之后到达站台排队区域候车。列车到站时，来自不同车厢的下车乘客经过站台步行区域选择不同的站台出口进入站厅，下车结束后候车乘客进行上车活动。

3）与实际调研数据对比

昌平线站台出口排队人数的对比结果如图 4-29 所示，其中实际调研结果用折线图表示，本书模型输出结果用直方图表示。实际调研数据的排队开始时间为 12s，小于本文模型的 15s，原因在于初始阶段下车乘客以超过自由流速度快速到达站台出口。实际调研数据的排队人数最大值为 641 人，比本书模型的结果 688 人少 7%，根据实际观察可知原因为：由于前面下车乘客的大客流聚集在站台出口，后面下车乘客降低了步行速度或选择在站台自由步行区域等待。从整体上看，本书模型结果与实际调研数据结果相差不大，验证了模型在仿真昌平线站台出口排队人数方面的准确性。

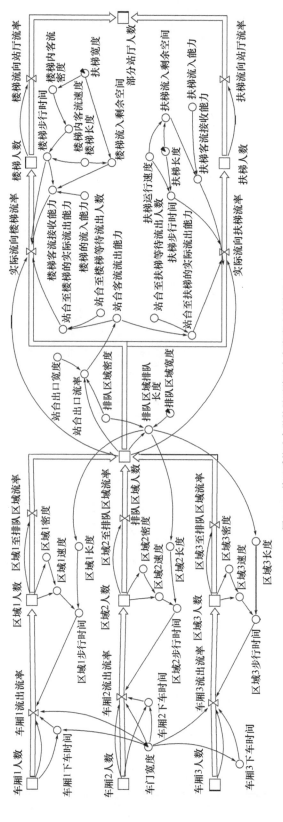

图4-27 基于系统动力学的昌平线站台客流流动关系图

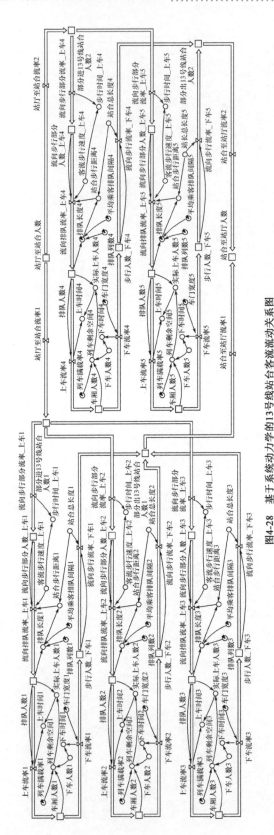

图4-28 基于系统动力学的13号线站台客流流动关系图

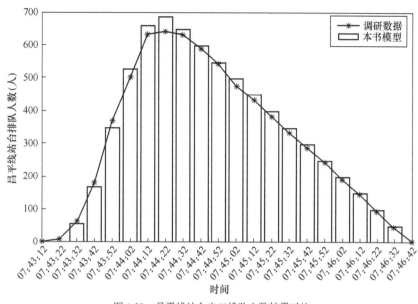

图 4-29 昌平线站台出口排队人数结果对比

图 4-30 给出了连续 12 个列车到站周期内,13 号线站台排队候车区域的滞留人数对比结果,其中实际调研结果用折线图表示,本文模型输出结果用直方图表示。相对误差 6.80%,验证了本书模型对排队等候上车模拟的准确性。

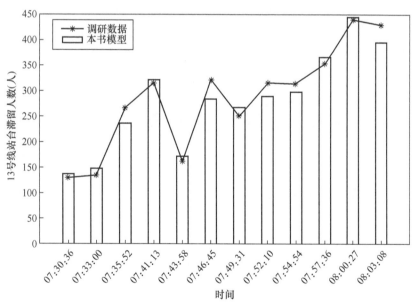

图 4-30 13 号线上行方向的站台滞留人数对比

4)动态客流变化仿真

全部仿真时间的列车下车人数与排队区域的人数变化如图 4-31 所示。西二旗车站作为昌平线下行方向(开往西二旗方向)的终点站,汇集了昌平线各站到达西二旗的客流,列车到站时短时间内产生较大客流,7:20—9:20 阶段整个站台都处于较高的客流压力水平,尤其在

7:50—8:30 时段内排队区域超过 700 人。此外,据图 4-31 可知,对于全部仿真时间内所有车次,排队区域乘客全部疏散出站台时,下次列车还未到达,相邻两个车次的下车客流在昌平线站台不存在交互现象。

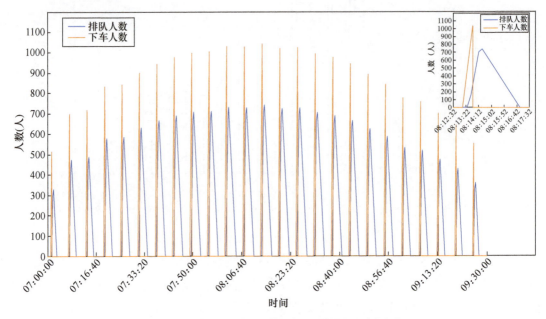

图 4-31　全仿真时间内昌平线站台出口排队客流动态变化

13 号线上行方向等候上车过程的站台人数变化如图 4-32 所示。8:00—9:00 时段站台承受巨大的客流压力,在 8:40 左右站台人数达到 1200 人。站台客流来源为离散的昌平线换乘客流与连续的进站客流,到达站台客流成分存在换乘客流时,站台人数迅速增加;到达站台客流仅有进站客流时,站台人数缓慢增加;列车到站后,实现大量乘客上车,站台候车人数显著下降。如图 4-32 所示,13 线站台区域 1~5 的人数具有相同的变化趋势。

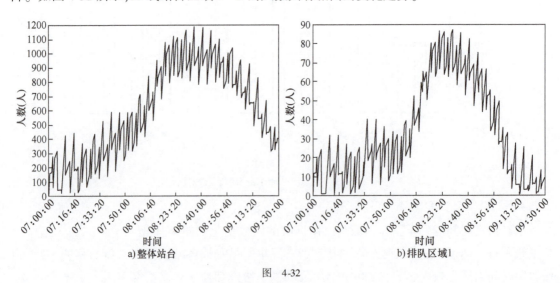

图 4-32

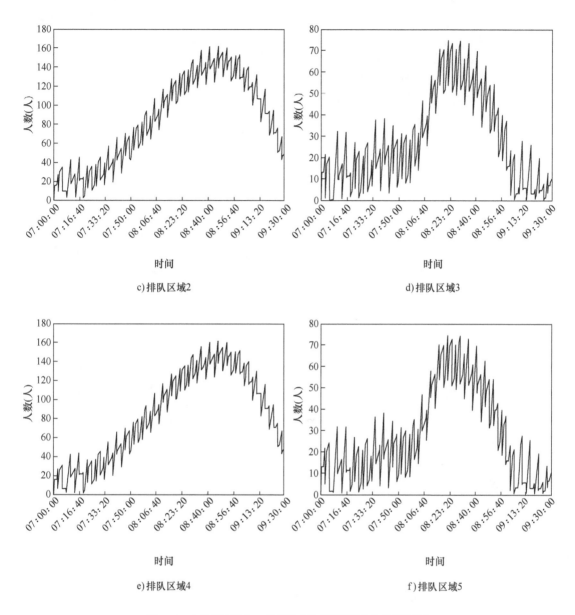

c) 排队区域2

d) 排队区域3

e) 排队区域4

f) 排队区域5

图4-32 全仿真时间内13号线站台及其子区域的动态客流变化

13号线站台的平均排队长度占比如图4-33a)所示。图4-33b)中排队区域1的站台排队长度介于其他区域之间,未增加排队列数,在排队尾部分乘客在队列外等候;图4-33c)、图4-33e)给出了13号线站台排队区域2与区域4的平均排队长度占比,可以看出,8:10—8:45排队长度超出了站台长度限制,部分乘客在与站台相连的站厅候车,影响了出站等客流的运动;图4-33d)排队区域3与图4-33f)排队区域5站台排队空间受限严重区域出现增加排队队列或继续缩减平均排队间隔等候车形式,乘客之间的接触增多,站台排队候车服务水平显著降低。

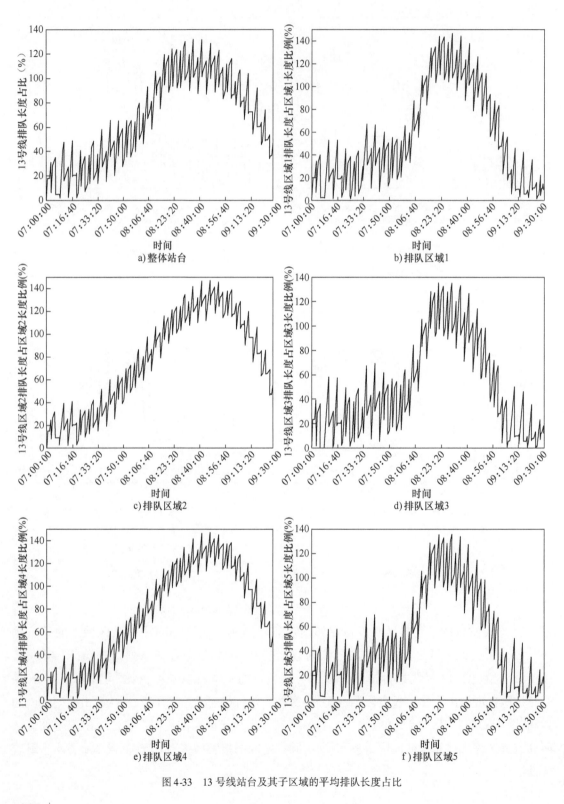

图 4-33 13 号线站台及其子区域的平均排队长度占比

4.4 车站站台客流动态分布微观仿真

4.4.1 问题概述

城市轨道交通车站站台是车站与列车客流交互的重要场所,乘客在站台上的不均匀分布会引发站台空间资源利用率降低、车门处乘客上下车效率降低、站台入口位置出现乘客拥堵、列车停站时间增加以及列车各车厢乘客分布不均衡等问题。通过对城市轨道交通车站站台上乘客的仿真分析,能够更加准确地估计不同客流组织下的客流动态分布,为车站客流引导、客流控制以及列车停站时间等客运组织优化提供依据。

已有研究多集中于未携带行李和非换乘站等普通场景下的站台乘客分布问题,而对区分乘客是否携带行李以及同台换乘等复杂场景下的站台客流微观分布仿真研究较少。因此,本书针对同台换乘场景,考虑有无携带行李的两类乘客对候车区的选择行为及其在车门处的交互行为,实现对站台客流的动态微观仿真。

城市轨道交通车站站台是乘客进行候车行为和上下车行为的区域,汇集在城市轨道交通车站站台上的乘客构成如图 4-34 所示。

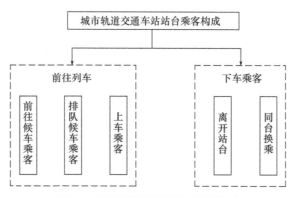

图 4-34 城市轨道交通车站站台乘客构成

城市轨道交通车站站台上的乘客按照其运动流线不同,可以分为两个部分:前往列车的乘客及下车的乘客。

对于站台上运动流线为前往列车的乘客来说,其构成可分为以下三类:

(1)前往候车乘客。此类乘客为自站台楼(扶)梯或通道口进入站台或自列车下车进入站台准备同台换乘的乘客,需要在站台上步行前往列车车门前的等候区域排队候车。

(2)排队候车乘客。此类乘客为到达候车位置后进入候车队列,等候上车的乘客。

(3)上车乘客。此类乘客为列车已进站,车门打开后,从候车区域前往列车内部的乘客。

对于运动流线为下车的乘客来说,此类乘客在列车进站后自列车内部进入站台,进一步其构成可分为以下两类:

(1) 离开站台乘客。此类乘客为自列车内部进入站台后,需要离开站台的乘客,包括前往楼(扶)梯或通道口离开站台的乘客。

(2) 同台换乘乘客。此类乘客在下车后,根据等候列车的位置,在站台上行走,汇集到前往候车乘客群体中。

站台乘客分布受到站台结构和乘客自身等多因素的影响。站台作为乘客等待列车及列车停靠车站的设施,是客流集聚的场所,客流流线十分复杂,站台的特性将对乘客分布产生重要影响。此外,车站的运营组织结构也会对站台乘客分布造成影响;乘客本身也会存在某些特性,而这些性质也会直接影响乘客在站台上的分布。

本节研究的同台换乘中的站台形式表现为双岛式站台,如图 4-35 所示,两侧线路表示一条线的上下行方向,中间两条线路表示另一条线路的上下行方向,乘客分别在两个站台上完成线路间的换乘。

在城市轨道交通车站站台,乘客个人特征具有多样性,站台乘客分布情况取决于乘客个体特性,主要包括乘客自身静态占据空间大小、乘客行进时动态占据空间大小以及乘客心理因素等。

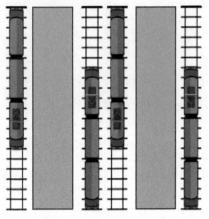

图 4-35　同台换乘站台示意图

4.4.2　候车车门选择模型

针对影响乘客候车车门选择行为的因素进行如下分析。

(1) 实际步行距离。实际步行距离是乘客在进行车门选择时所要考虑的重要因素之一,由实地调研及以往的研究可知,乘客进入站台后,大概率会根据就近原则选择距离较近的车门等待。这也是导致站台上乘客分布不均匀的重要原因。

(2) 车门前排队人数。由实地调研及已有的研究可知,车门前的排队人数将会对乘客选择车门的决定产生极大的影响,大多数乘客到达站台后的心理都是希望能够排在候车队列更接近车门的位置,从而可以最大限度地保证自己顺利进入车厢且优先于他人找到舒适的乘车位置。因此,乘客更偏向于去排队人数较少的候车区排队等候。

(3) 视线遮挡程度。根据实地调研以及对客流的大致走向的分析和判断可知,乘客并不完全依赖于步行距离和排队长度进行候车位置选择,障碍物(例如站内的立柱、楼扶梯的隔离设置等)也会影响到乘客对于候车位置的选择。一方面,乘客会由于障碍物阻挡进行绕行增加实际步行距离;另一方面,部分障碍物的设置会影响乘客的视线,使其不能完全看到候车区域。

从前面的分析中可以看出,进入站台的乘客对候车车门的选择受到很多因素影响,而在这些影响因素当中,最重要的是实际步行距离、排队长度和视线遮挡程度。本小节将基于这些因素建立基于 Logit 模型的车门选择模型,以获得乘客的初步运动目标。

对于城市轨道交通系统,为了模拟乘客在出行过程中做选择时的各种心理活动,可以对乘客有可能做出的各项行动都计算出一个效用值,即计算出各方案对乘客的吸引率。出行选择方案的吸引率表示乘客在选择某种方案后会给该乘客带来怎样的优势。吸引率较大的方案会具有时间成本较低、乘客出行更加便捷以及乘客出行舒适度较高等优势,所以乘客选择路径时会更倾向于该乘客本身所能感知到的最大效用值。

Logit 模型通过定量分析的方法,将影响乘客出行的因素进行定量化处理,对出行可选路径建立广义费用模型,利用随机效用理论对乘客出行路径进行计算。目前,采用 Logit 模型进行路径选择的理论和应用方法已经比较成熟。乘客的候车车门选择也可以抽象为一个概率问题,即在城市轨道交通车站站台中,乘客以多大概率选择某一个车门进行候车,这个选择概率就是选择该车门随机费用在所有可选车门中为最小的概率,这个概率也等价于在站台上所有的乘客中选择该车门的比例,因此,Logit 模型对于本研究中乘客候车车门选择建模是适用的。同时我们发现,每个乘客选择候车位置是在对所有候车位置的目前状态进行判断的情况下整体考量做出的决定,它不是单独存在的,而条件 Logit 模型的特点是定量分析"随选择方案而变"的多元离散选择模型,更适合本研究。因此,选择采用条件 Logit 模型对研究的数据进行回归分析,拟合出假定的参数,实现模型的构建。

当一名乘客步行到预定的车门前等候区时,这个目的地可能会随着视野的改变而改变。根据观察和调查,当乘客进入站台时,乘客只会在视野范围内作出选择。

由前文分析可知,影响乘客选择候车车门的因素有三个,分别为步行距离、候车区队列的排队长度以及乘客的视线遮挡程度。

在此基础上提出一种基于 Logit 模型的城市轨道交通车站站台乘客候车车门选择模型。在 Logit 模型中,自变量 x 和概率 P_i 的关系是非线性的。借助于 Logit 模型的原理,假设只考虑排队长度和步行距离以及障碍物的遮挡程度对决策的影响,根据模型得到的概率函数来选择路径。本书提出函数表达,描述乘客 i 在 n 位置选择候车区 j 的概率 P_{nj}^i,如式(4-15)所示:

$$\begin{cases} P_{nj}^i = \dfrac{e^{Z_{nj}}}{\sum\limits_{l=1}^{J} e^{Z_{nj}}} & j = 1, 2, \cdots, J \\ Z_{nj} = \beta_0 + \beta_1 x_{1,nj} + \beta_2 x_{2,nj} + \beta_3 x_{3,nj} \end{cases} \quad (4\text{-}15)$$

式中:β_0、β_1、β_2、β_3——设置的未知参数;

Z_{nj}——与决策者当前位置 n、方案 j 相关的属性(与 $x_{1,nj}, x_{2,nj}, x_{3,nj}$ 相对应);

$x_{1,nj}$——从乘客当前位置 n 到等待区域 j 的步行距离;

$x_{2,nj}$——乘客从当前位置 n 到等待区域 j 时等待区域 j 内正在队列中的人数(即排队长);

$x_{3,nj}$——乘客从当前位置 n 到等待区域 j 时的障碍物遮挡程度。

其中的 $x_{1,nj}, x_{3,nj}$ 对同一个 $n \to j$ 是固定的值,$x_{1,nj}$ 取乘客自入口到所选车门的最短路径的距离,$x_{3,nj}$ 取乘客到达所选车门的直线距离上的遮挡程度。对于 $x_{2,nj}$,则按照实际排队人数进行更新。

一些特殊情况下的影响因素考虑如下:

(1)列车是否进站对车门选择模型的影响。

当乘客进入站台时,若列车还没有进站,乘客有足够的时间在站台上步行去寻找一个合适的位置排队候车,此时的乘客对于车门的可选范围很大;反之,当乘客进入站台时列车已经进站,由于列车在站内的停靠时间很短,这段时间并不足以供乘客在站台上向更远处去选择车门,同时,受到乘客心理因素的影响,当乘客看到列车正在站台旁停靠时,此时进入站台的乘客无法从容地在站台上行走去寻找车门,而是会选择较近的车门准备上车。

(2)乘客携带行李对 Logit 广义费用参数的影响。

对于站台上携带行李的乘客,广义费用参数会受到影响。

①携带行李乘客对实际步行距离因素参数的影响。

首先,当乘客携带一定重量的物品候车时,行走不便,步行距离越远越会感到疲惫;其次,由于携带行李占用空间较大,在客流密度较大的站台区域行走时,会更容易受到乘客的心理排斥力的影响,在步行过程中会受到更多的阻碍;除此之外,携带行李的乘客由于自身心理因素的影响,导致其不愿因自身所携带的行李影响其他乘客。因此,携带行李的乘客不愿走向更远的地方寻找候车区域候车,而更愿意在入口附近的车门前等候,即实际步行距离这一因素对其选择车门候车的影响程度将会大大增加。

②携带行李乘客对队列长度因素参数的影响。

首先,由于携带行李的乘客会比其他乘客占据更大的空间面积,当候车位置饱和度较高时,携带行李的乘客前往该位置候车时,将会明显增加该位置的拥挤度,降低候车乘客的舒适度;其次,携带行李的乘客会更倾向于能够进入剩余空间较大的车厢内乘车以增加乘车的舒适感,而列车未到站时,乘客在队列中的位置越靠近车门越能够优先进入列车寻找适合的位置。因此,候车区候车队列的长度对携带行李的乘客选择车门候车的影响程度将会大大增加。

③携带行李乘客对视线遮挡程度因素参数的影响。

由于对乘客造成视线遮挡的障碍物会使乘客在前进过程中产生避让行为,对乘客步行产生不便;而携带行李会加重乘客这种不舒适的感觉,因此,视线遮挡程度对携带行李乘客选择车门的影响程度也会有所增加。

4.4.3 站台乘客运动模型

由于前往列车和下车两类乘客目的不同导致其在站台的运动呈现不同的状态。如图 4-36 所示,以下车乘客为例,随着列车的进站,该类乘客由最初的在车状态,更改为下车状态;进入站台后,同台换乘乘客选择换乘线路车门候车,而离站乘客则在站台步行寻找出口,直至离开站台。

由于乘客自身特性对站台客流分布有着重要影响,故此处引入社会力模型描述该过程。

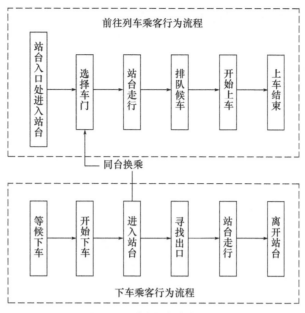

图 4-36 乘客状态转移过程

站台上的乘客由期望的力 $\vec{f}_j^0$ 驱动,同时,还会受到乘客间的相互作用力 $\vec{f}_{ij}$ 和乘客与障碍物之间的相互作用力 $\vec{f}_{iw}$,乘客 i 受到的合力如式(4-16)所示:

$$m_i \frac{d\vec{v}_i(t)}{dt} = \vec{f}_j^0 + \sum_{j(j \neq i)} \vec{f}_{ij} + \sum_w \vec{f}_{iw} \tag{4-16}$$

式中:m_i——乘客 i 的质量;

$\vec{v}_i(t)$——时间 t 站台上乘客的实际步行速度;

$\vec{f}_j^0$——乘客达到期望速度的意愿,表达式如式(4-17)所示:

$$\vec{f}_j^0 = m_i \frac{v_i^0(t)\vec{e}_i^0 - \vec{v}_i(t)}{\tau_i} \tag{4-17}$$

式中:$v_i^0(t)$——期望速度;

$\vec{e}_i^0$——乘客的期望方向;

τ_i——将当前速度改变为期望速度的适应时间。

乘客根据目标点确定下一步的行进方向,即期望方向 $\vec{e}_i^0$。无障碍时,乘客将沿着直线最短路径方向行进,如图 4-37a)所示,$\vec{e}_i^0$ 表达式如式(4-18)所示:

$$\vec{e}_i^0 = \left(\frac{(T_x^i - n_x^i)}{\sqrt{(T_x^i - n_x^i)^2 + (T_y^i - n_y^i)^2}}, \frac{(T_y^i - n_y^i)}{\sqrt{(T_x^i - n_x^i)^2 + (T_y^i - n_y^i)^2}} \right) \tag{4-18}$$

式中:(n_x^i, n_y^i)——乘客 i 当前位置坐标;

(T_x^i, T_y^i)——乘客 i 目标点坐标。

当前进方向有立柱等障碍或乘客排队时,乘客选择避开障碍物,以折线的方式前往目标点,如图 4-37b)和图 4-37c)所示,将折线顶点位置作为临时位置 $(\text{tem\_}T_x^i, \text{tem\_}T_y^i)$,则乘客期望方向 $\vec{e}_i^0$ 如式(4-19)所示。

$$\vec{e}_i^0 = \left(\frac{(\text{tem\_}T_x^i - n_x^i)}{\sqrt{(\text{tem\_}T_x^i - n_x^i)^2 + (\text{tem\_}T_y^i - n_y^i)^2}}, \frac{(\text{tem\_}T_y^i - n_y^i)}{\sqrt{(\text{tem\_}T_x^i - n_x^i)^2 + (\text{tem\_}T_y^i - n_y^i)^2}} \right) \quad (4\text{-}19)$$

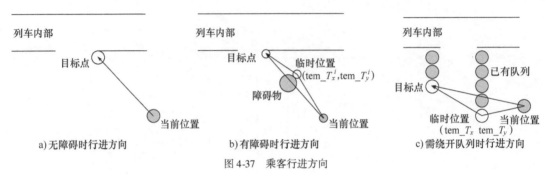

图 4-37 乘客行进方向

$\vec{f}_{ij}$ 不仅表示乘客远离他人的心理倾向,也包含了两乘客中心间距小于其半径之和时产生的物理力,表达式如式(4-20)所示:

$$\vec{f}_{ij} = A_i \exp\left[\frac{(r_{ij} - d_{ij})}{B_i}\right]\vec{n}_{ij} + kg(r_{ij} - d_{ij})\vec{n}_{ij} + \kappa g(r_{ij} - d_{ij})\Delta v_{ij}^t \vec{t}_{ij} \quad (4\text{-}20)$$

式中: A_i——相互作用强度;

B_i——排斥相互作用的大小;

r_{ij}——两乘客半径之和;

d_{ij}——乘客 i 与乘客 j 之间的实际距离;

$\vec{n}_{ij} = (r_i - r_j)/d_{ij}$——从乘客 j 指向乘客 i 的标准化向量;

k——身体压缩系数;

κ——滑动摩擦因数;

g——分段函数,$x < 0$ 时,$g(x) = 0$,否则 $g(x) = x$;

$\vec{t}_{ij}$——切向方向;

Δv_{ij}^t——沿切向方向的速度差。

类似于 $\vec{f}_{ij}$,$\vec{f}_{iw}$ 的建模方式如下:

$$\vec{f}_{iw} = A_i \exp\left[\frac{(r_i - d_{iw})}{B_i}\right]\vec{n}_{iw} + kg(r_i - d_{iw})\vec{n}_{iw} + \kappa g(r_i - d_{iw})\Delta v_{iw}^t \vec{t}_{iw} \quad (4\text{-}21)$$

4.4.4 站台乘客动态分布仿真设计

仿真模型框架如图 4-38 所示,根据采集的现场数据,基于车门选择模型和站台乘客运动模型设计站台乘客动态仿真,对排队人数等指标进行分析。

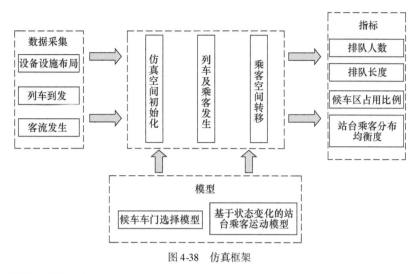

图 4-38 仿真框架

仿真的关键流程如下。

1) 仿真空间初始化

仿真空间初始化包括站台空间和列车空间的初始化。

站台空间初始化需要的数据包括：站台的整体长、宽数据；站台上立柱的位置、物理尺寸、数量；站台上楼扶梯出口的位置、物理尺寸、数量。其中，站台上的立柱、楼扶梯设置为乘客运动过程中需要躲避的固定障碍物。

列车空间初始化需要的数据包括：列车的编组数目，车辆的长、宽数据，列车车门对数，列车车门宽度。根据列车的编组数目及车辆的长、宽数据确定整列车的长度及宽度，根据列车的编组数目及车门对数确定整列车的车门数量。列车靠近站台处的边界设置为乘客需要躲避的固定障碍。当列车未进站时，车门关闭，此时车门处也设置为固定障碍，列车进站后，车门打开，车门位置的固定障碍消失。

2) 列车及乘客发生

列车的发生根据列车时刻表确定，当仿真时间到达列车进站时刻时，列车进站，车门打开，乘客先下后上；当仿真时间到达列车发车时刻时，车门关闭，列车出站。结合列车的发生过程，乘客的发生可以分为两个部分，首先进入站台乘车的乘客自站台入口处按照一定概率分布随机生成；其次，随列车进站准备下车进入站台的乘客，根据列车时刻表，当仿真时间即将到达列车进站时刻时，在列车的内部空间生成。

乘客发生流程如图 4-39 所示。

3) 乘客空间转移

乘客的空间转移流程如图 4-40 所示，乘客的空间转移步骤为：

(1) 判断乘客状态。

(2) 根据乘客状态，获取乘客的目标点。

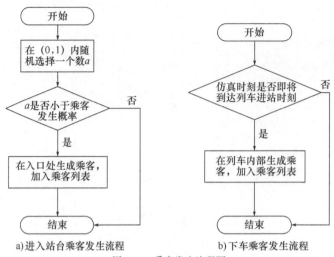

图4-39 乘客发生流程图

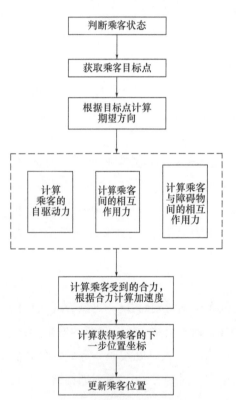

图4-40 乘客空间转移流程

(3)判断乘客自其所在位置前往目标点的直线路径上是否经过障碍物,若经过障碍物,则其期望方向绕过该障碍物;若不经过障碍物,则乘客的期望方向为其所在点指向目标点。

(4)根据期望方向及乘客的期望速度、质量参数,计算乘客的自驱动力。

(5)判断乘客是否进入与其他乘客之间产生相互作用力的范围,计算乘客之间的心理排斥力,判断乘客之间是否碰撞并计算乘客之间的物理排斥力。

(6)判断乘客与障碍物之间的距离是否小于产生相互作用力的距离,计算乘客对障碍物产生的心理排斥力。判断乘客是否与障碍物碰撞并计算障碍物对乘客的作用力。

(7)计算乘客受到的合力,根据合力计算乘客的加速度,得到乘客下一步的坐标位置。

(8)更新乘客位置以实现乘客的空间转移。

4)仿真统计指标

为验证乘客动态分布仿真模型的仿真效果,分析站台乘客分布情况,设计了候车区占用比例、站台乘客分布均衡度、排队人数和排队长度等几个指标。其中,候车区占用比例、站台乘客分布均衡度分别如下:

(1)候车区占用比例。

候车区占用比例表示各车门候车区乘客实际占用空间面积与候车区的空间面积的比值,如式(4-22)所示:

$$P_n^t = \frac{S_n^t}{S_n} \tag{4-22}$$

式中：P_n^t——t 时刻候车区占用比例；

S_n^t——t 时刻候车区 n 上的乘客实际占用空间面积；

S_n——候车区 n 的空间面积。

(2) 站台乘客分布均衡度。

采用标准差的倒数来表示站台乘客分布均衡度，用于衡量站台乘客分布的均衡程度，如式(4-23)所示：

$$\delta = \frac{1}{\sqrt{\frac{1}{n}\sum_{i=1}^{n}(d_i - \overline{d})^2}} \tag{4-23}$$

式中：δ——站台乘客分布均衡度；

n——候车区域数量；

d_i——候车区 i 候车总人数；

$\overline{d}$——各候车区候车人数的平均值。

4.4.5 案例分析

本实验基于 Python 语言搭建仿真环境，在配置 Core(TM) i5-12500H 处理器和 16GBRAM 的 PC 机上进行。选取北京西站站台客流作为研究对象，对 9 号线郭公庄方向和 7 号线环球度假区方向的同台换乘站台进行了实地调研，图 4-41 是该站台的示意图。该站站台共有 18 个立柱和 4 个楼扶梯，9 号线对应 1~24 号车门，7 号线对应 1~32 号车门，入口编号为 1~4。

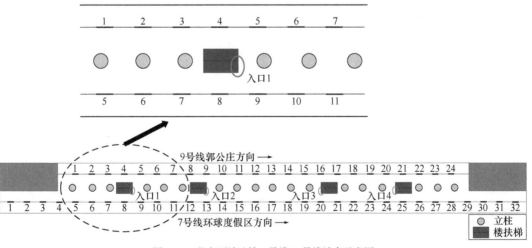

图 4-41 北京西站地铁 9 号线、7 号线站台示意图

通过对现场采集的数据进行回归分析，车门选择模型参数估计见表 4-4，其中 $x1$、$x2$ 和 $x3$ 分别表示步行距离、排队长度和是否有遮挡物。

车门选择模型参数估计 表 4-4

对象	项	回归系数	P 值
列车未到站时未携带行李的乘客	$x1$	-0.064	0.000
	$x2$	-0.791	0.000
	$x3$	-1.729	0.000
列车未到站时携带行李的乘客	$x1$	-0.180	0.000
	$x2$	-1.217	0.000
	$x3$	-1.983	0.000
列车已到站时未携带行李的乘客	$x1$	-0.588	0.000
	$x2$	-0.924	0.000
	$x3$	0.730	0.119
列车已到站时携带行李的乘客	$x1$	-0.602	0.000
	$x2$	-0.880	0.000
	$x3$	0.851	0.109

由表 4-4 可知,不同参数对不同类别乘客的影响程度不同。列车未到站时,这三项参数对携带行李的乘客影响明显高于未携带行李的乘客;而列车已到站时,是否有遮挡物这项因素对这两类乘客均无显著影响。

本实验仿真步长 0.2s,仿真时长为 30min。根据《中国成年人人体尺寸》(GB/T 10000—1988)及现场调查数据,仿真相关参数取值见表 4-5。

仿真实验参数设置 表 4-5

参数	取值	参数	取值
未携带行李乘客占用半径	21~23cm	9 号线列车停站时间	30s
携带行李乘客占用半径	26~33cm	7 号线列车停站时间	90s
相对作用强度	2000N	2、3 号入口进站乘客到达率	19 人/30s
排斥相互作用的大小	0.08m	1、4 号入口进站乘客到达率	15 人/30s
身体压缩系数	120000kg/s^2	携带行李乘客所占比例	16%
滑动摩擦因数	240000kg/(m·s)	9 号线发车间隔(高峰)	2min
乘客质量	50~70kg	7 号线发车间隔(高峰)	3min
期望速度	60~80cm/s		

图 4-42 和图 4-43 分别是站台候车阶段以及同台换乘阶段仿真可视化结果。在图 4-43 中,浅色圆形表示站台内立柱,矩形表示楼扶梯,线段表示站台与列车间边界,深色圆形表示乘

客个体。北京西站是9号线中间站和7号线的起始站,因此,离开站台的乘客只在9号线列车内部初始化。

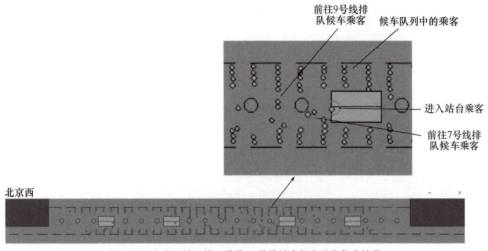

图4-42 北京西站地铁9号线、7号线站台候车阶段仿真结果

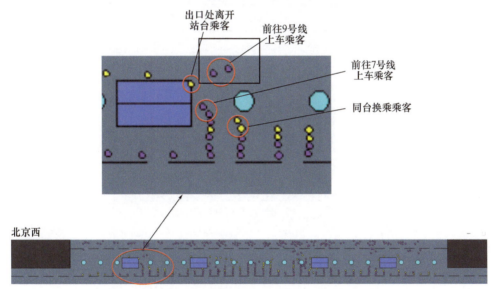

图4-43 北京西站地铁9号线、7号线同台换乘阶段仿真结果

对仿真关键指标分析如下。

1)平均排队人数及平均排队长度分析

在列车进站时刻对排队队列进行统计,9号线的统计结果如图4-44所示。

结果显示,候车乘客在4个入口附近的车门处达到4个峰值,距离入口较近的各个车门前候车人数及队列长度相对较多,但距离入口较远的车门处候车的人数较少,这些现象与前文所分析的影响候车车门选择的因素一致。15号车门前的两侧队列排队人数虽然相同,但15号车门前的右侧队列长度则更长,这是由于有携带行李的乘客选择了15号车门右侧队列候车所导致的。由图4-44可以看出,乘客更倾向于在站台中部候车,站台两侧候车人数较中部候车人数少，导致这一现象的原因有：①通过 2、3 号扶梯入口进入站台的乘客较通过 1、4 号入口进入站台的乘客人数多；②由于自 2 号 3 号入口进入站台的乘客可选择的车门有重合部分，因此，通过 2、3 号扶梯入口进入站台的乘客较通过 1、4 号入口进入站台的乘客在候车时更为集中。7 号线的统计结果如图 4-45 所示，与 9 号线类似，离入口处近的区域候车人数较多。

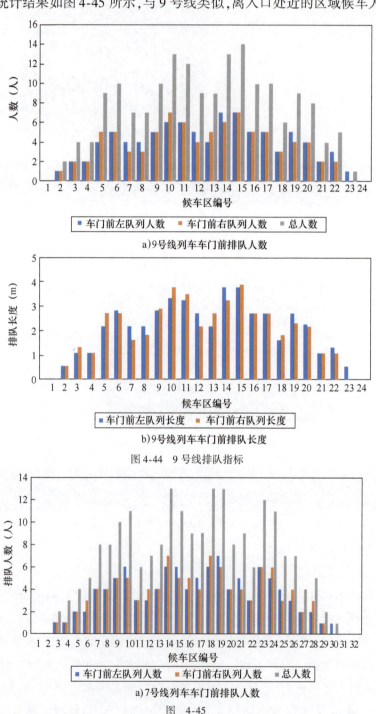

a) 9 号线列车车门前排队人数

b) 9 号线列车车门前排队长度

图 4-44　9 号线排队指标

a) 7 号线列车车门前排队人数

图　4-45

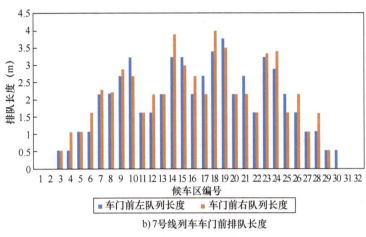

b) 7号线列车车门前排队长度

图 4-45　7 号线排队指标

2）候车区占用比例

图 4-46 是 7 号线和 9 号线车门前候车区占用比例图。结果表明，距离入口远近对候车区占用比例有显著影响，距离入口处越近，则占用比例越高。这是因为乘客容易在入口处聚集，并且随入口乘客数量增大，聚集人数也会增多，而距离入口较远的候车区乘客聚集较少，因此，各候车区占用比例不均衡。

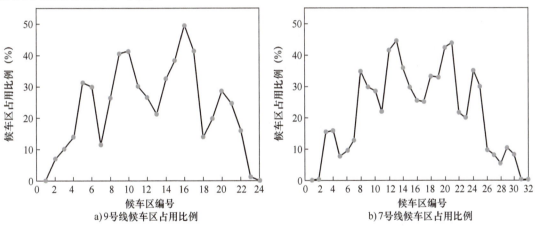

a) 9号线候车区占用比例　　b) 7号线候车区占用比例

图 4-46　候车区占用比例

3）站台乘客时空分布均衡度

根据车门位置将站台分成 32 个区域，对各区域乘客进行统计，每 10s 获取一次数据，图 4-47 是由 7：10：49—7：22：19 的数据绘制的热力图。

由图 4-47 中可以看出，同站台两侧列车到发对乘客的聚集有显著影响。在两侧列车同时到站的情况下，如 7：17：29—7：17：59 这段时间的站台乘客密度较低，这是由于在这一时间段站台两侧的列车同时到站，站台上的乘客被迅速疏散。在两侧列车到发时间间隔较大的情况，比如 7：17：59—7：19：59 这段时间内站台密度持续增加，这是由于 7 号线列车与 9 号线列车相继离站，乘客持续进站候车导致。

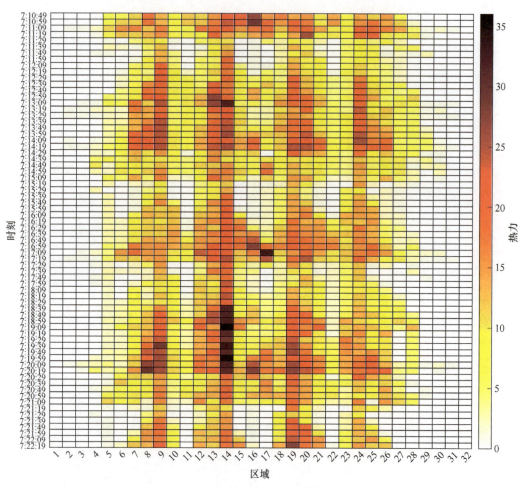

图 4-47 站台乘客时空分布热力图

根据仿真获取的数据计算站台乘客分布均衡度,其随着时间变化的趋势如图 4-48 所示。

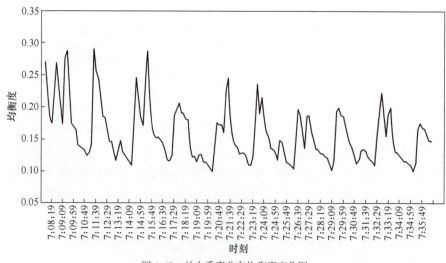

图 4-48 站台乘客分布均衡度变化图

站台乘客分布均衡度随着列车到发呈现出多峰型变化趋势,该值均在 0.1~0.3 之间,处于较低的水平。当两线列车同时停靠在站台后,此时站台上乘客数量较少,站台乘客的空间分布均衡度较高,随着列车相继离站,进入站台的乘客增加,且多聚集在 4 个入口处,导致均衡度逐渐降低。

4.5 本章小结

本章围绕城市轨道交通客流仿真,从路网、车站、站台客流分布 3 个维度进行多粒度仿真技术与方法介绍。首先设计了适用于客流控制、区间中断、行车调整、正常运行等多种场景的路网客流仿真框架,提出了一种联合路径节点空间复用、离散与时序仿真相结合以及动态客流群的仿真方式来解决路网仿真时所面临的路网海量客流、庞大 OD 与备选路径集以及高频列车到发等影响仿真速度的问题,并给出了统计指标和系统开发的示例。之后基于系统动力学模型,考虑列车到发、车站结构、乘客需求以及设施服务特点等要素,归纳了车站客流系统动力学因果关系,并在此基础上构建了车站客流系统动力学模型。最后针对同台换乘场景,刻画有无携带行李的两类乘客对候车区的选择行为及其在车门处的交互行为,根据站台乘客车门选择的影响因素,提出基于 Logit 的车门选择模型以及基于社会力的站台乘客运动模型,并实现对站台客流的动态微观仿真。

今后客流仿真的研究,场景的动态多样化、对乘客决策选择与运动的精确刻画、仿真速度的提升,以及对多种粒度仿真的融合等方面,都是值得完善的方向。

第5章 客流车流组织协同智能优化方法

近年来,随着客流的攀升,城市轨道交通运营组织发生了从"以行车为中心"向"以乘客为中心"的客流-车流耦合协同优化的转变。本章介绍客流车流组织协同智能优化方法,包括网络客流协同控制、车站多点客流协同控制以及客流控制与列车跳站相结合的组织优化方法。客流车流组织优化是复杂约束的非线性问题,适合用智能化方法求解。本章针对不同的优化问题分别使用了粒子群算法与强化学习算法等求解方法,求解过程中应用了路网、线路和车站的快速客流仿真技术,以提高优化求解的速度。

5.1 客流车流组织优化方法概述

5.1.1 客流控制技术概述

客流控制问题归属于交通系统交通流流入控制的研究范畴,交通流流入控制是指通过一系列控制措施,对进入交通系统中的车流、人流(客流)进行控制,以确保交通系统处于一种安全稳定的状态。

交通流流入控制最初以车流为控制对象,为了提升高速公路服务效率,许多学者对不同的匝道控制方法进行了研究。随着城市公共交通系统的发展,选择公共交通方式出行的乘客越来越多,公共交通系统中的交通拥挤态势日益凸显。国内外学者以公交车停靠管控和限制乘客乘车为控制策略,解决公交系统客流拥挤问题。

与公交系统不同,城市轨道交通内部客流从到达至乘车的过程中,需要途经车站进站口、站厅非付费区、站厅付费区和站台,其途经区域都有固定的空间,无法拓展和外延,以致乘客在任意区域拥挤都极易引发碰撞、踩踏等安全问题。为避免乘客拥挤,保证乘客出行的安全,越来越多的学者对城市轨道交通客流控制问题展开了研究。

随着城市轨道交通的建设发展,客流特征不断变化,客流控制的研究对象从对单个车站控制、对单线路多个车站的控制发展到线网层面的多线路多车站协同控制。研究多以最小化乘客平均停留时间、最大化乘客周转量、最小化延误乘客数量、最小化平均延迟时间以及均衡站台滞留乘客等作为优化目标,以进站客流量、车站控流率等作为决策变量,构建线网客流协同控制模型。线路层面的多站客流控制常采用线性规划模型;对于网络规模的客流控制问题,或者考虑乘客站内非线性运动特征的客流控制,经常构建复杂非线性模型,求解多使用粒子群算法和遗传算法等启发式算法。

5.1.2　客流控制与列车运行协同优化技术

随着城市轨道交通客流需求不断增长,客流需求与运力资源供给不匹配的矛盾越来越明显,单独依靠列车运行优化或是单独进行客流控制,在解决城市轨道交通系统客流拥挤问题时都有各自的局限性。为了最大限度地对客流需求与运力资源进行优化匹配,最近几年城市轨道交通客流控制与列车协同优化的研究引起了学者的关注。

客流控制与列车运行的协同优化模型,决策变量既包括进站客流,也包括列车的停站计划以及在车站的到发时分,目标主要包含乘客等待时间最短、聚集人数不超过容量限制等,也包括减少滞留人数或降低企业运营成本等。在列车延误场景下,还以上车客流量最大和列车总延误时间最小为目标。

客流控制与列车运行的协同优化模型既考虑时变客流需求、车站与列车容量等,也考虑列车运行的基本约束,相对单独的客流控制或列车运行,其约束条件更加复杂,很难用单纯的线性规划构建模型。二次规划及双层规划模型,或者复杂非线性模型与启发式算法相结合的方式经常被用来解决这类问题。

值得注意的是,对于路网大规模客流控制与列车运行协同优化,因为换乘客流转移大大增加了问题的复杂性,目前对此情况的研究相对较少。

5.2　路网大规模客流控制

5.2.1　客流控制的目标与评价指标

在本节的研究中,路网客流控制的目标是消解供需匹配矛盾中的容量超限和超长延误两个典型矛盾,在满足容量约束的条件下,降低延误。具体目标可以分解为几个方面:

(1)客流分布满足安全容量约束。

为了满足安全容量约束,需要限制客流流入,会增加直接被控制客流的延误(本节中指等候时间上的额外增加),但从安全角度出发,满足容量约束是客流控制的首要目标,当此目标与其他目标发生冲突时,优先保证此目标的实现。

(2)降低客流超长延误。

在满足容量约束的条件下,重点考虑降低超长延误,使超长延误的时间尽可能缩短,以缩短大客流聚集的时长,减少超长延误带来的服务水平极端低下的情况。

(3)控制路网客流总延误。

在保证安全容量约束条件、降低客流超长延误的同时,控制路网客流总延误,使总延误最短。

对于延误的定量描述,即客流控制的评价指标,是构建客流控制模型目标的基础。在满足容量约束的条件下,延误的多少决定了客流控制效果的优劣。以下围绕延误制定定量指标,给出延误的计算公式,以及总延误和最长延误的定量标定方法。

乘客的候车时间由几部分组成,如图5-1所示。这几部分可以分为3类:W_1、W_2和W_3。其中W_1是由客流控制引起的站外排队时间,W_2是等待即将到来的第一趟列车的时间,W_3是因为第一趟列车满员而留乘等待直至上车的时间。在此把W_1和W_3称为延误时间。W_2是行程中随机但必然存在的部分,而W_1和W_3是因为客流控制或列车容量约束引发的额外出行成本。

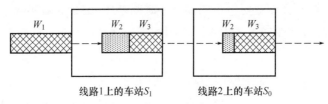

图 5-1 候车时间构成示例

使用 $TDOC_p$ 表示乘客 p 在车站外因为客流控制带来的延误时间,其与 W_1 对应;使用 $TDIO_p$ 表示因为等候的第一趟到达列车满员,留乘而带来的延误时间,其与 W_3 对应。那么,乘客 p 的行程延误时间 TD 可以描述为式(5-1),其中 NV 为乘客 p 在整个行程中的候车次数,v_n 表示行程中的第 n 个候车节点,$TDIO_p(v_n)$ 表示在候车节点 v_n 的延误时间。

$$TD_p = TDOC_p + \sum_{n=1}^{NV} TDIO_p(v_n) \tag{5-1}$$

对于乘客 p,随着延误时间 TD_p 增加或缩短,行程时间也会增加或缩短,因此,在出行路径一定的情况下,延误时间长短可以作为衡量乘客出行效率的重要参考。

尽量满足供需平衡,降低超长延误,使其变小,也是运营组织需要考虑的重要因素。在此使用 MTD 来表示乘客个体中最长的延误时间(后文简称最大延误时间),它可以使用式(5-2)计算。在其他条件相同的情况下,最大延误时间 MTD 越短,控制方案则越优。

$$MTD = \max(TD_p), p \in PA \tag{5-2}$$

同时,使用总延误时间 STD 和平均延误时间 ATD 去衡量控制方案的优劣,这两个指标对于控制方案评价的作用等效。总延误时间和平均延误时间的计算如式(5-3)和式(5-4)所示,其中 PA 是整个网络中的产生客流集合,PAC 是客流集合 PA 的元素个数,即需要进入路网的乘客数量。在既有的网络能力约束下,平均延误时间越短,控制方案越优。

$$STD = \sum_{p \in PA} TD_p \tag{5-3}$$

$$ATD = \frac{STD}{PAC} \tag{5-4}$$

因此,在安全容量约束满足的条件下,使用最大延误时间和平均延误时间共同来衡量进站客流控制的效果。

5.2.2 容量约束下的网络流入客流协同控制模型

为了简化研究问题并突出重点,对模型做如下假设:

(1)时间相关的 OD 出行需求已知,并且能够离散化到各个时段,乘客在一个时段 Δts 内均匀到达;

(2)乘客按照先到先服务的原则排队上车;

(3)所有进入网络的乘客不会中途主动放弃出行;

(4)使用站台允许承载安全人数上限作为车站对候车乘客的安全容量约束;

(5)在换乘站,不同的线路有不同的站台;

(6)网络中的所有列车都受到容量约束,以容量上限决定载客能力,并且严格按照计划的时刻表运行。

根据上文分析,路网流入客流控制目标应该在满足运营网络约束的条件下,使得乘客平均延误和最大延误时间最小。据此构建模型如下,其中式(5-5)为目标函数,式(5-6)~式(5-9)为约束条件。

$$\min \text{ATD} \wedge \text{MTD} \tag{5-5}$$

$$\text{MIVR} \geq 0 \tag{5-6}$$

$$tp_{tr} < tc_{tr} \tag{5-7}$$

$$\delta w_i(ts) \leq c_i(ts) \leq w_i(ts) \tag{5-8}$$

$$tp_{tr}^i - al_{tr}^i + ab_{tr}^i = tp_{tr}^{i+1} \tag{5-9}$$

式(5-6)表示网络中最小的候车节点的相对剩余承载能力不小于0,即候车人数不能超过候车节点的容量约束,用以保证容量约束。这种约束简称节点最小剩余能力,使用 MIVR 来表示,其计算如式(5-10)所示,其中,$VR(v(s_i),t)$ 表示候车节点 $v(s_i)$ 在时刻 t 的剩余承载能力,根据节点容量约束、期望在节点候车的客流量以及运营时间约束确定。

$$\text{MIVR} = \min(\text{VR}(v(s_i),t)) \tag{5-10}$$

式(5-7)表示登上列车 tr 的乘客数量不能超过列车 tr 的容量约束,其中 tp_{tr} 表示列车 tr 上的乘客数量,tc_{tr} 是列车 tr 的容量约束。

式(5-8)中 $c_i(ts)$ 是在控制下时段 ts 允许进入车站 s_i 的乘客数量;δ 表示控制下的流入客流占需要进站客流的最小比例,$0 < \delta \leq 1$;$w_i(ts)$ 是该时段需要进入车站 s_i 的乘客数量。$w_i(ts)$ 可以通过式(5-11)计算,其中 $a_i(ts)$ 是时段 ts 内到达车站 s_i 的乘客数量,$ts-1$ 为时段 ts 之前的时段。

$$\begin{cases} w_i(ts) = a_i(ts) + w_i(ts-1) - c_i(ts-1) & ts > 1 \\ w_i(1) = a_i(1) \end{cases} \tag{5-11}$$

式(5-9)对应假设(3),其中 tp_{tr}^i 是列车 tr 到达车站 s_i 时的载客数量,al_{tr}^i 和 ab_{tr}^i 分别表示在车站 s_i 的下车和上车乘客数量,tp_{tr}^{i+1} 代表乘客到达 s_i 的前方车站 s_{i+1} 时列车 tr 的载客数量。

当控制方式为进站总量控制时,模型解的形式如式(5-12)所示,其中 n 为车站数量,tw 为控制的时段个数。

$$C = \begin{bmatrix} c_1(1) & \cdots & c_1(tw) \\ \vdots & \vdots & \vdots \\ c_n(1) & \cdots & c_n(tw) \end{bmatrix} \tag{5-12}$$

当控制方式为分方向的候车节点流入客流控制,则控制下的分时进站客流量是分时进入到各个候车节点的客流量集合,某时段的进站量扩展表示如式(5-13)所示:

$$c_i(\mathrm{ts}) = \{c_i^j(\mathrm{ts})\}, i \in [1,\cdots,n], \mathrm{ts} \in [1,\cdots,\mathrm{tw}], \forall v_j \in V(s_i) \tag{5-13}$$

与之对应的需要进站人数 $w_i(\mathrm{ts})$ 也扩充为需要进入候车节点的人数,如式(5-14)所示:

$$w_i(\mathrm{ts}) = \{w_i^j(\mathrm{ts})\}, i \in [1,\cdots,n], \mathrm{ts} \in [1,\cdots,\mathrm{tw}], \forall v_j \in V(s_i) \tag{5-14}$$

5.2.3 启发式的解空间筛滤规则

考虑拥挤溯源的路网客流控制与推理主体流程如图 5-2 所示。推演客流拥挤态势,进而计算路网大客流的区间与车站,在考虑路网客流传播规律基础上,反向推理待控制的时空区域。在路网层面,根据粒子群智能算法获得初始优化策略,在车站级别根据安全容量控制对初始优化策略进行实时调节,获得实际的进站客流控制方案。

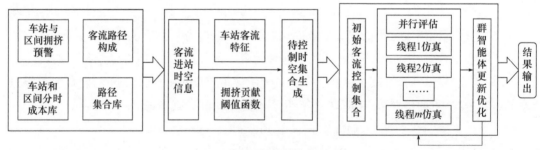

图 5-2 路网客流控制与推理流程

考虑客流超限和超长延误来源,客流控制的解空间筛滤时被保留为待求解空间的基本规则为:

(1)流入客流造成本站客流超限;

(2)流入客流造成列车拥挤,进而造成其他车站等候该列车的候车客流超限或超长延误,且超长延误人数较多;

(3)流入客流中途换乘候车时造成换乘站候车人数超限或超长延误,且超长延误人数较多。

筛滤过程中需要用到的相关符号定义如下：

$t_0(e)$：区间弧段需要被控制的开始时间。

$t_1(e)$：区间弧段需要被控制的结束时间。

$t_0(v)$：流入候车节点 v 的进站客流需要被控制的开始时间。

$t_1(v)$：流入候车节点 v 的进站客流需要被控制的结束时间。

$w(v,t)$：候车节点 v 在时刻 t 的候车人数。

$\mathrm{dw}(v,t)$：候车节点 v 在时刻 t 的延误人数。

$\mathrm{wd}(v,t)$：在时刻 t 乘客在候车节点 v 的最长延误时间。

$\mathrm{pl}(v)$：候车节点 v 的安全容量约束。

$\mathrm{cng}(e,t)$：区间弧段 e 是否因为拥挤需要被疏解，1 代表需要，0 代表不需要。

$\mathrm{prv}(e)$：区间弧段 e 的起始端点。

$\mathrm{nrv}(e)$：区间弧段 e 的到达端点。

$\mathrm{cnt}(v,t)$：流入候车节点 v 在时刻 t 的进站客流是否需要被控制，1 代表需要，0 代表不需要。

$\mathrm{rl}(v,e)$：流入候车节点 v 的进站客流是否途经区间弧段 e，1 代表经过，0 代表不经过。

$\mathrm{tc}(v,e)$：从候车节点 v 到达区间弧段 e 的时间消耗。

$\mathrm{fb}(v,e,t)$：t 时刻在候车节点 v 候车的乘客是否途经弧段 e，1 代表经过，0 代表不经过。

$\mathrm{fn}(v,e)$：需要流入候车节点 v 且途经弧段 e 的进站客流量。

N：用来表示流入客流对某弧段或节点的客流总量起到明显贡献的最低阈值。

D：候车节点的延误客流量参考值。

Dt：候车节点的延误时间超长的参考值。

MX：极大数。

MI：极小数。

σ_1、σ_2：大于或等于 0 的调节参数，用来提前或延长控制时间。

T_0：仿真开始时间。

在上述基本规则和定义下，根据式(5-15)～式(5-20)来确定车站的客流控制状态、控制方向和控制时段，可以分为设置需疏解区间及时间区域、设置待控制的流入客流两个步骤。

1）设置需疏解区间及时间区域

如果区间 e 的起始端点发生容量超限或到达端点发生超长延误，设置为需疏解区间，并更新需疏解区间 e 的需疏解时间区域 $[t_0(e),t_1(e)]$，使得 $t_0 \leqslant t \leqslant t_1$。区间的需疏解状态和时间计算如式(5-15)～式(5-17)所示：

$$\mathrm{cng}(e,t) = \begin{cases} 1 & w(\mathrm{prv}(e),t) > \mathrm{pl}(\mathrm{prv}(e)) \cup (\mathrm{wd}(\mathrm{nrv}(e),t)) > \mathrm{Dt} \cap \mathrm{dw}(\mathrm{nrv}(e),t) > D \\ 0 & \text{其他} \end{cases}$$

(5-15)

$$t_0(e) = \begin{cases} \min(t, t_0(e)) & \text{cng}(e,t) = 1 \\ t_0(e) & \text{cng}(e,t) = 0 \wedge t > T_0 \\ \text{MX} & \text{cng}(e,t) = 0 \wedge t = T_0 \end{cases} \quad (5\text{-}16)$$

$$t_1(e) = \begin{cases} \max(t, t_1(e)) & \text{cng}(e,t) = 1 \\ t_1(e) & \text{cng}(e,t) = 0 \wedge t > T_0 \\ \text{MI} & \text{cng}(e,t) = 0 \wedge t = T_0 \end{cases} \quad (5\text{-}17)$$

2) 设置待控制的流入客流

对于时刻 t，当候车节点发生客流超限，或者节点的进站客流量途经需疏解区间及其时间域且流经需疏解区间的客流量较大时，进行节点客流控制，并设置控制时间区域 $[t_0(v), t_1(v)]$，计算如式(5-18)~式(5-20)所示。

$$\text{cnt}(v,t) = \begin{cases} 1 & w(v,t) > \text{pl}(v) \wedge n(v) > N \\ 1 & \text{cng}(e, t+\text{tc}(v,e)) = 1 \wedge \text{fb}(v,e,t) = 1 \wedge \text{fn}(v,e) > N \\ 0 & \text{其他} \end{cases} \quad (5\text{-}18)$$

$$t_0(v) = \begin{cases} \min(t - \sigma_1, t_0(v)) & \text{cnt}(v,t) = 1 \\ t_0(v) & \text{cnt}(v,t) = 0 \wedge t > T_0 \\ \text{MX} & \text{cnt}(v,t) = 0 \wedge t = T_0 \end{cases} \quad (5\text{-}19)$$

$$t_1(v) = \begin{cases} \max(t + \sigma_2, t_1(v)) & \text{cnt}(v,t) = 1 \\ t_1(v) & \text{cnt}(v,t) = 0 \wedge t > T_0 \\ \text{MI} & \text{cnt}(v,t) = 0 \wedge t = T_0 \end{cases} \quad (5\text{-}20)$$

5.2.4 考虑约束的粒子群求解方法

Eberhart R. 和 Kennedy J. (1995)提出粒子群算法，如式(5-21)、式(5-22)所示，其中，$x_{id}(t)$ 和 $v_{id}(t)$ 表示第 t 时刻粒子 i 在维度 d 的位置和速度，c_1 和 c_2 是学习因子，r_1 和 r_2 是[0,1]内的随机数，$p_{id}(t)$ 是粒子 i 截至第 t 时刻的历史最佳位置，$p_{gd}(t)$ 是粒子群截至第 t 时刻的全局最佳位置。

$$v_{id}(t+1) = v_{id}(t) + c_1 r_1(p_{id}(t) - x_{id}(t)) + c_2 r_2(p_{gd}(t) - x_{id}(t)) \quad (5\text{-}21)$$

$$x_{id}(t+1) = x_{id}(t) + v_{id}(t+1) \quad (5\text{-}22)$$

Shi Y 和 Eberhart R. (1998)在原有速度更新式(5-21)的基础上增加惯性因子,见式(5-23);惯性因子随代数的增大而线性递减,如式(5-24)所示,其中,ω 为惯性因子,w_{ini} 表示惯性因子上限,w_{end} 表示惯性因子下限,Gk 是迭代最大次数。

$$v_{id}(t+1) = \omega v_{id}(t) + c_1 r_1(p_{id}(t) - x_{id}(t)) + c_2 r_2(p_{gd}(t) - x_{id}(t)) \quad (5\text{-}23)$$

$$\omega(t) = (w_{ini} - w_{end})(\text{Gk} - t)/\text{Gk} + w_{end} \quad (5\text{-}24)$$

Clerc M. 和 Kennedy J. (2002)在式(5-23)的基础上增加收敛因子,如式(5-25)所示。其中,收敛因子的计算如式(5-26)所示,一般取 $\phi = c_1 + c_2$。

$$v_{id}(t+1) = k[\omega v_{id}(t) + c_1 r_1(p_{id}(t) - x_{id}(t))] + c_2 r_2(p_{gd}(t) - x_{id}(t)) \quad (5\text{-}25)$$

$$k = 2 \Big/ \left| 2 - \phi - \sqrt{|\phi^2 - 4\phi|} \right| \quad (5\text{-}26)$$

考虑约束的粒子群算法是为了求得满足约束条件下的最优解,进而对基本粒子群算法进行改进。这类算法集中于几种方式,比如在适应度函数中增加惩罚系数,通过偏离度来评价不可行解,根据约束的偏离度调整粒子群算法适应度计算的基本参数,迭代产生新的可行解;或限定解的边界,调整解的大小使得不可行解变为可行解等。

本书采用惩罚系数法实现求解时的节点容量约束,如式(5-27)所示:

$$\text{Min} f(C) = \lambda(\alpha \text{ATD} + \beta \text{MTD}) + (1 - \lambda)\text{DIF} \quad (5\text{-}27)$$

式中:DIF——节点容量约束的偏离程度,后续简称偏离度。

DIF 的计算如式(5-28)所示,在保障安全的前提下,DIF=0 为可接受的方案。

$$\text{DIF} = \max(0, -\text{MIVR}) \quad (5\text{-}28)$$

模型的约束条件式(5-7)和式(5-9)在适应度仿真计算时通过限制上车人数实现,约束条件式(5-8)通过使不可行解回到解边界的方式实现。

为了提高算法的收敛与稳定性,使用两个子群求解,两个子群以概率 ρ 交叉。当两个种群进行交叉时,粒子的速度更新根据式(5-29)计算,其中,j 是种群的索引,$j \in [1,2]$,比如 $p_{gd}^1(t)$ 是种群 po_1 中的最优解,$p_{gd}^2(t)$ 是 po_2 中的最优解。

$$v_{id}^j(t+1) = k[\omega v_{id}^j(t) + c_1 r_1(p_{id}^j(t) - x_{id}^j(t))] + c_2 r_2(p_{gd}^{2-j}(t) - x_{id}^j(t)) \quad (5\text{-}29)$$

为了避免算法过早陷入局部最优,在求解过程中加入变异操作,并且变异的频率随代数增大而增加。变异概率可以表示为 $\tau \times \text{gt}$,gt 为求解的代数,τ 为较小参数值。此处变异操作取解空间内的随机变异。

考虑客流超限和超长延误来源,应用粒子群算法对模型求解的流程如图5-3所示。

在图5-3中,网络加载包括线路、车站、区间、换乘关系、分时 OD 等;通过动态仿真可以得到供需匹配的客流分布,据此计算需疏解区间与时间,以及待控制车站、方向与时间;之后进行速度和位置初始化,并根据适应度更新最优解,再进入迭代。每轮迭代都需要更新速度,并遵守交叉概率和变异概率,进行交叉和变异,计算位置,遵守最优解的更新规则进行最优解的更新。

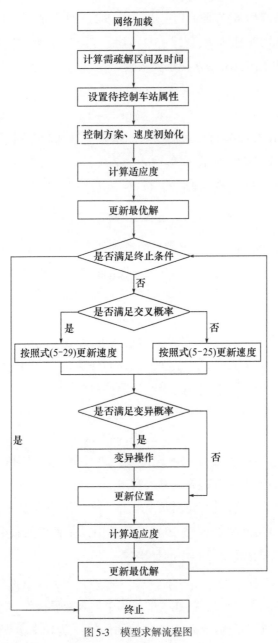

图 5-3 模型求解流程图

5.2.5 实例分析

应用北京城市轨道交通线网说明客流超限的存在性,计算常态限流情况下需进一步疏解的区间,并求解加强控制方案。如图 5-4 所示,案例所使用的城市轨道交通路网共有双向线路 16 条,车站 232 个(换乘站不重复计算),其中换乘站 48 个,常态限流车站 41 个,早高峰限流车站 38 个。使用某工作日实际的乘客刷卡数据和列车运行计划开展实验。控制时间单元、配流分时单元以及控制调节参数 σ_1 和 σ_2 均取 30min。

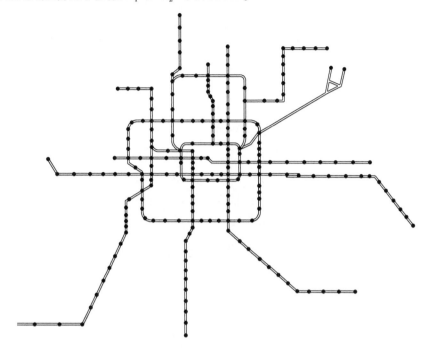

图 5-4 案例所用北京城市轨道交通线网图

获取的实验数据是日常早高峰常态限流情况下的进站客流量,即 AFC 数据,进站客流的峰值已通过常态限流得到一定削减,路网的拥挤度已经得到一定缓解。因为未获得同期常态限流情况下各个车站的排队人数,本文的实验以 AFC 数据为基础,得到分时 OD 作为实验的出行需求输入,实验仅对常态限流情况下仍然存在的局部客流超限和超长延误进行调控和分析。

计算列车最大满载率分别为 130% 和 140% 下的配流与控制,不同情况下的延误时间和聚集人数对比见表 5-1。表中的无控制是指在常态限流情况下,没有增加额外控制;有控制则指在常态限流情况下增加额外控制。从表中可以看到,在没有控制下候车节点的最小剩余承载能力 MIVR 为负值,会发生客流超限,并且最大延误时间较长;在控制下避免了容量超限的发生,并且最大延误时间明显减少。从路网开始运营到上午 10:00 截止,进站客流量约 160 万人次,因此平均延误时间较小。此外,为了保证安全容量约束,平均延误相对控制前有所增大。

不同情况下的关键指标对比   表 5-1

列车满载率约束	有无均衡配流	有无控制	ATD (s)	MTD (s)	MIVR (人)	客流是否超限
130%	无	无	47	3432	-5297	是
	有	无	15	2097	-3041	是
	有	有	23	1202	148	否

续上表

列车满载率约束	有无均衡配流	有无控制	ATD（s）	MTD（s）	MIVR（人）	客流是否超限
140%	无	无	27	2447	-5148	是
	有	无	8	1440	-1628	是
	有	有	11	800	241	否

实验的候车节点最小剩余承载能力发生在西二旗站 13 号线去往上地方向的候车站台。超长延误发生在上地站，西二旗至上地区间的列车满载率高，且在上地站的进站量也很大，造成上地站的客流反复留乘，因而产生超长延误。现场调查获得北京城市轨道交通线网高峰列车最大满载率在 140%~150% 之间，所以后续选择 140% 满载率下的实验数据进行分析。

根据客流超限和超长延误计算所得的需疏解区间见表 5-2，根据客流超限和超长延误引发的客流来源计算所得的待控制车站见表 5-3。

需疏解区间表　　　　　　　　　　　　　　　　　　　　　　表 5-2

所在线路	区间起始站	区间终到站	区间疏解开始时间	区间疏解结束时间
13 号线	龙泽	西二旗	8:15	8:43
13 号线	西二旗	上地	7:59	8:56

待控制车站表　　　　　　　　　　　　　　　　　　　　　　表 5-3

所在线路	被控制车站	控制开始时间	控制结束时间	前方车站
13 号线	西二旗	7:59	8:56	上地
13 号线	龙泽	7:54	8:51	西二旗
13 号线	回龙观	7:52	8:48	龙泽
13 号线	霍营	7:49	8:45	回龙观
13 号线	立水桥	8:04	8:32	霍营
5 号线	天通苑	7:57	8:24	天通苑南
8 号线	回龙观东大街	7:44	8:41	霍营
昌平线	南邵	7:32	8:29	沙河高教园
昌平线	沙河高教园	7:37	8:34	沙河
昌平线	沙河	7:40	8:37	巩华城
昌平线	朱辛庄	7:48	8:45	生命科学园
昌平线	生命科学园	7:51	8:48	西二旗

需疏解区间和待控制车站分布如图 5-5 所示。其中，粗体的区间为待疏解区间，三角形表示的车站为待控制车站。从图中可以看到，需疏解区间的拥挤由局部车站引起，这些待控制车站的流入客流中有较大数量在早高峰通过需疏解区间。

以回龙观站和龙泽站为例，控制前后的进站人数对比如图 5-6 所示。在常态限流情况下（无控制），回龙观站和龙泽站的进站客流峰值发生在 7:30 附近，在客流控制实施下，回龙观站进站波峰后移至 8:30 附近，龙泽站的波峰被削减。需要特别指出的是，图 5-6 是由常态限流情况下(无控制)的进站 AFC 数据统计所得,已经对乘客到达车站的实际分布有所改变,如龙泽站在 8:00 出现的客流量下降不符合实际的客流到达规律;本节中的模型加强控制,对常态限流情况下的进站高峰进一步后移或削减。

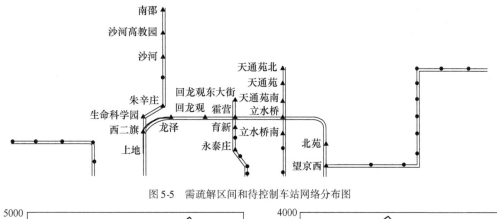

图 5-5 需疏解区间和待控制车站网络分布图

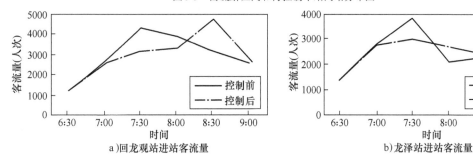

图 5-6 控制前后进站人数对比图

将控制前后受延误客流按照延误的时间长度分布进行对比,如图 5-7 所示。通过客流控制,延误时间较长的乘客人数明显变少,延误时间较短的乘客人数变多。虽然控制下的平均延误增加,但增加较多的是短时的延误,结合实际调查,5min 以下延误对乘客出行感受影响比例很小,因而对图 5-7 中延误大于 5min 的乘客总延误时间进行统计,控制前后分别为 166444 人和 161407 人,控制后大于 5min 的总延误有所下降。

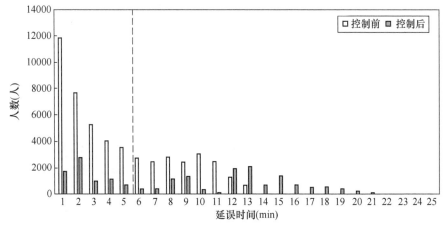

图 5-7 有无控制下的不同延误时间的人数对比

综上,本节模型和算法在实际的路网中原有常态限流情况下,加强控制,能够消解极度拥挤区域的客流超限,降低超长延误。

5.3 车站多点协同客流控制

随着乘客对城市轨道交通的需求不断增加,车站过度拥挤会对乘客出行安全和效率产生负面影响。为解决城市轨道交通换乘站的拥挤问题,满足换乘车站关键区域的安全限制、提高乘客出行效率,基于系统动力学车站仿真模型实现考虑客流非线性特征的车站客流演化,提出城市轨道交通换乘站多点多方式客流控制模型(MPJC),实现对车站客流的整体调控。

5.3.1 问题描述

1)换乘站多点客流控制方法

在换乘站,将乘客按出发地和目的地分为进站乘客、出站乘客和换乘乘客三种类型。三类乘客在车站的流线示意如图 5-8 所示。

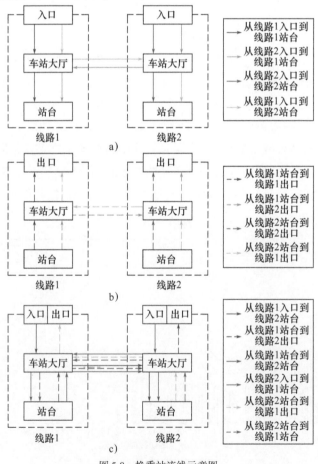

图 5-8 换乘站流线示意图

如图5-8a)所示,进站乘客从城市轨道交通车站出入口进站,进站后到站台等待上车。根据客流在换乘站内的行动轨迹,可将进站客流分为两类:一类是到达站厅后,直接前往站台;另一类是换乘另一条线路至站厅,然后前往站台。

如图5-8b)所示,出站乘客从列车下车,从出口出站。换乘站出站客流也可分为两类:一类是乘客下车后,从最近的车站大厅离开车站;另一类是换乘到另一条线路的车站大厅,然后离开车站。后一类乘客出现的主要原因是换乘站的出口通常设置在不同的线路上,比如当乘客目的地较接近2号线出口时,由于选择地下通道到达目的地比在地面上更安全、更方便,这类乘客更倾向于通过换乘通道到2号线出口。但当车站非常拥挤时,通过换乘离开的乘客数量很少。

如图5-8c)所示,通过换乘通道的乘客由一条线路的车站大厅换乘到另一条线路的车站大厅。换乘乘客可分为三类:进站后换乘到另一条线路站台等待上车的乘客,下车后换乘到另一条线的站台等候上车的乘客,以及下车后转乘至另一条线路站厅出站的乘客。

从安全角度出发,通过限制从控制点流出的客流数量,可以减少到达前方拥挤区域的客流量,优化车站内的客流分布。在结构复杂的换乘站中,不同类型乘客的步行流线会发生重叠。明确换乘车站的乘客类型及其相应的流线,有助于有针对性地确定拥堵来源并选择合适的控制点位置,从而提高控制措施的效率。

2) 车站客流非线性特性研究

客流量(q)、客流密度(k)和客流速度(v)是反映车站客流特征的主要指标,可用于描述并判断车站内乘客的状态。客流量是指单位时间内通过单位宽度的乘客数量;客流密度是指单位面积瞬时客流数量;客流速度是指单位时间内乘客的移动距离。客流量可以表示为客流密度与客流速度的乘积。

$$q = k \times v \tag{5-30}$$

研究发现,客流速度和密度之间存在非线性关系,当乘客密度值较小时,乘客可以自由移动,密度对乘客速度的影响不明显;当客流密度达到一定值时,乘客之间的干扰增加,客流速度降低。客流速度和客流密度之间的关系如图5-9所示。

客流量与客流密度之间也存在非线性关系,如图5-10所示。研究发现,由于客流速度也受密度变化的影响(图5-9),故当密度达到一定值时,客流速度降低,导致客流量增长率降低。当密度增加对客流量的正面影响无法抵消速度下降对客流的负面影响时,客流量开始下降。

基于客流量、速度和密度之间的非线性关系,通过调节车站控制位置的流出客流量,实现对客流速度和密度的协调控制。从效率的角度来说,可以调整乘客到达不同区域的时间,特别是到达站台的时间,更好地利用列车空间,加快乘客离开站台的速度。

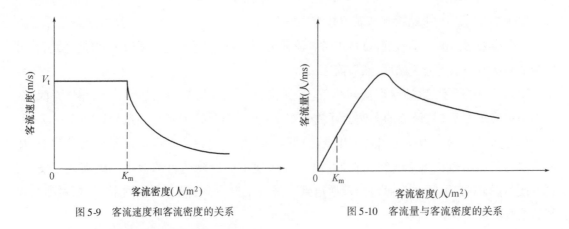

图 5-9　客流速度和客流密度的关系　　　图 5-10　客流量与客流密度的关系

5.3.2　多流线多点客流控制模型

通过分析车站的客流特征,考虑流量、速度和密度之间的非线性关系,构建模型实现对车站客流量的控制;通过在进站、换乘等多个客流移动路线上设置控制点,充分利用换乘站的空间,优化站内客流分布,将站内各关键区域客流控制在安全阈值内;并且优化乘客到达站台的时间,更好地利用列车的容量,提高乘客出行效率。

模型的目标函数为:

$$\min \bar{s} = \frac{\sum\limits_{t=T_s}^{T_e}\sum\limits_{n=1}^{n=N} a_{t,n} \times \Delta t}{\sum\limits_{n \in N_S}\sum\limits_{t=T_s}^{T_e} e_{t,n} + \sum\limits_{n \in N_L}\sum\limits_{t=T_s}^{T_e} e_{t,n}} \tag{5-31}$$

式中:$\bar{s}$——乘客平均停留时间;

T_s——仿真运行的开始时间;

T_e——仿真运行的结束时间;

N——车站设备设施网络中的节点数量;

$a_{t,n}$——t 时刻节点 n 内包含的乘客数量;

Δt——时间步长;

$e_{t,n}$——t 时刻节点 n 的流出人数;

N_S——车站到达节点集合;

N_L——列车节点集合。

模型的约束条件如下:

(1)容量安全约束。

$$a_{t,n} \leqslant \overline{a_n} \quad t \in [T_s, T_e], n \in N_K \tag{5-32}$$

式中:$\overline{a_n}$——在满足乘客安全的前提下节点 n 容纳的最大人数;

$a_{t,n}$——在时刻 t 关键区域节点 n 内的乘客数量;

N_K——关键区域对应节点集合。

(2)控制节点客流量约束。

$$e_{t,n} \leqslant c_{t,n}, \check{c}_{t,n} \leqslant c_{t,n}, t \in [T_s, T_e], n \in N_C \tag{5-33}$$

$$\begin{cases} e_{t,n} = c_{t,n} & r_{t,n} \geqslant c_{t,n} \\ e_{t,n} = r_{t,n} & r_{t,n} < c_{t,n} \\ t \in [T_s, T_e] & n \in N_C \end{cases} \tag{5-34}$$

式中:N_C——控制节点集合,是车站节点集合 N 的一个子集;

$e_{t,n}$——t 时刻节点 n 的流出人数;

$c_{t,n}$——t 时刻控制节点 n 的流量控制值;

$\check{c}_{t,n}$——最小流量控制值;

$r_{t,n}$——具有服务需求的实际乘客数量。

(3)节点供需约束。

$$e_{t,n} \leqslant r_{t,n} \tag{5-35}$$

$$f_{t,n} \leqslant \hat{f}_{t,n} \tag{5-36}$$

$$a_{t,n} \leqslant \hat{a}_n \tag{5-37}$$

式(5-36)表示 t 时刻节点 n 的流入客流量 $f_{t,n}$ 应小于该节点的流入的流量上限 $\hat{f}_n$;式(5-37)表示 t 时刻节点内乘客数量 $a_{t,n}$ 应小于节点最大容量 $\hat{a}_n$。

(4)客流速度、密度、流量关系约束。

式(5-38)为密度计算公式,t 时刻节点 n 的客流密度 $k_{t,n}$ 定义为节点内单位面积的乘客数量,s_n 为节点 n 的面积大小。

$$k_{t,n} = \frac{a_{t,n}}{s_n} \quad n \in N \tag{5-38}$$

式(5-39)为非特殊节点客流速度计算公式;式(5-40)为针对扶梯、闸机、列车等特殊节点集合 N_S 的速度和密度关系计算公式,这类节点客流速度为固定值 $\hat{v}_n$。

$$v_{t,n} = g(k_{t,n}) \quad n \notin N_S \tag{5-39}$$

$$v_{t,n} = \hat{v}_n \quad n \in N_S \tag{5-40}$$

式(5-41)表示节点流量 $f_{t,n}$ 与客流密度 $k_{t,n}$、客流速度 $v_{t,n}$ 之间的转换关系,即 t 时刻节点 n 的流入客流量可表示为该节点客流密度 $k_{t,n}$ 与客流速度 $v_{t,n}$ 以及节点宽度 w_n 的乘积。

$$f_{t,n} = v_{t,n} \times k_{t,n} \times w_n \quad n \in N \tag{5-41}$$

(5)列车时刻表约束。

$$\begin{cases} f_{t,n} = 0, e_{t,n} = q_t, n \in N_T & \text{state} = 1 \\ f_{t,n} = \sum_{n' \in F_n} p_{n'-n,t} e_{t,n'}, e_{t,n} = 0, n \in N_T, n' \in N_P & \text{state} = 2 \\ f_{t,n} = 0, e_{t,n} = 0, n \in N_T & \text{其他} \end{cases} \tag{5-42}$$

式中:state——列车状态,为 1 时表示列车停靠乘客下车,为 2 时表示列车停靠乘客上车;

其他——列车未停靠车站等无法有乘客上下车的状态;

q_t——t 时刻下车的流量;

N_T——列车节点集合；

N_P——站台节点集合；

$p_{n'-n,t}$——站台节点 n' 在 t 时刻流出客流中流到列车节点 n 的比例。

控制节点 n 在 t 时刻的流出客流量 $c_{t,n}$ 可根据式(5-43)计算，其中 x_{ij} 是第 i 个节点在第 j 个控制时段的最大允许流出量，N_C 表示控制节点集合，节点 n 为控制节点集合中第 i 个节点 $N_C(i)$，Δt_c 表示控制时间单元步长，时刻 t 与控制时间单元的关系如式(5-44)所示：

$$c_{t,n} = \frac{x_{ij}}{\Delta t_c} \times \Delta t \quad n = N_C(i), t \in [T_s, T_e], n \in N_C \tag{5-43}$$

$$t = T_s + j \times \frac{\Delta t_c}{\Delta t} \tag{5-44}$$

5.3.3 自适应多种群的粒子群求解算法

因为控制模型包含复杂非线性约束，适合使用启发式算法，因此，选择粒子群算法对模型进行求解。为避免粒子陷入局部最优，出现早熟，在经典粒子群算法的基础上，选用自适应多种群的粒子群算法，并且引入隔代交叉机制。

在式(5-25)和式(5-26)的基础上，为了增强粒子的搜索能力，本节采用了非线性自适应粒子群优化(APSO)算法。APSO 算法根据个体适应度和全局适应度动态调整惯性权重，提高求解精度和收敛速度。采用非线性自适应策略，通过调整惯性权重，实时平衡系统的局部和全局搜索能力。

$$f_{\min}(x(t)) = \min(f(x_i(t))) \tag{5-45}$$

$$f_{\max}(x(t)) = \max(f(x_i(t))) \tag{5-46}$$

$$S(t) = \frac{f_{\min}(x(t))}{f_{\max}(x(t))} \tag{5-47}$$

$$A_i(t) = \frac{f(g(t))}{f(x_i(t))} \tag{5-48}$$

$$\gamma(t) = (L - S(t))^{-t} \tag{5-49}$$

$$\omega_i(t) = \gamma(t)(A_i(t) + C) \tag{5-50}$$

式中：$f_{\min}(x(t))$——粒子群在 t 时刻的适应度最小值；

$f_{\max}(x(t))$——粒子群在 t 时刻的适应度最大值；

$f(g(t))$——粒子群到 t 时刻的全局最优适应度值；

L、C——常数。

式(5-45)~式(5-47)用于增加粒子的多样性，以避免过早收敛。式(5-48)计算第 i 个粒子与全局最优粒子的适应度比。式(5-49)是一个非线性回归函数，可以平衡惯性权重的搜索能力。最后，式(5-50)得到具有非线性自适应特性的惯性权值。

5.3.4 实例分析

选取北京地铁国贸站，对模型进行验证。北京地铁国贸站连接北京地铁 1 号线和 10 号线,共有 A~G 多个出入口。其日常早高峰采取 G 口限流措施,以减少到达 10 号线站台的候车人数,保障车站安全。国贸站结构及控制点示意图如图 5-11 所示。

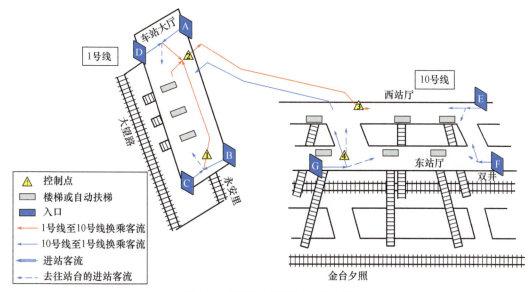

图 5-11　国贸站结构及控制点示意图

选取国贸站早高峰 7:00—10:00 进行仿真实验,利用 Java 编程实现客流的仿真,使用粒子群算法对本节所提出的客流控制模型进行求解。

模型使用的非线性自适应收敛粒子群优化算法的参数见表 5-4,APSO 优化在第五次迭代时达到理想的优化目标值并稳定收敛。

表 5-4　APSO 算法相关参数

种群规模	迭代次数(次)	c_1	c_2	L	C
160	100	2.1	2.1	2	0.5

表 5-5 将多点协同客流控制模型(MPJC)的优化结果与无客流控制(Non-con)和单点进站客流控制(In-con)进行对比,以验证多点客流控制策略的优化效果。3 种控制模型中,Non-con 模型不进行任何控制措施;In-con 模型采用单点进站流量控制方案,仅在 G 进站口实施进站客流控制;MPJC 模型为多点协同客流控制模型,通过设置多个控制点实现进站客流与站厅客流的协同控制。后两种模型均以 30min 为一个时段进行通过客流量控制,且利用非线性自适应粒子群算法求解。

表 5-5　不同情况下的关键指标对比

条件	平均停留时间(s)	最大超出安全限制乘客数量(人)	是否满足车站安全容量约束
Non-con	678	895	否
In-con	688	847	否
MPJC	650	0	是

每隔 5min 统计一次从控制点流出的实际乘客数，每隔 1s 更新在控制点排队等候的乘客人数，结果如图 5-12 所示。

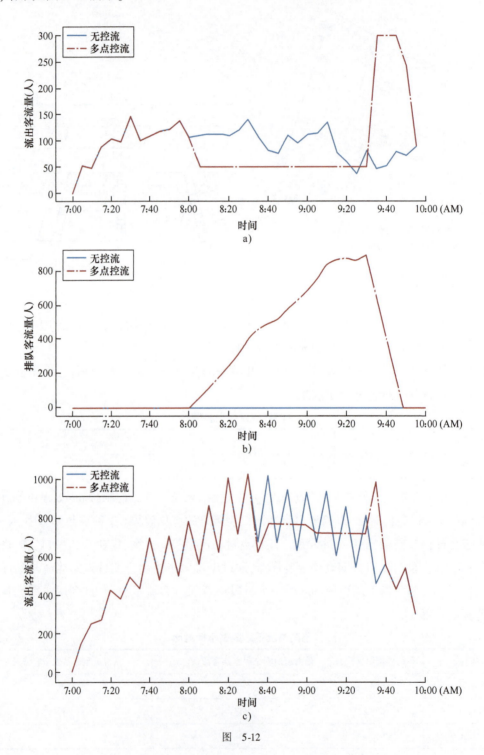

图 5-12

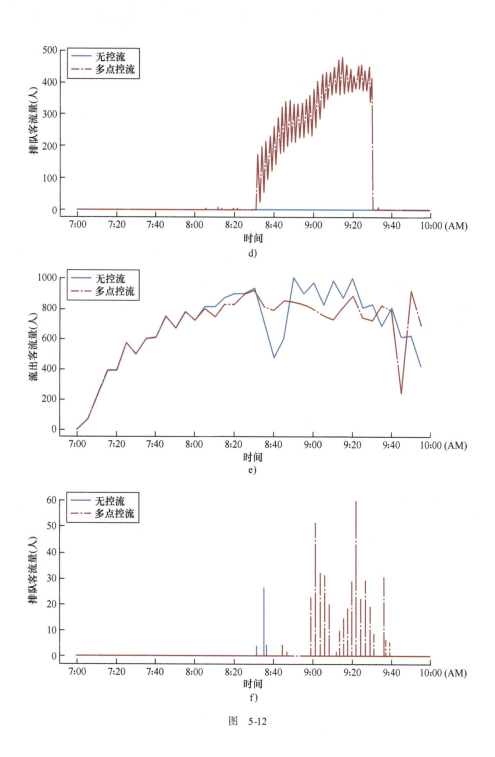

图 5-12

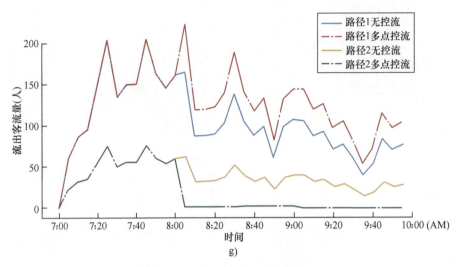

图 5-12 从控制点流出的乘客变化曲线

图 5-12a)、图 5-12b) 分别为控制点 1 的流出客流和排队客流变化曲线。控制点 1 主要用于控制从 B 入口和 C 入口进入车站并前往换乘通道的进站乘客。在 8:00—9:30 之间实施控制后,从控制点流出的乘客数量与没有控制的情况相比显著减少(图 5-12a)。图 5-12b) 中排队乘客数量的增加,表明在这段时间内,每个单位时间到达控制点的乘客数量超过了允许通过的乘客数量。这些排队的乘客在车站外停留了一段时间等待进站。控制结束后,排队乘客数量逐渐减少到零。

图 5-12c)、图 5-12d) 的曲线变化趋势与图 5-12a)、图 5-12b) 的曲线变化趋势相似。2 号控制点限制进入 1 号线至 10 号线换乘通道的乘客人数。当到达控制点的乘客数量超过允许流出的乘客数量时,乘客排队并随着时间推移而积累。这些排队的乘客暂时停留在 1 号线车站大厅内,控制结束后逐渐散去。

图 5-12e)、图 5-12f) 显示了控制对西站大厅内流入与 10 号线站台相连楼梯的乘客数量的影响。受控制点 1 和控制点 2 的影响,到达控制点 3 的乘客数量减少,因此,控制措施在控制点 3 开始的时间比其他控制点晚。

图 5-12g) 中,路径 1 和路径 2 为从入口 G 到 10 号线站台的两条出行路线;路径 1 从 10 号线西站大厅到站台,路径 2 从东站大厅到站台,控制点设在路径 1。在 MPJC 模型的控制下,通过东站大厅到达站台的进站乘客多于通过西站大厅到达站台的进站乘客。4 号控制点不限制乘客通行,只是改变乘客路线以平衡每个区域的乘客数量。因此,4 号控制点没有乘客排队,所有乘客顺利通过。

由于车站 4 个位置实施了客流控制,重点区域的乘客数量也发生了变化。图 5-13 分别绘制了非控制和 MPJC 条件下车站大厅、换乘通道和站台的乘客数量。

由 MPJC 模型得到的控制方案通过联合控制多个控制点来平衡拥挤区域的乘客数量(图 5-13)。10 号线车站西大厅乘客人数明显减少,保持在安全限度以下,保障了 10 号线车站西大厅乘客安全。但1号线站厅容纳的乘客数量有所增加,主要是由于在2号控制点的约束下,1号线换乘10号线的换乘通道的流入乘客数量有所减少,乘客在站厅停留但未超过站厅的安全限制。

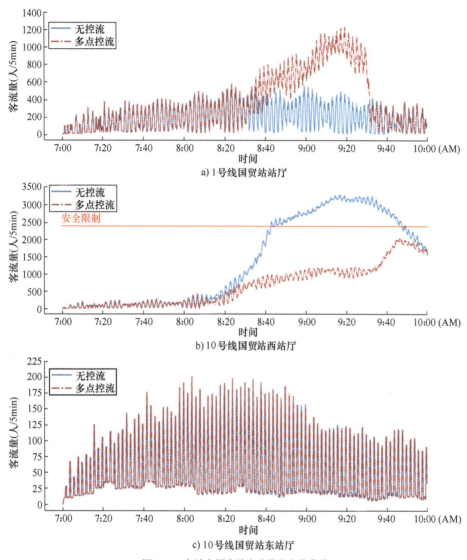

图5-13 车站大厅容纳客流量的变化曲线

图5-14为MPJC模型计算出的控制下和无控制下的两个换乘通道乘客人数。如图5-14a)所示,在MPJC模型的控制下,8:30—9:30进入1号线至10号线换乘通道的乘客数量明显减少,有效缓解了10号线车站西大厅的拥挤状况。如图5-14b)所示,在无客流控制的情况下,从10号线换乘到1号线的乘客很难通过拥挤的10号线车站西大厅,导致从10号线换乘到1号线的通道内乘客数量突然减少,并持续了一段时间;通过求解MPJC模型得到的控制措施有效地减少了10号线车站西大厅拥挤的乘客数量,使换乘乘客能够顺利通过大厅,进入换乘通道。

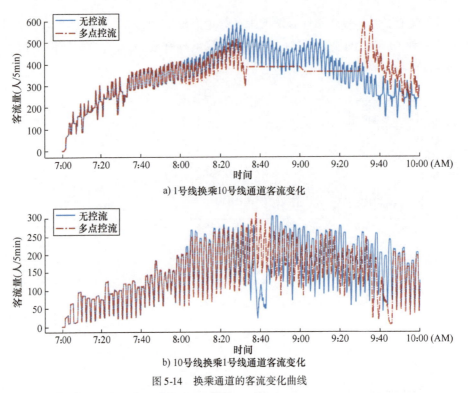

a) 1号线换乘10号线通道客流变化

b) 10号线换乘1号线通道客流变化

图 5-14 换乘通道的客流变化曲线

图 5-15 为各站台载客量随时间的分布情况。站台上车人数在实施控制方案前后没有明显变化,因此,需要进一步分析站台上车人数的变化,以验证控制是否增加了上车人数。

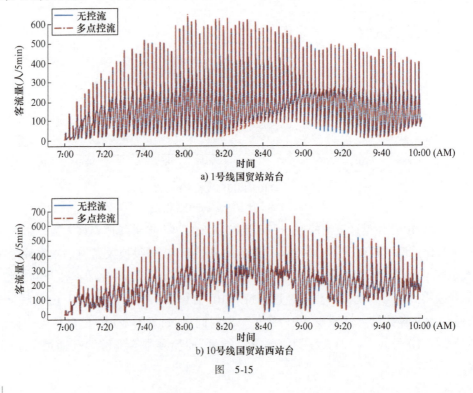

a) 1号线国贸站站台

b) 10号线国贸站西站台

图 5-15

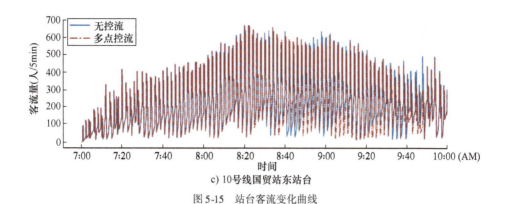

c) 10号线国贸站东站台

图 5-15 站台客流变化曲线

图 5-16 显示了 MPJC 模型与无控制下得到的累积上车人数的差异。控制方案实施后，1 号线各站台累计上车人数的差异呈先减小后增大的趋势[图 5-16a)、图 5-16b)]，这表明控制措施阻止了一些乘客乘坐计划乘坐的列车。但是，由于更多的乘客可以在 10 号线的站台上准时上车[图 5-16c)、图 5-16d)]，整个车站的乘客平均出行效率提高，这是因为 MPJC 模型可以根据车站现状同时协调和控制所有控制点，以平衡流量、速度和密度，通过限制控制点流出的客流量，降低一些关键区域的乘客密度，提高乘客通行速度，使列车到站时部分乘客能及时到达目的地站台，从而使列车载客量增加，缩短乘客等候时间。

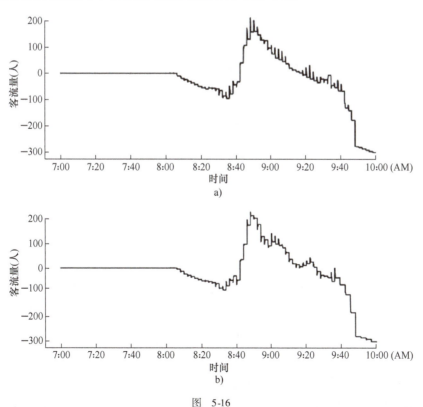

图 5-16

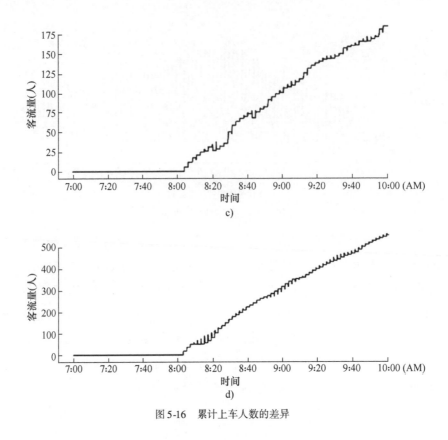

图 5-16 累计上车人数的差异

5.4 客流控制与列车运行协同优化

5.4.1 大客流聚集与疏导分析

1)线网客流聚集原因

下面从大客流来源、列车能力制约与车站能力制约三方面入手,分析线网客流聚集原因。在城市轨道交通线网上,大客流主要来源于三方面:乘客集中到达车站并批量进入车站、大批乘客下车、换乘站乘客集中换乘。因为下车乘客在车站的停留时间短,会快速疏散到站外,较少产生线网聚集,因此,客流聚集主要由进站与换乘客流造成。随着大量进站乘客不断到达站台候车,站台人数逐渐增加。当乘客在站台聚集时,由于列车能力制约,当列车到达上游车站时,上游车站的乘客占据了列车中大部分空间,导致列车上只有一小部分剩余容量供下游乘客乘车。高峰时段,运营管理人员为了尽可能地满足乘客的出行需求,已将列车发车间隔调整到最小,若剩余能力仍不能满足候车客流需求,则容易引发客流聚集。在乘客进站乘车与换乘过程中,车站内各设施设备的通行能力是造成客流聚集的主要原因。进站闸机、楼梯或电扶梯、换乘通道等各种设施设备都直接影响着车站内客流的流动情况,所形成的通行瓶颈直接影响着车站整体客流通行,从而导致车站闸机、楼梯口、站厅、通道等各设施设备内聚集大量乘客,在短时间内无法疏散。

2) 客流疏导方法

客流疏导方法包括客流组织和行车调整,具体而言有客流控制、客流引导、加车、改变行车交路和跳站等多种方式。在本节中,侧重客流控制和跳站两种方式。

(1) 客流控制。

在网络化运营条件下,不能只考虑单个车站的客流情况,站内的客流不只有进站的客流,还有其他线路换乘或上游其他车站到达的客流,若列车在上游车站承载的乘客过多,则下游车站的乘客由于无法上车而导致聚集。因此,进行客流控制时,应考虑城市轨道交通线网上各车站的协同控制。

进站客流控制与换乘客流控制在一定程度上对于疏导客流拥堵起到良好的效果,但存在一定的局限性。过度的进站客流控制,明显增加进站乘客的排队聚集与等候时长,并导致乘客对出行服务不满。此外,在换乘站实行客流控制,受到换乘空间限制,会增加换乘区域的客流聚集风险。

(2) 列车跳站。

在网络化运营中,为避免持续的乘客聚集,运营管理人员常采用列车跳站方式疏解下游车站站台的乘客聚集,如图 5-17 所示。

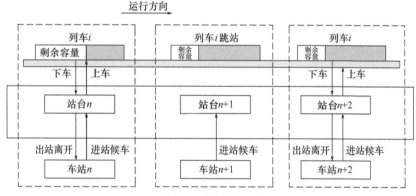

图 5-17 列车跳停过程

在一般情况下,为保障线网上所有乘客的出行效率与服务水平,在实际运行过程中,同一列车原则上不会一次跳过多的车站,且相邻车次列车尽量不要同时跳过同一车站。

(3) 客流控制与列车跳站相结合。

如果仅通过对上游车站的客流进站量控制,使经过上游车站的列车为下游客流量大的车站预留运输能力,能起到一定的效果,但由于上游客流量较大,虽对进站客流进行了控制,但仍难以满足下游客流量较大车站内乘客的出行需求。因此,本节提出采取客流控制与列车跳站相结合的方式疏导大客流车站的站内拥堵,示意图如图 5-18 所示。

本节要解决的问题是在进站客流控制基础上,制定一种合适的城市轨道交通线网客流控制与列车跳站协同优化策略,即:确定线网上的客流控制的车站与时段、最佳控流率以及列车跳站通过不停车的车站。

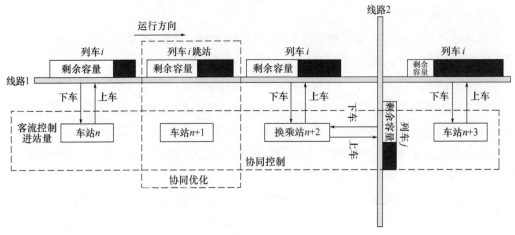

图 5-18　客流控制与列车跳站协同疏导

3) 线网客流出行随机性分析

城市轨道交通线网中乘客的出行随机性主要来源于三方面:客流到达的随机性、进站步行时间的随机性和换乘步行时间的随机性。

(1) 客流到达随机性。

在城市轨道交通车站中,客流到达的时间和空间规律受乘客自身的特性和车站环境影响,实际上乘客到达服从某种概率分布。本节采取泊松分布来描述车站乘客到达的随机性。泊松分布的概率函数如下:

$$P(X=k) = \frac{\lambda^k}{k!}\mathrm{e}^{-\lambda} \qquad k=0,1,2,3,\cdots \tag{5-51}$$

其中,参数 λ 是单位时间内随机事件发生次数的期望值,用来描述在单位时间内平均到达车站的乘客数,k 为乘客数。图 5-19 为不同 λ 值下的泊松分布图。

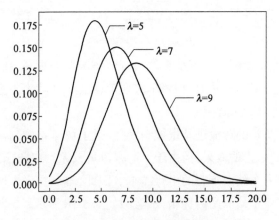

图 5-19　不同 λ 值下的泊松分布图

(2)进站与换乘步行时间随机性。

乘客的进站步行与换乘步行时间是随机的,符合一定的概率分布特征。本节假设乘客在城市轨道交通车站内的进站步行时间与换乘步行时间服从正态分布,正态分布的概率函数如下:

$$f(x) = \frac{1}{\sqrt{2\pi}\sigma} e^{-\frac{(x-\mu)^2}{2\sigma^2}} \tag{5-52}$$

其中,x 为随机变量,x 服从一个数学期望为 μ、方差为 σ^2 的正态分布,记为 $X \sim N(\mu,\sigma^2)$。在这里,μ 代表乘客的步行时间的期望值,正态分布曲线示例如图 5-20 所示。

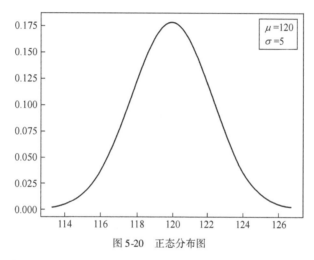

图 5-20　正态分布图

4)问题特征总结

在本节中,客流控制与列车跳站协同疏导具有以下特征:

(1)多阶段动态决策过程。

高峰时期持续时间较长,为了避免在城市轨道交通线网上采取过度的客流控制与列车跳站协同疏导,将高峰时期分为多个时段进行疏导,每个时段都需要作出决策,从而使整个疏导过程达到最优效果。客流随时间的变化而不同,在各控制时段的客流是相互联系的,在进行决策时应考虑各时段决策方案对最终整体目标产生的影响,从而作出全局最优决策。

(2)随机不确定性。

线网客流的出行具有随机性,乘客到达车站服从泊松分布,进站与换乘步行时间服从正态分布。这些随机性特点导致决策问题的不确定性。

(3)非线性优化。

城市轨道交通线网上乘客的到达时间、步行时间和换乘时间服从非线性的概率分布,导致乘客的行程时间难以使用线性函数描述,从而使得研究问题呈现非线性化。当以乘客的平均等待时间最小化为目标时,决策问题具有非线性优化特征。

5.4.2 客流控制与列车协同优化模型构建

1)模型假设

为了便于模型构建,作出如下假设:

假设1:列车按照计划运行图开行,不存在故障、延误等晚点情况。

假设2:对进站乘客进行客流控制不会导致高峰期乘客的出行需求减少,乘客进入车站后,没有乘客放弃而选择其他交通方式出行。

假设3:乘客到达服从泊松分布,步行时间服从正态分布,且乘客遵循先到先上车的原则。

假设4:线网上各车站均可实施客流进站控制策略,且各车站根据本站的站台容量执行进站客流控制和换乘客流控制。

2)模型符号与含义

与模型建立相关的集合、索引、参数、中间变量与决策变量的符号与含义见表5-6。

模型符号与含义   表5-6

模型符号	含义
集合	
M	时段 m 的集合,$M=[0,1,2,3,\cdots,m]$
N	车站/站台 n 的集合,$N=[0,1,2,3,\cdots,n]$
N^0	可跳站车站的集合
J	乘客 j 的集合
J^0	客流控制下已进站乘客集合
J^1	客流控制下未进站乘客集合
I	列车 i 的集合
索引	
m	时间索引
n	车站/站台索引
i	列车索引
j	乘客索引
参数	
t^c	每个时段的时间间隔
t_a/t_σ	乘客进站步行时间的均值/标准差
t_b/t_σ	乘客换乘步行时间的均值/标准差
C_i	列车 i 定员
C_n	站台 n 安全阈值
φ_i	列车 i 最大满载率

续上表

模型符号	含义
ω	站台超限量目标权重系数
λ	等待时间目标权重系数
$T_{i,n}^{a}$	第 i 列车在 n 站的到站时刻
$T_{i,n}^{d}$	第 i 列车在 n 站的离站时刻
$T_{m,n,j}^{a,s}$	第 m 时段内车站 n 的 j 乘客到达车站时刻
中间变量	
$D_{m,n,i}$	第 m 时段内车站 n 列车 i 到达前的到站人数
$P_{m,n,i}^{w}$	第 m 时段内车站 n 列车 i 到达前的站台等待乘客数量
$E_{m,n,i}^{w}$	第 m 时段内车站 n 列车 i 到达前的实际进站乘客数量
$S_{m,n,i}^{w}$	第 m 时段内车站 n 列车 i 到达前的站外等待乘客数量
$D_{m,n,i}^{e}$	第 m 时段内车站 n 列车 i 到达前的需要进站乘客总数
$T_{m,n,j}^{a,p}$	第 m 时段内车站 n 的 j 乘客到达站台时刻
$T_{m,n,j}^{t,p}$	第 m 时段内车站 n 的 j 乘客换乘到站台时刻
$T_{m,n,j}^{B}$	第 m 时段内车站 n 的 j 乘客上车时刻
$T_{m,n,j}^{A}$	第 m 时段内车站 n 的 j 乘客下车时刻
$t_{m,n,j}^{w,s}$	第 m 时段内车站 n 的 j 乘客站外等待时间
$t_{m,n,j}^{w,p}$	第 m 时段内车站 n 的 j 乘客站台等待时间
$t_{m,n,i}$	第 m 时段内车站 n 列车 i 出发前的乘客平均等待时间
t_{j}^{n}	乘客 j 进入车站 n 的步行时间
$t_{j}^{n,q}$	乘客 j 从站台 n 换乘到站台 q 的换乘步行时间
$P_{m,n,i}^{B}$	第 m 时段内车站 n 列车 i 上车人数
$P_{m,n,i}^{A}$	第 m 时段内车站 n 列车 i 下车人数
$C_{m,n,i}^{r}$	第 m 时段内列车 i 到达车站 n 的剩余容量
$P_{m,n,i}^{s}$	第 m 时段内列车 i 离开后站台 n 的滞留人数
$d_{m}^{n,q}$	第 m 时段内以车站 n 为 O 点,q 为 D 点的乘客数量
$d_{m,n,i}$	第 m 时段内列车 i 到达前站台 n 的超限人数
$a_{m,n,i}^{2}$	第 m 时段内车站 n 列车 i 是否跳站,0 为不跳站,1 为跳站
决策变量	
$a_{m,n}^{1}$	客流控制下第 m 时段内车站 n 列车到达前的控制率
$a_{m,n}^{2}$	取值范围为{0,1,2},分别表示列车不跳站,每隔一列车跳站通过一列车,每隔两列车跳站通过一列车

3)模型约束条件

(1)客流控制约束。

为了避免过度客流控制,设置的客流控制率不高于一定数值,在此取 40%,即以需要进站客流的 60% 为实际进站客流下限约束。

$$0.6 D_{m,n,i}^{e} \leq E_{m,n,i}^{w} \leq D_{m,n,i}^{e} \tag{5-53}$$

因为进行了客流控制,所以一部分乘客需要在站外等待。第 m 时段内列车 i 到达车站 n 前站外等待人数 $S_{m,n,i}^{w}$ 等于第 m 时段列车 i 到达车站 n 前的需要进站人数 $D_{m,n,i}$ 与进站人数 $E_{m,n,i}^{w}$ 之差。

$$S_{m,n,i}^{w} = D_{m,n,i} - E_{m,n,i}^{w} \tag{5-54}$$

(2)列车能力约束。

列车承载能力由列车定员与列车满载率决定,列车定员与列车编组与车辆类型有关。从列车角度出发,在时段 m,从车站 n 出发的列车 i 的总人数不应超过列车的承载能力。

$$\sum_{m \in M, n \in N} P_{m,n,i}^{B} - \sum_{m \in M, n \in N} P_{m,n,i}^{A} \leq \varphi_i C_i \tag{5-55}$$

从控制时段出发,第 m 时段列车 i 到达车站 n,若列车 i 在车站 n 不跳站,则列车 i 上目的地为 n 的乘客下车,在站台 n 的乘客登上列车 i;若列车 i 在车站 n 跳站,则在站台 n 的乘客需要等待下一列车。站台 n 的上车人数要小于等于列车 i 到达站台 n 的剩余容量。到达站台 n 的剩余容量为列车 i 的最大载客量与在车人数之差。在车人数等于列车 i 到达车站 $1,2,3,\cdots,n-1$ 的总上车人数与总下车人数的差值,设集合 $N_1 = [1,2,3,\cdots,n-1]$,剩余容量计算公式如下:

$$C_{m,n,i}^{r} = \varphi_i C - \left(\sum_{m \in M, n \in N_1} P_{m,n,i}^{B} - \sum_{m \in M, n \in N_1} P_{m,n,i}^{A} \right) \tag{5-56}$$

用 0-1 变量 $a_{m,n,i}^{2}$ 表示列车是否跳站。若列车不跳站,即 $a_{m,n,i}^{2}=0$;若列车跳站,即 $a_{m,n,i}^{2}=1$。根据 $a_{m,n}^{2}$ 可以计算得到 $a_{m,n,i}^{2}$。其中,式(5-57)中的 % 为求余。

$$a_{m,n,i}^{2} = \begin{cases} 1 & m \in M, n \in N^0, i \in I, i\%(a_{m,n}^{2}+1) = 0 \\ 0 & \text{其他} \end{cases} \tag{5-57}$$

当列车 i 在站 n 不跳站时,第 m 时段站台 n 乘客登上列车 i 的数量 $P_{m,n,i}^{B}$ 应小于或等于列车的剩余容量 $C_{m,n,i}^{r}$,且大于或等于 0;当列车 i 在站台 n 跳站时,第 m 时段站台 n 上列车 i 的乘客数 $P_{m,n,i}^{B}$ 为 0,即:站台候车乘客中未有乘客上车。

$$0 \leq P_{m,n,i}^{B} \leq \max(0, (1-a_{m,n,i}^{2})) C_{m,n,i}^{r} \tag{5-58}$$

若站台乘客不能全部上车,就会在站台产生滞留。列车 i 从站台 n 出发后,站台 n 乘客滞留数量 $P_{m,n,i}^{S}$ 与上车人数 $P_{m,n,i}^{B}$ 之和为列车到达前的站台的候车人数 $P_{m,n,i}^{w}$。

$$P_{m,n,i}^{w} = P_{m,n,i}^{B} + P_{m,n,i}^{S} \tag{5-59}$$

(3)站台客流量约束。

客流控制条件下,在列车到达站台前,站台等待列车的乘客数量等于站台滞留乘客量与进站乘客量之和,即:第 m 时段内车站 n 列车 i 到达前站台候车人数 $P_{m,n,i}^{w}$,等于第 m 时间步长下列车 $i-1$ 离开车站 n 后的站台滞留人数 $P_{m,n,i-1}^{S}$ 与进站人数 $E_{m,n,i}^{w}$ 之和。其中,对于首趟列车 1, $P_{m,n,0}^{S}=0$ 。

$$P_{m,n,i}^{w} = P_{m,n,i-1}^{S} + E_{m,n,i}^{w} \tag{5-60}$$

站台候车客流量需满足刚性和柔性约束,其中容量刚性约束为站台物理空间可以容纳的最大人数,站台容量柔性约束为站台候车客流量需要尽量在安全阈值范围内。站台容量柔性约束期望满足式(5-61),其中,第 m 时段内车站 n 列车 i 到达前站台超限人数 $d_{m,n,i}$ 等于站台候车人数 $P_{m,n,i}^{w}$ 超过站台 n 安全阈值 C_n 的数量,见式(5-62)。

$$d_{m,n,i} \leqslant 0 \tag{5-61}$$

$$d_{m,n,i} = \max(P_{m,n,i}^{w} - C_n, 0) \tag{5-62}$$

(4)时间约束。

取高峰时段 $[T_0, T_n]$ 作为研究时段,为表示乘客动态与随机的特性,将整个研究时间范围分为 t 个时段,每个时段的时间间隔为 t^c ,每段时间间隔的起始时间由时间段索引集合 $M=[0, 1,2,3,\cdots,m]$ 来表示。在将研究时段分成 m 个时段后,确定三个关键的时间点以及三个关键的时长。三个关键的时间点:到达车站时刻、到达站台时刻以及上车时刻。三个关键的时长:站外等待时间、站台候车时间、换乘时间。乘客进站及换乘过程如图 5-21 所示。

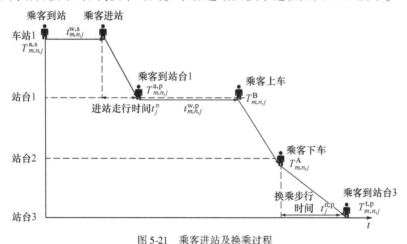

图 5-21 乘客进站及换乘过程

第 m 时段内车站 n 的 j 乘客到达站台时刻 $T_{m,n,j}^{a,p}$,等于第 m 时段内车站 n 的 j 乘客到车站时刻 $T_{m,n,j}^{a,s}$ 加上站外候车时间 $t_{m,n,j}^{w,s}$ 以及进站步行时间 t_j^n 。

$$T_{m,n,j}^{a,p} = T_{m,n,j}^{a,s} + t_{m,n,j}^{w,s} + t_j^n \tag{5-63}$$

乘客进入车站后,在站内进行候车,候车时间 $t_{m,n,j}^{w,p}$ 等于乘客上车时刻 $T_{m,n,j}^{B}$ 减去乘客到达站台时刻 $T_{m,n,j}^{a,p}$。

$$t_{m,n,j}^{w,p} = T_{m,n,j}^{B} - T_{m,n,j}^{a,p} \tag{5-64}$$

第 m 时段内车站 n 的 j 乘客上车时刻 $T_{m,n,j}^{B}$ 与列车 i 到站 n 的出发时刻 $T_{i,n}^{d}$ 相同。

$$T_{m,n,j}^{B} = T_{i,n}^{d}, j \in J^{0}, i \in I \tag{5-65}$$

在乘客下车后,一部分乘客直接出站,一部分乘客进行换乘。换乘的乘客需要步行通过换乘设备设施进入另一个站台,即第 m 时段内车站 n 的 j 乘客换乘到另一站台时刻 $T_{m,n,j}^{t,p}$,等于乘客下车时刻 $T_{m,n,j}^{A}$ 加上换乘步行时间 $t_{j}^{n,q}$。

$$T_{m,n,j}^{t,p} = T_{m,n,j}^{A} + t_{j}^{n,q} \tag{5-66}$$

第 m 时段内车站 n 列车 i 出发前的乘客平均等待时间 $t_{m,n,i}$ 的计算考虑两部分:一部分为进站客流控制带来的乘客站外的等待时间 $t_{m,n,j}^{w,s}$,另一部分为乘客在站台候车的等待时间 $t_{m,n,j}^{w,p}$,用乘客站外与站台等待时间的总和与乘客人数之比来表示乘客平均等待时间。

$$t_{m,n,i} = \frac{\sum_{j \in J}(t_{m,n,j}^{w,s} + t_{m,n,j}^{w,p})}{D_{m,n,i}} \tag{5-67}$$

为估计乘客的进站步行时间与换乘步行时间,提出采用正态分布来描述车站乘客进站与换乘步行的规律性和随机性。t_{j}^{n} 为乘客 j 进入车站 n 的步行时间,乘客的进站步行时间的期望值为 t_{a},标准差为 t_{σ}。乘客进站步行时间服从均值为 t_{a}、方差为 t_{σ}^{2} 正态分布,记为 $T_{j}^{n} \sim N(t_{a}, t_{\sigma}^{2})$。

$$f(t_{j}^{n}) = \frac{1}{\sqrt{2\pi} \, t_{\sigma}} e^{-\frac{(t_{j}^{n} - t_{a})^{2}}{2t_{\sigma}^{2}}} \tag{5-68}$$

$t_{j}^{n,q}$ 为乘客 j 从站台 n 换乘到站台 q 的换乘时间,乘客的换乘步行时间的期望值为 t_{b},标准差为 t_{δ},乘客换乘步行时间服从均值为 t_{b}、方差为 t_{δ}^{2} 的正态分布,记为 $T_{j}^{n,q} \sim N(t_{b}, t_{\delta}^{2})$。

$$f(t_{j}^{n,q}) = \frac{1}{\sqrt{2\pi} \, t_{\delta}} e^{-\frac{(t_{j}^{n,q} - t_{b})^{2}}{2t_{\delta}^{2}}} \tag{5-69}$$

4)决策变量

以第 m 时段内车站 n 列车 i 到达前的客流控制率与列车 i 是否在车站 n 进行跳站为决策变量。

$$a_{m,n}^{1} = \frac{S_{m,n}^{w}}{D_{m,n}} \tag{5-70}$$

$$a_{m,n}^{2} = \begin{cases} 0 & \text{列车不跳站} \\ 1 & \text{每隔 1 个列车跳站} \\ 2 & \text{每隔 2 个列车跳站} \end{cases} \tag{5-71}$$

式(5-70)表示客流控制率为客流控制带来的站外等待乘客数量与需要进站总人数之比。式(5-71)表示在车站 n 列车的跳站策略,取值为0、1、2分别表示列车不跳站,每隔一列车跳站通过一列车,每隔两列车跳站通过一列车。

5.4.3 模型目标

为了合理疏导站台拥挤客流,保障乘客出行安全并保证乘客出行效率,模型通过将站台能力约束中站台超限人数作为惩罚转化为目标,以各车站站台超限人数与乘客平均等待时间最小化为目标建立目标函数。

(1)乘客平均等待时间最小化。

乘客平均等待时间是指在研究的高峰时段内,线网上所有乘客等待时间的平均值。每名乘客等待时间是乘客站外等待时间与站内候车时间的总和。在此,用乘客平均等待时间来反映乘客整体出行效率。

$$Z_1 = \min \sum_{m \in M, n \in N, i \in I} t_{m,n,i} \tag{5-72}$$

(2)各站台超限人数最小化。

站台超限人数指在研究时空范围内的所有车站站台聚集人数超过安全阈值的数量总和,站台超限人数的值越接近0,表示既能充分利用站台空间又能确保候车安全。为了满足客流控制下站台超限人数最小化的目标,将站台容量约束式(5-61)转化为目标,通过客流控制策略,限制进站人数 $E_{m,n,i}^w$,结合列车跳站,使站台候车人数 $P_{m,n,i}^w$ 超过站台安全阈值范围的数值尽量小。

$$Z_2 = \min \sum_{m \in M, n \in N, i \in I} d_{m,n,i} \tag{5-73}$$

(3)模型整体目标。

综上,使用权重系数将两个目标结合,在降低超限人数的同时减少候车时间。

$$Z = \lambda Z_1 + \omega Z_2 \tag{5-74}$$

5.4.4 强化学习算法模型求解

强化学习,又称再励学习、评价学习或增强学习,是机器学习的范式和方法论之一,用于描述和解决智能体在与环境的交互过程中通过学习策略以达成回报最大化或实现特定目标的问题。

1)强化学习算法优势

(1)强化学习源自动态规划,适合处理动态(序列)优化问题,它继承了动态规划和马尔可夫决策过程的基本框架,具备一些传统动态规划和马尔可夫决策过程的理论保障。

(2)强化学习的输出为考虑随机不确定条件下的最优策略,可以有效地克服系统中的各种扰动。

(3)在马尔可夫序列的优化中,强化学习在每一个序列节点评价函数的输入是当前状态,这样充分利用了问题本身的结构,减少了建立完整序列下的评价函数所需样本数量,效率高。

(4)强化学习充分利用了历史样本,基于评价函数得到下降方向,由于评价函数是基于所有已有样本的,因此信息利用更充分。

2)强化学习原理

强化学习是从环境状态到动作空间映射的一种学习。智能体选择一个动作与环境进行交互,环境接收到该动作后,状态发生改变,同时对智能体的行为作出评价(奖励或惩罚)并反馈给智能体,智能体就会根据当前的状态和反馈回的奖励值再选择下一个动作,选择的动作不仅影响当前的奖励值,还会影响下一个状态。图5-22所示为强化学习流程。选择动作的原则是使奖励值逐渐增大。

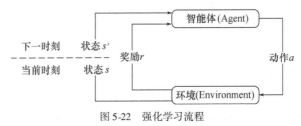

图5-22 强化学习流程

3)强化学习要素构建

强化学习要素主要包括动作、状态、奖励三部分,下面针对所提出的客流控制与列车运行协同模型阐述各要素的构建方法。

(1)动作集。

动作集是指智能体作出的所有可能决策的集合,常用 A 表示。动作集 A 包含了城市轨道交通线网上车站 n 的列车跳站情况与客流控制率。每一个元组 (a,b) 表示一个动作(Action),其中 a 代表列车跳站策略,b 代表客流控制率。

假设在控制时间段 m 内在列车 i 到达之前有100人希望进入车站 n,$A = \{(0,0.2),(1,0),(0,0.1),(1,0.1),(0,0.2),(1,0.2),(0,0.3),(1,0.3),(0,0.4),\cdots,(0,0.6),(1,0.6)\}$。对车站 n 执行动作 $a_1 = (0,0.2)$,其中0代表列车在车站1不跳站,0.2代表在时段 m 内限制进站的乘客数量为20人,有80人能进入车站。动作 $a_2 = (1,0)$ 表示列车在车站2的每隔一列车跳站通过,且允许所有乘客进入车站。

(2)状态集。

状态是指对当前智能体所处环境的描述。状态集是指所有可能状态的集合,常用 S 表示。车站状态是指在线网上某个时间段内某个车站需要进站客流总量。状态集则包含各个车站需要进站客流总量。每个车站的客流控制率随控制时段的不同而改变,而车站状态随客流控制率的不同而发生改变。在此,将总仿真时间分为 M 个控制时间段,在进行客流控制的情况下,将控制时间段 $m(0 < m \leq M)$ 车站 n 的状态 $S_{m,n}$ 定义为:

$$S_{m,n} = D_{m,n} + P_{m-1,n}^{d} - P_{m-1,n}^{r} \tag{5-75}$$

式中：$D_{m,n}$——在控制时段 m 内车站 n 的到站人数；

$P_{m-1,n}^{d}$——第 $m-1$ 时段车站 n 的需要进站人数；

$P_{m-1,n}^{r}$——第 $m-1$ 时段车站 n 的实际进站人数。

控制乘客进站时，一些在时段 $m-1$ 内到达车站的乘客可能需要在车站外等候，直到下一个时段 m 才允许进入车站，所以 $P_{m-1,n}^{d} - P_{m-1,n}^{r}$ 表示时段 $m-1$ 结束时在站外等候的乘客数量。

智能体在当前状态 s 下执行动作 a 与环境进行交互，由环境生成下一时刻状态 s' 的过程称为状态转移，状态转移函数则是智能体在状态 s 下通过执行动作 a 使环境生成下一时刻状态 s' 的函数。$P_{m-1,n}^{d}$ 即为第 $m-1$ 时段车站 n 的状态，将 $P_{m-1,n}^{d}$ 替换为状态 $S_{m-1,n}$，得出状态转移函数如下：

$$S_{m,n} = S_{m-1,n} - P_{m-1,n}^{r} + D_{m,n} \tag{5-76}$$

（3）奖励函数。

奖励是状态与动作的函数。给定当前的状态 s_t 和动作 a_t，那么奖励 r_t 就是唯一确定的。智能体在每一个状态 s 执行一个动作 a，就会产生一个相应的奖励值。

奖励函数定义了强化学习问题的目标。在本模型中，目标是尽量减少在站台等待的超限乘客数及等待时间。为了满足强化学习在每一时段都能有一个奖励值，因此，将奖励函数设置如下：

$$R(s_m, a_m) = -\omega \sum_{n \in N} d(s_{m,n}, a_{m,n}) - \lambda t(s_m, a_m) \tag{5-77}$$

式中：$d(s_{m,n}, a_{m,n})$——第 m 时段内车站 n 的站台超限人数；

$\sum_{n \in N} d(s_{m,n}, a_{m,n})$——第 m 时段内所有站台的超限人数之和；

$t(s_m, a_m)$——第 m 时段各车站乘客的平均等待时间。

由于在强化学习训练时寻找的是奖励最大值，因此，在目标前添加负号将目标最小化转化为最大化。奖励值的大小与当前时段内各车站采取的动作和当前时段内各车站的状态有关。

4）仿真环境构建

在智能体学习的过程中，环境可以对智能体在当前状态下的行为打分，从而计算出奖励值，并产生新的状态。在客流控制与列车跳站协同优化过程中存在乘客、车站以及列车三方的交互，环境则可以仿真城市轨道交通线网上各个车站的客流到达、上车离开、下车及换乘过程。通过输入乘客、车站以及列车的基础数据，对客流到达、上车离开、下车及换乘过程进行仿真，具体仿真构建过程如下。

环境输入车站的信息数据,包括各车站在城市轨道交通线网上的空间分布、站台的有效面积及安全容量阈值;客流 OD 数据,包括乘客出行乘坐地铁的出发站和目的站的名称编号以及刷卡(码)时间;列车数据,包括列车运行时刻表、列车编组、定员及列车最大满载率等;当前状态集,在 m 时段内各车站的进站客流需求,即希望进站的人数;采取的动作,即客流控制率、当前列车是否在当前车站跳站;环境输出下一个时段的状态,即下一时段希望进站的人数,以及当前的奖励值。

为获取站外等待人数、站内候车人数、乘客上下车时间、列车上下人数、换乘站换乘人数等状态变量,从乘客进站候车过程及乘客与列车交互过程出发,构建仿真环境,如图 5-23 所示。

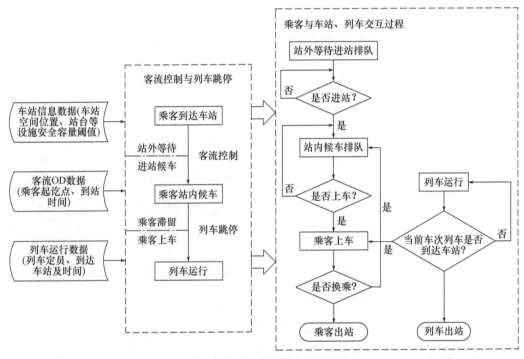

图 5-23 环境框架图

5)求解算法流程

求解算法流程如图 5-24 所示。在进行客流控制与列车跳站协同优化的过程中,将研究时间分为若干时段,在每次迭代开始训练前,需要对研究时间前的各车站需要进站人数进行初始化,即重置各车站的状态。在每一时段中,根据列车的到发事件选择动作,直至当前时段的所有动作选择结束。将当前时段选择的所有动作储存为一个动作包,将当前动作包、状态集一并输入到上文构建的仿真环境中,通过与环境交互,得到当前时段的奖励值以及下一个状态,记录当前状态、当前动作、下一状态以及奖励值并传入网络中进行训练,更新下一时段的状态。更新状态后继续进行下一时段求解,直至研究时段结束。

1	BEGIN
2	遍历训练次数 G 次
3	初始化时段 m，重置各车站的状态 s，奖励 Reward=0
4	遍历时段
5	While true do
6	选择线网上的车站
7	遍历该车站到达的列车
8	根据当前状态选择动作，将动作储存为动作包
9	end for
10	end for
11	输入当前动作包以及状态，与环境进行交互
12	根据环境函数得出下一状态，奖励值及站台超限人数
13	记录当前状态 s，动作 a，下一状态 s'，奖励 r
14	将记录的参数传入网络进行训练
15	更新状态并打印动作及站台超限人数
16	每一时段的奖励求和并更新时段 m
17	如果 m 达到需要控制的结束时段，循环结束
18	end while
19	计算客流控制时段内所研究线网上所有乘客平均等待时间
20	END

图 5-24　求解算法流程

5.4.5　实例分析

1）实验背景

本实验选择北京市地铁昌平线与 13 号线作为实验线路，基于早高峰时段由昌平线西二旗站换乘前往 13 号线客流造成客流聚集、拥堵严重的现状展开。昌平线与 13 号线车站情况与早高峰大客流方向即图 5-25 中箭头方向。

实验考虑城市轨道交通线网在高峰时段大客流方向运行的列车和线路客运量。将其他线路换入至本线客流以换入站为起点，由本线换出客流以换出站为终点。13 号线上、下行方向的线路客运量如图 5-26 所示，昌平线上下行方向的线路客运量如图 5-27 所示。早高峰时段集中在 7:30—9:00，且早高峰时段 13 号线上行方向客流量明显大于下行方向客流量，昌平线下行方向客流量明显大于上行方向客流量。因此，实验选取昌平线的下行方向与 13 号线的上行方向进行研究。

将 7:30—9:00 时间段内昌平线与 13 号线各车站进站客流量进行分时统计，各车站分时进站客流量如图 5-28 所示。昌平线中的昌平、沙河高教园、沙河、朱辛庄、生命科学园、西二旗及 13 号线中的北苑、立水桥、霍营、回龙观、龙泽这 11 个车站进站客流量相对较大。为缓解早高峰时期通勤客流拥堵问题,对昌平线与 13 号线的上述 11 个车站实行协同客流控制策略,控制时间均为 7:30—9:00。

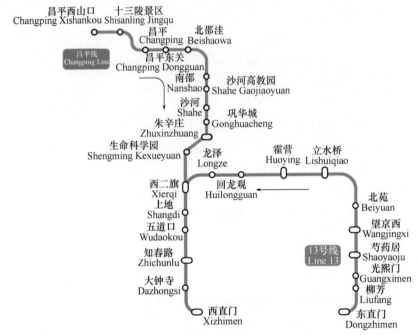

图 5-25　北京地铁昌平线与 13 号线示意图

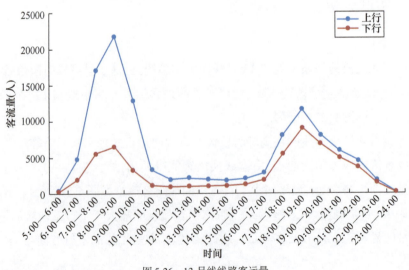

图 5-26　13 号线线路客运量

第5章 客流车流组织协同智能优化方法

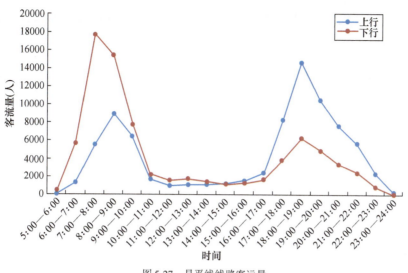

图 5-27 昌平线线路客运量

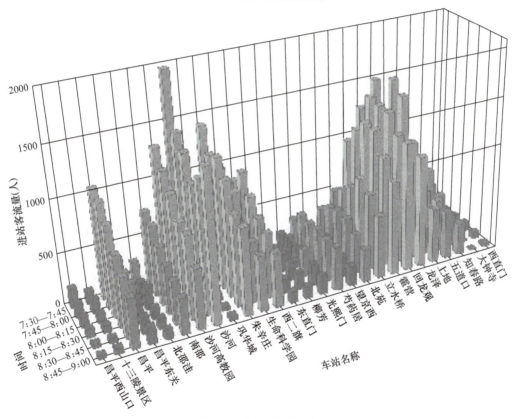

图 5-28 分时进站客流量

2）实验环境搭建与参数设置

实验环境在 PyCharm 2022 上搭建，在处理器型号 Intel i7-1165G7 2.80GHz、16GB 内存 64 位操作系统的个人笔记本电脑上运行。在 TensorFlow2.0 中调用 Keras 库构建双深度 Q 网络，选用 ReLU 激活函数以及 Adam 优化器，利用均方误差（Men Squared Error，MSE）来计算损失值。实验共做了 1000 代训练,并与未采取客流控制的模型目标参数进行比较。乘客平均步行时间设置为 2min。强化学习仿真环境参数见表 5-7。

仿真环境参数设定　　　　表 5-7

符号	含义	取值
t^c	每个时段的时间间隔	15min
ω	超限目标权重系数	5
λ	非最后时段等待时间目标权重系数	1
λ	最后时段等待时间目标权重系数	5
t_σ	进站步行时间标准差	20s
t_δ	换乘步行时间标准差	20s

强化学习双深度 Q 网络参数见表 5-8。

强化学习双深度 Q 网络参数设定　　　　表 5-8

符号	含义	取值
replay_size	训练集大小	3300
update_freq	模型更新频率	660
batch_size	样本数量	330
Input layer	输入层	56
Output layer	输出层	14

3) 实验结果分析

训练曲线如图 5-29 所示。虽然奖励值在训练过程中由于实验的随机性而存在一定的波动,但随着训练次数的增多整体呈上升趋势。实施客流控制与列车跳站策略的奖励值越高,表明所研究线路中乘客平均等待时间和各车站站台超限人数综合指标越小。由训练结果和训练曲线可知,在第 54 次训练时,奖励值达到最大,即车站站台乘客超限量与乘客平均等待时间综合指标最少。

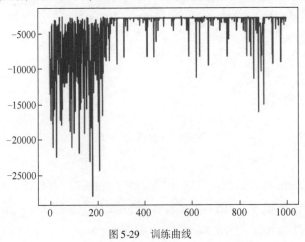

图 5-29　训练曲线

优化前后西二旗车站各时段超限人数如图 5-30 所示。可见,模型能通过客流控制与行车协同优化有效缓解候车乘客大规模聚集的问题。为了保障出行效率,实验没有进行过于严格的站台容量限制,实际运营中,可视站台拥挤情况增加换乘客流控制。

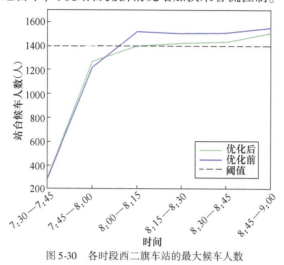

图 5-30　各时段西二旗车站的最大候车人数

优化前后昌平线与 13 号线大客流方向的乘车总人数、总等待时间以及平均等待时间指标见表 5-9。

时间指标　　　　　　　　　　　　　　　　　　　　表 5-9

是否进行协同优化	乘车总人数(人)	总等待时间(s)	平均等待时间(s)
优化前	104451	21136865	202
优化后	104387	20310510	194

如表 5-9 所示,由于乘客在整个进出站与上下车过程具有不确定性,实验结果中最终的乘车总人数会有一定的偏差。客流控制与列车跳站协同优化模型不仅考虑乘客的出行安全,而且还要确保乘客的出行效率。通过对比可知,客流控制与列车跳站协同优化后的乘客平均等待时间比优化前乘客的平均等待时间少 8s。

客流控制方案见表 5-10。除常态的进站客流控制外,对生命科学园与西二旗车站执行加强的进站客流控制。

不同时段各车站客流控制率　　　　　　　　表 5-10

车站	时间					
	7:30—7:45	7:45—8:00	8:00—8:15	8:15—8:30	8:30—8:45	8:45—9:00
生命科学园	0	0	0	0	0	0.4
西二旗	0	0.2	0	0	0	0

同时,对 13 号线上行方向西二旗车站的上游紧邻两站实行列车跳站策略。优化后的列车运行图如图 5-31 所示。以下列车运行图仅表示 13 号线西二旗车站与上游的四站之间的列车运行计划。

实验结果表明,通过客流控制与列车跳站协同优化能有效减少车站站台上的聚集人数,缩短乘客的平均等待时间,因此,模型能提高乘客在候车过程中的安全,且在实行客流控制的基础上,保障乘客的出行效率。

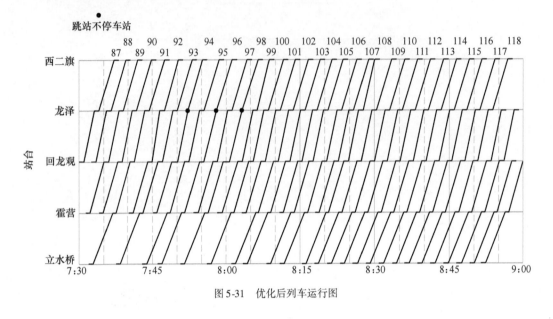

图 5-31　优化后列车运行图

5.5　本章小结

本章对客流车流组织优化进行了研究,提出兼顾乘客安全和出行效率的优化方法。针对大规模路网客流控制,构建容量约束下的网络流入客流协同控制模型,考虑拥挤来源制定启发式的解空间筛滤规则,使用多种群混合粒子群算法求解;考虑车站客流非线性运动特征,构建多流线多点车站客流控制模型,使用自适应粒子群算法求解;考虑了乘客出行的随机性,构建了客流控制与列车运行协同优化模型,使用强化学习算法求解。

本章研究集中于高峰客流场景下,未来的研究将会更多面向如突发事件、重大活动等特殊场景。这些特殊场景使得模型的约束条件更加复杂;同时,因为这些场景下客流的改变具有与平日不同的规律,需要实时运行调整,决策变量会发生改变;且往往要求快速获得决策方案,对求解的速度提出了更高的要求,分布式并发技术等也需要应用到求解过程中。

第6章

面向动态可达性的乘客出行信息服务技术

随着城市轨道交通的快速发展,线网结构变得更加复杂,线网中列车的首末车开行、客流拥挤、客流控制、计划调整、突发事件等会产生更大范围和更加复杂的影响,乘客出行可达性呈现动态变化。乘客出行信息服务通过信息化手段向乘客发送有助于出行选择的图形、声音和文字等,提高乘客出行便利性,达到客流组织优化的目的。本章针对路网动态可达性,提出可达路径的计算方法与面向多场景多终端的信息发布技术。

6.1 乘客出行信息服务技术概述

6.1.1 乘客出行信息服务概述

乘客出行信息服务是城市轨道交通运营管理的重要组成部分,也是提高乘客出行便利度、有效疏导聚集客流的重要手段。及时和适当的信息发布会大大提高乘客出行质量。

从信息接收的对象特点区分,信息服务可以包括个体出行诱导和群体信息发布。个体出行诱导以行程推荐为主,在掌握路网客观的行车组织与客流分布状况基础上,考虑个体的出行偏好及个体的步行能力等,进行出发时间、出行路径的诱导,以及行程时间和行程拥挤等信息的估算。群体信息发布一般面向出行中受到影响的乘客,如列车延误长时间不来车,列车清客、车站临时客流组织等都需要利用车站的乘客信息服务系统对特定区域的乘客发布信息,起到乘客及时疏导的作用;在突发事件、计划调整等发生时,也会使用互联网等手段面向更大的潜在乘客群体发布信息。

从信息服务使用的终端或载体来看,包括车站和列车的专用信息发布设备、移动终端、App、互联网、热线等。车站和列车上的乘客信息服务设备,如乘客信息系统(Passenger Information System,PIS)、广播系统(Public Address System,PAS),适合于面向群体的信息发布;移动终端以及App,适合面向个体的信息服务;面向互联网的服务站点则可以兼具面向群体和个体信息服务功能。另外,召援热线、车站一站式信息服务设备都是信息服务的重要渠道。

乘客信息服务需要底层的模型算法支撑。如事件影响预测,需要客流预测和客流仿真的支撑,判断线网客流的变化;乘客出行偏好,需要数据挖掘与乘客出行选择模型的共同支撑,以判断乘客的出行特征;最优路径的判断,需要考虑城市轨道交通线网和运行计划约束下的最短路径、K 短路径的搜索算法;行程拥挤预测需要车站和列车客流分布预测算法的支撑;行程时间的预测则需要出行选择模型与客流仿真结合对候车时间以及步行时间等做综合判断。

乘客信息服务涉及的理论与技术十分广泛,本章针对城市轨道交通网络动态可达性特征、可达路径的计算方法与面向多场景多终端的信息发布技术展开论述。

6.1.2 面向动态可达性的信息诱导框架

突发事件、首末列车开行带来路径和 OD 可达性的动态变化,这些变化给乘客带来了出行成本和出行目的地可达的不确定性。在线网运营的某些时间段内,客流沿某路径流转会发生中断、无法到达目的地,但沿另外的某条路径可以到达目的地;在另外一些时间段或特殊场景下,客流沿任意路径都无法到达目的地。并且对于可以到达的目的地,因为运力约束、行程拥挤、换乘消耗等原因,乘客在 OD 间转移的便捷程度也不同。

以动态可达性的变化特征和面向可达性的客流诱导策略为基础,构建考虑出行可达性的客流诱导模型,框架如图 6-1 所示。

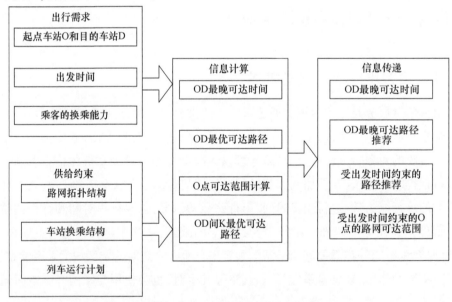

图 6-1 基于可达性的客流诱导模型框架

通过可达性计算,向乘客展示出行相关的诱导信息包括:OD 是否可达,如果 OD 可达,推荐与 OD 关联的最优与 K 最优可达路径;OD 的最晚可达时间与最晚的最优可达路径信息;从 O 点出发可以到达路网的范围。与出行需求相匹配的可达性信息快速、准确地计算与传递是面向可达性客流诱导的核心。

6.2 出行可达性影响因素分析

从出行个体角度分析,乘客可达性是指在城市轨道交通的乘客出行过程中,出行者利用城市轨道交通系统的资源及其赋予的活动空间,克服活动空间阻隔因素的影响(克服时空约束的影响),通过出行选择得到出行机会的最大期望效用,最终达到的出行便捷程度。

6.2.1 影响乘客出行可达性的客观因素

影响乘客出行可达性的客观因素具体包含以下几个方面:

(1)时间因素。从运营角度分析,影响乘客可达性的时间因素是列车运行图、列车发车间隔和列车交路。从乘客出行过程角度分析,影响乘客出行可达性的时间因素包括候车时间、旅行时间等。

(2)拥挤度。拥挤度是乘客出行直接能感知到的舒适程度,包括车站拥挤度和列车拥挤度。车站拥挤度包含站内通行和候车的拥挤度,其与车站关键区域的客流量和车站设备设施能力比值呈正相关;列车拥挤度是指所乘线路列车内的拥挤程度,其与该运行路段的客流量和列车的载客负荷比值呈正相关。

(3)票制票价。如果城市轨道交通系统 OD 间不同的路径出行时票价一样,那么路径选择时票价的影响可以忽略不计。如果是采用计程票价或分线路计价等方式,选择不同的路径出行时的票价可能不一样,那么出行者进行路径选择时也要考虑到票价的问题。此外,运营管理部门采用分时段票价等方式,也会对乘客出行可达性带来影响。

(4)运营状态信息。出行信息的有效获取能帮助乘客做好出行规划,寻求满足自身需求的出行组合模式,进而达到快捷、便利、舒适的出行目的。乘客所处空间位置以及出发时刻的不同都会影响乘客对于出行信息的获取。

(5)物理网络结构。可达性与城市轨道交通的物理网络结构直接相关,物理网络结构主要是指线网结构和连接关系。城市轨道交通线网结构直接影响路网上两站之间的联通程度。城市轨道交通线网结构复杂性越高,线网中各个车站之间便存在更多的通路,就会增强整个线网的连通性,从而提高乘客路径选择的多样性。

典型的客观因素的可达性成本计算如下:

(1)时间成本。

OD 间路径 u 的行程时间 T_u 表示为:

$$T_{\text{Nor}}^{u} = \sum t_{ij} + \sum t_{Si} + \sum t_{Hj} + \sum t_{Wk} + \partial + \phi \tag{6-1}$$

式中:$\sum t_{ij}$——列车在路径 u 上各区间的运行时间之和;

$\sum t_{Si}$——乘客所在列车在路径 u 上各站的停站时间之和;

$\sum t_{Hj}$——乘客在路径 u 上所有换乘步行及候车时间之和;

$\sum t_{Wk}$——乘客在路径 u 上进站步行及候车时间之和；

∂——为保证可达路径以及可达范围计算过程中所用乘车路径的可靠性而引入的参数；

ϕ——采取进站客流控制带来的进站排队时间。

(2) 拥挤成本。

特定列车运行区段的拥挤度成本函数计算公式如下：

$$t_{ij}^{Con} = t_{ij}(1 + \alpha W^{\beta}) \tag{6-2}$$

$$W = \frac{Q_{ij}}{\Gamma \xi} \tag{6-3}$$

式中：t_{ij}——区间运行时间；

α、β——拥挤度调整参数，随着拥挤度的重要程度不同可适当调整取值；

Q_{ij}——实际断面客流量，为降低误差在计算时取所在区间当前时刻与前后邻近时段的 N 个断面客流量的平均值；

Γ——列车定员；

ξ——发车频率，即周期内发出的列车数，发车频率取邻近 N 个时间段发车频率的平均值。

6.2.2 影响乘客出行可达性的主观因素

通过影响乘客出行可达性的主观因素分析，从乘客的角度出发，力求提高整个城市轨道交通系统的服务水平；乘客可以更大程度地利用出行信息，提高出行效率。以下是影响乘客出行可达性的主观因素。

(1) 个体偏好。乘客在利用城市轨道交通系统出行时，会考虑满足自身的出行需要而进行出行路径选择，从而形成了一定的出行偏好。

(2) 乘客换乘能力。乘客换乘能力是乘客对于换乘次数以及换乘时间消耗的感知程度。换乘便捷性的评判标准主要由换乘的客观消耗和主观能力共同反映，客观消耗受换乘方式和车站的设备设施的情况直接影响；主观能力受乘客体力、耐受力综合影响。

(3) 乘客行程策略。乘客行程策略是指乘客利用城市轨道交通系统出行时对于出行 OD、路径和出行时间等的安排，以及对于出行计划变更时采取的策略等。

6.3 OD 动态可达性路径方法

6.3.1 最晚可达时间计算方法

为了高效并准确地求解 OD 间最晚可达时间，在供给网络约束下，以节点与线路关系集合为基础,采用递归的方法快速求解准确的 OD 最晚可达时间。

节点与线路关系集合包括后继线路集合和后继节点集合。在此定义在 O 点可以搭乘列车出发的线路为后继线路,后继线路集合为 LS(O),集合中的元素表示为 L_i,其中 i 为线路编号;以图 6-2 为例,从 O 点出发可以选择线路 1 或线路 2,在此称线路 1 和线路 2 为 O 点的后继线路,LS(O) = {L_1, L_2}。定义从 O 点出发沿后继线路可以到达的第一个节点为后继节点,用 $N(O)_i$ 表示 O 点在线路 L_i 上的后继节点,后继节点集合为 NS(O);图 6-2 中 O 点的后继节点集合 NS(O) = {D, S_1},其中 $N(O)_1 = D, N(O)_2 = S_1$。

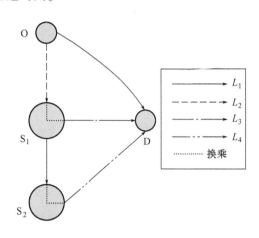

图 6-2 用于可达性说明的路网

定义 $TL_{O-D}(i)$ 为 O 在后继方向 i 上的最晚可达时间,即从 L_i 线路出发的最晚可达时间,OD 最晚可达时间与后继方向最晚可达时间的关系如下:

$$TL_{O-D} = \max(TL_{O-D}(i)) \qquad O \neq D \tag{6-4}$$

式中:TL_{O-D}——从 O 沿各后继线路出发到达 D 的最晚可达时间的最大值。

以图 6-2 为例,$TL_{O-D} = \max(TL_{O-D}(1), TL_{O-D}(2))$。$TL_{O-D}(i)$ 的计算公式为:

$$TL_{O-D}(i) = \begin{cases} \max(TL_{O'-D}(j) - CL_{O-O'}(i,j) \mid \forall L_j \in LS(O')), D \notin NS(O) \cap O' = N(O)_i \\ LT_O(i), D \in NS(O) \end{cases}$$

(6-5)

式中:$CL_{O-O'}(i,j)$——从 O 点沿线路 i 到达线路 j 上的 O' 点的消耗成本;

O'——O 在线路 i 上的后继节点;

$TL_{O'-D}(j)$——O' 在方向 j 上的最晚可达时间;

$LT_O(i)$——O 点沿路径 i 开往 D 的末班车在 O 点的发车时刻。

当 D 不是 O 的后继节点时,$TL_{O-D}(i)$ 为 O' 在各方向的最晚可达时间与 O 到 O' 成本的差值中的最大值;当 D 为 O 的后继节点时,$TL_{O-D}(i)$ 为 O 点在方向 i 上的末班车发车时刻。以图 6-2 为例,$TL_{O-D}(1) = LT_O(1)$,$TL_{O-D}(2) = \max(TL_{S_1-D}(2) - CL_{O-S_1}(2,2), TL_{S_1-D}(3) - CL_{O-S_1}(2,3))$。式(6-5)中 $CL_{O-O'}(i,j)$ 的计算如下:

$$CL_{O-O'}(i,j) = \begin{cases} TR_{O-O'}(i) + TTR_{O'}(i,j) + TW_{O'}(i,j) & i \neq j \\ TR_{O-O'}(i) + TW_{O'}(i,j) & i = j \end{cases} \tag{6-6}$$

式中:$TR_{O-O'}(i)$——线路 i 上 O 到 O' 的运行时分;

$TTR_{O'}(i,j)$——在车站 O' 从线路 i 换乘到线路 j 的步行时间;

$TW_{O'}(i,j)$——在车站 O' 的等待时间。

当 i 和 j 不相等时,$TW_{O-O'}(i,j)$ 表示换乘线路带来的候车时间;当 i 和 j 相等时,$TW_{O-O'}(i,j)$

表示列车在车站 O' 的停站时间或终到 O' 时换乘列车带来的候车时间。

$\text{TW}_{O-O'}(i,j)$ 的求解如下：

$$\text{TW}_{O'}(i,j) = \begin{cases} \min(\text{TL}_{O'-D}(j) - \text{TTR}_{O'}(i,j) - (\text{LA}_{O'}(i) - \sum_{0}^{n}\text{IT}(i))) & i \neq j \cap n \geq 0 \\ \min(\text{TD}_{O'}(j) - \text{TA}_{O'}(i)) & i = j \end{cases}$$
$$\text{TW}_{O'}(i,j) > 0 \tag{6-7}$$

式中：$\text{LA}_{O'}(i)$——线路 i 换乘前搭乘列车在车站 O' 的到达时刻；

$\text{IT}(i)$——线路 i 上的列车开行间隔；

$\sum_{0}^{n}\text{IT}(i)$——发生换乘时刻向前相邻 n 个开行间隔之和，n 是非负整数。

当 i 和 j 不相等时，等待时间 $\text{TW}_{O'}(i,j)$ 为满足换乘衔接条件下的最小值；当 $i=j$ 时，包括在线路 i 上 O' 站停站后继续行车和列车在 O' 终到后原地候车的情况。此处为了满足换乘衔接，必须保证 $\text{TW} \geq 0$。

以图 6-2 为例，假设 S_1 在方向 3 上的最晚可达时间 $\text{TL}_{S_1-D}(3) = 23:00$，$S_1$ 的线路 2 上末班列车到站时间 $\text{LA}_{S_1}(2) = 23:30$，在 S_1 的换乘时间 $\text{TTR}_{S_1}(2,3) = 2$，线路 2 上接近末班时段的开行间隔 $\text{IT}(2) = 10$，则：

$$\text{TW}_{O-S_1}(2,3) = \min(\text{TL}_{S_1-D}(3) - \text{TTR}_{S_1}(2,3) - (\text{LA}_{S_1}(2) - n \times \text{IT}(2)))$$
$$= \min(23:00 - 2 - (23:30 - n \times 10)) = 8$$

更进一步，对路网中所有 OD 间的可达路径求解可利用 OD 递归求解过程中产生的中间结果 $\text{TL}_{O'-D}$，减少重复计算。

6.3.2 求解 K 短路径的标号设定算法

在路径诱导中，需要多条路径供乘客选择，因此，本节提出一种标号设定算法，来求解 K 短路径。

1）弧段受时刻表约束下的 K 短路径定义

定义 $G = (N,A)$ 为一个弧段受时刻表约束的网络（简称 TSNCA），其中 N 是节点集合，A 是弧段集合。每个弧段有一个非负的旅行时间成本和一系列出发时间约束，出发时间按升序排列。对于 N 中的两个节点 u 和 v，使用 $\overrightarrow{uv_i}$ 表示从 u 到 v 的第 i 个弧段，此处 u 被称作 $\overrightarrow{uv_i}$ 的起点，v 被称作 $\overrightarrow{uv_i}$ 的到点，使用 $C(\overrightarrow{uv_i})$ 表示弧段 $\overrightarrow{uv_i}$ 的成本。对于集合 A 中从 u 到 v 的一组平行弧段，按照成本升序排列，即 $C(\overrightarrow{uv_i}) \leq C(\overrightarrow{uv_{i+1}})$。$\text{dt}(\overrightarrow{uv_i})_j$ 是弧段 $\overrightarrow{uv_i}$ 关联的第 j 个出发时间，也按照升序排列，即 $\text{dt}(\overrightarrow{uv_i})_j < \text{dt}(\overrightarrow{uv_i})_{j+1}(0 < j \leq r)$，此处 r 是一个弧段上出发时间最大数量。弧段上的约束可以表示为 $[C(\overrightarrow{uv_i}), \text{dt}(\overrightarrow{uv_i})_1, \cdots, \text{dt}(\overrightarrow{uv_i})_j, \cdots, \text{dt}(\overrightarrow{uv_i})_r]$。弧段受时刻表约束网络示例如图 6-3 所示，其中 $N = \{s,B,C,d\}$，$A = \{\overrightarrow{sB_1}, \overrightarrow{sB_2}, \overrightarrow{sC_1}, \overrightarrow{BC_1}, \overrightarrow{Bd_1}, \overrightarrow{Cd_1}\}$，$\overrightarrow{sB_1} = [3;(1,4,8,12)]$，$\overrightarrow{sB_2} = [4;(2,5,9,12)]$。

第6章 面向动态可达性的乘客出行信息服务技术

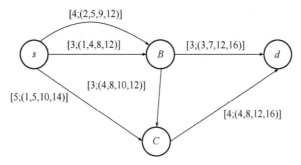

图6-3 弧段受时刻表约束网络示例

定义 s 是始发节点，d 是终到节点，查找 s 到 d 的 K 短路指找到从 s 到 d 的到达时间非降序的前 K 条路径。时刻表约束下的 s 到 d 的 K 短路，即 s 到 d 的 K 短路径。

在寻找 K 短路径时有如下几个概念：

（1）时态弧段。

在图6-3所示的网络中，假设出行者在时刻2到达 s 点，如果沿弧段 $\overrightarrow{sB_1}$ 去往 B 点。至少等2个时间单元，在时刻4出发沿弧段 $\overrightarrow{sB_1}$ 在时刻7到达 B 点；或者出行者在 s 点等6个时间单元，在时刻8出发沿弧段 $\overrightarrow{sB_1}$ 在时刻11到达 B 点。

在弧段之上附加到达时间信息，称为时态弧段，如图6-4中 $\overrightarrow{sB_1}(7)$ 和 $\overrightarrow{sB_1}(11)$ 都是 $\overrightarrow{sB_1}$ 的时态弧段。以示区分，$\overrightarrow{sB_1}$ 被称为静态弧段。

当出行者在时刻2到达 s 后，沿弧段 $\overrightarrow{sB_1}$ 到达 B 点的最早时刻是7，由此称 $\overrightarrow{sB_1}(7)$ 是 $\overrightarrow{sB_1}$ 的最近时态弧段；将到达时间排在前 K 个的时态弧段称为 K 近时态弧段。图6-4中的 $\overrightarrow{sB_1}(7)$ 和 $\overrightarrow{sB_1}(11)$ 是 K 为2的情况。

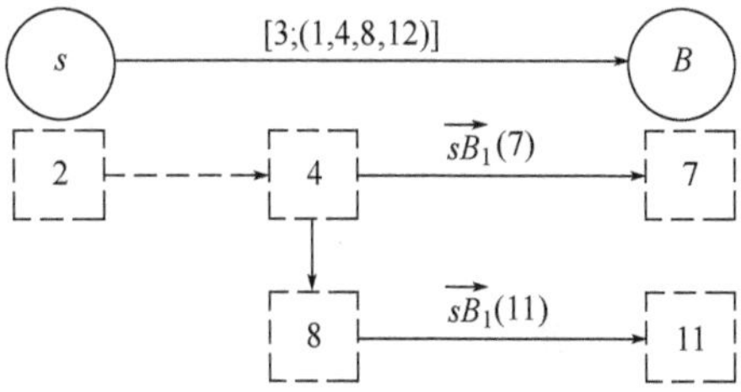

图6-4 时态弧段示例

（2）待搜索时态弧段集合。

定义待搜时态弧段集合，用 EA 表示。EA 和使用标号法查找最短路径时的待搜索节点以及与 Dijkstra 中的待扩展弧段集合 SetB 类似。EA 中时态弧段的到达时间等同于从始发点经时态弧段抵达该弧段到点的时刻，EA 中的时态弧段按到达时间升序排列。可以使用 $\tilde{a}$ 作为时态弧段的简单表示，$t(\tilde{a})$ 表示到达 $\tilde{a}$ 到点时刻。

在路径搜索的过程中会产生将时态弧段放入和取出 EA 的操作，在此，根据时态弧段是否包含在 EA 中来区分该时态弧段的状态。当状态为1时，代表该时态弧段在 EA 中；当状态为2时，代表该时态弧段已经从 EA 中取出。时态弧段 $\tilde{a}$ 的状态可以用 $s(\tilde{a})$ 来表示。

（3）节点标号。

路径搜索的过程总是沿时态弧段到达某个节点，再从某个节点开始扩展产生新的时态弧段作为备选。故此为每个节点设置标号，将时态弧段信息存储在节点的标号中，这些信息由时态弧段及其状态组成。

在此，提出定理6-1来约束节点标号中元素的数量。

[定理6-1]：在 TSNCA 网络中，对于任意从 s 展开可以到达的节点，都存储 K 个以该节点为到点的 K 条最早到达时态弧段，足够支撑从 s 点展开的 K 短路径搜索。

证明：如图6-5所示，在 TSNCA 网络中，d' 为从 s 点到 d 点的 K 短路上的任意节点，如果具有从 s 点展开能途经且以 d' 点为到点的 K 个最早到达时态弧段，可以保障从 s 点展开并途经这 K 个时态弧段能够产生从 s 到 d' 的 K 条最短路径。因为 s 到 d 的 K 短路径经过 d'，所以与 d' 关联的 K 个时态弧段可以保障生成 K 个从 s 到 d 并经过 d' 的最短路径。因此，节点存储 K 个最早到达时态弧段即可。

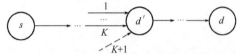

图6-5 特定节点 d' 的时态弧段

以定理6-1为基础，用 $nl(v)$ 表示节点 v 的标号，那么 $nl(v)$ 中存储了 K 个时态弧段相关信息，信息能够描述为 $nl(v)_j = (\overrightarrow{uv_i}(t), s(\overrightarrow{uv_i}(t)))$。其中 $\overrightarrow{uv_i}(t)$ 为时态弧段，也被表示为 $nl(v)_j^1$；$s(\overrightarrow{uv_i}(t))$ 表示时态弧段 $\overrightarrow{uv_i}(t)$ 的状态，也被表示为 $nl(v)_j^2$。这 K 个时态弧段按照到达时间升序排列。

取 $K=3$，时态弧段和节点标号的关系如图6-6所示。其中，从 s 到 B 有两个静态弧段 $\overrightarrow{sB_1}$ 和 $\overrightarrow{sB_2}$，每个弧段产生 3 个最近时态弧段，在 6 个最近时态弧段中取到达 B 最早的 3 个时态弧段存储在节点 B 的标号中。

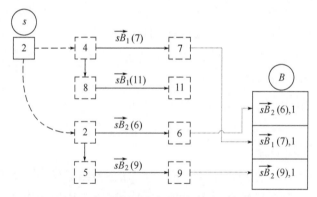

图6-6 时态弧段和节点标号关系图

2）查找 K 短路的关键步骤

（1）扩展过程。

定义最新从 EA 取出的时态弧段为当前时态弧段。从当前时态弧段的到点出发，沿以该到点为始点的静态弧段扩展，产生一组新的时态弧段，则当前时态弧段被称作这组新时态弧段的父时态弧段。

在产生新时态弧段的过程中，根据静态弧段是否扩展过有不同的处理方式。定义 $b(\overrightarrow{uv_i})$ 来表示静态弧段 $\overrightarrow{uv_i}$ 是否已经被扩展过，如果 $b(\overrightarrow{uv_i})$ = true，表示静态弧段 $\overrightarrow{uv_i}$ 被扩展过，则从节点 v 的标号中获得当前扩展的最近时态弧段；否则，必须比较 $\overrightarrow{uv_i}$ 的出发时刻表列表中的时间来得到最近时态弧段。

当最新时态弧段的到达时间比节点标号中已存在的时态弧段的到达时间更小,则将最新时态弧段插入到 EA 中和节点标号中。如插入后节点标号中时态弧段的个数超过 K 个,则将要把排列在最后的元素从节点标号中删除,并将该元素对应的时态弧段从 EA 中删除。

假设 $K=3$,产生时态弧段和节点标号的过程示例如图 6-7 所示。在图 6-7a)中,$\overrightarrow{sB_2}(6)$ 是当前时态弧段,通过比较节点 B 的出发时间列表(3,7,12,16),得到从时刻 7 出发、时刻 10 到达的 $\overrightarrow{Bd_1}(10)$ 是最近时态弧段,并从时刻 7 开始向后依次取 $K-1$ 个出发时刻,即时刻 12 和时刻 16,扩展为 $\overrightarrow{Bd_1}(15)$ 和 $\overrightarrow{Bd_1}(19)$,使得节点 d 的标号中包括 $\overrightarrow{Bd_1}(10)$、$\overrightarrow{Bd_1}(15)$ 和 $\overrightarrow{Bd_1}(19)$ 三个时态弧段。在图 6-7b)中,当 $\overrightarrow{sB_2}(7)$ 为当前时态弧段时,因为弧段 Bd_1 已被扩展过,$\overrightarrow{sB_2}(7)$ 的最近时态弧段可以从节点 d 的标号中得到,即 $\overrightarrow{Bd_1}(10)$,同时将新的时态弧段 $\overrightarrow{Bd_1}(10)$ 加入 d 的标号中,原标号中的 $\overrightarrow{Bd_1}(19)$ 被删除,d 的标号中仍然保持 K 个时态弧段。图 6-7b)中,d 中两个时态弧段 $\overrightarrow{Bd_1}(10)$ 具有不同的父时态弧段。

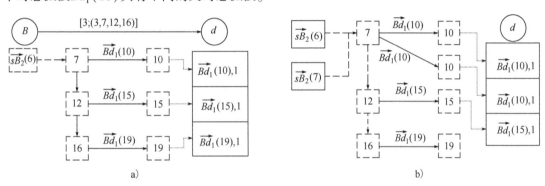

图 6-7 产生新时态弧段和标号过程

(2)路径生成过程。

将最终的 K 短路径的信息存储在集合 $p(s-v)$ 中,元素 $p(s-v)_j(1\leqslant j\leqslant K)$ 表示从 s 到 v 的第 j 短路径,$p(s-v)$ 中存放的元素(即路径信息)根据路径成本排序。路径的具体信息包括起始车站和时间信息 $s(t_0)$ 以及途经弧段信息列表。途经弧段信息列表包含一系列静态弧段及其出发和到达时间。当一个时态弧段 $\overrightarrow{uv_i}(t)$ 从 EA 中取出,就可以如式(5-8)所示生成一条新路径。

$$p(s-v)_j = \begin{cases} p[(s-u)_x \cup \overrightarrow{uv_i}(t-C(\overrightarrow{uv_i}),t)] & j=\text{jth}(\overrightarrow{uv_i}(t)), x=\text{xth}(\overrightarrow{uv_i}(t)), s\neq v \\ s(t_0) & s=v \end{cases}$$

(6-8)

式中:jth$(\overrightarrow{uv_i}(t))$——时态弧段 $\overrightarrow{uv_i}(t)$ 在 nl$(v)_j$ 中的序号;

xth$(\overrightarrow{uv_i}(t))$——$\overrightarrow{uv_i}(t)$ 的父弧段在对应标号中的序号。

搜索的终止条件,是待搜索的时态弧段集合为空,或者满足:

$$\forall \text{nl}(d)_j^2 = 2(1<j\leqslant K)$$

(6-9)

当搜索停止时,$p(s-v)$ 集合中存放的路径即所求的 K 短路。

(3)关键步骤。

算法中用到一些临时变量如下:

as(u):从节点 u 出发的静态弧段集合;

ne(u):节点 u 的后继节点集合;

ea_1:集合 EA 中的首元素;

at $(\overrightarrow{uv_i})_j$:在时间 dt $(\overrightarrow{uv_i})_j$ 从 u 出发沿 $\overrightarrow{uv_i}$ 到达 v 的时刻,并且 at $(\overrightarrow{uv_i})_j$ = dt $(\overrightarrow{uv_i})_j C (\overrightarrow{uv_i})$;

$b(u)$:在下次迭代中从节点是否能够继续展开,当从 u 出发产生的新时态弧段不能起到更新到点标号的作用,则从 u 不能继续展开;

$b(\overrightarrow{uv_i})$:静态弧段 $\overrightarrow{uv_i}$ 是否已经被扩展过;

t_0:到达起点 s 的时刻;

$\overrightarrow{Os}$:虚拟弧段。

查找从 s 到 d 的 K 短路的步骤如下。

步骤1:初始化。

EA ← {$\overrightarrow{Os}(t_0)$}, $b(\overrightarrow{uv_i})$ ← false($\forall \overrightarrow{uv_i} \in A$), $b(u)$ ← true($\forall u \in N$), $p(s-s)$ ← $s(t_0)$

步骤2:如集合 EA 不为空,从 EA 中取出首节点赋值给 $\tilde{a}$,并且根据式(6-8)生成新路径。如果满足式(6-9),则结束;如果 $\tilde{a}$ 的到点能够被展开,转步骤3。

```
while EA≠∅{
    ã←ea₁(ea₁=uv_i(t)),EA←EA\<ea₁>,s(ã)←2;
    gp (s-v)_j;
    If ∀ nl(d)²_j =2(1<j≤K)
        return;
    if b(v)≠false
        go to Step3;}
return.
```

步骤3:如果静态弧段没有被扩展过,则从弧段的出发时间列表中查找最近的出发时间,最近的出发时间 dt $(\overrightarrow{vw_i})_t$ 应当满足 dt $(\overrightarrow{vw_i})_t \geq t(\tilde{a}) \cap$ dt $(\overrightarrow{vw_i})_{t-1} < t(\tilde{a})$;之后,调用函数 getaxK,获得不超过 K 个最近到达时间。如果静态弧段已经被扩展过,从节点 w 的标号中查找最近到达的时态弧段,并得到不超过 K 个元素,这些元素的到达时间晚于 $t(\tilde{a}) + c(\overrightarrow{vw_i})$,并且从静态弧段 $\overrightarrow{vw_i}$ 扩展而来。

```
for each arc vw_i ∈ as(v){
    if b(vw_i) = false{
        j←findt(vw_i,t(ã)),b(vw_i)←true;
        ax(vw_i)←getaxK(vw_i,j)
```

```
    }
  else {
      j←findj(nl(w), t(ã) + c(\vec{vw_i}));
      ax(\vec{vw_i})←getaxK(nl(w), j);
    }
}
```

步骤4：设定 c 是节点 w 标号的新元素个数，$ax(\vec{vw})$ 作为 $\vec{vw}$ 对应的所有标号元素 $ax(\vec{vw_i})$ 的集合，c 小于或等于 K。getM($ax(\vec{vw})$) 指得到第一个 $\vec{vw}$ 对应的到达的时态弧段。update(nl(w), axM) 指将元素 axM 分别加入节点 w 的标号 nl(w) 和集合 EA 中，加入时保持集合中元素按照到达时间升序排列，并且删除标号中的第 $K+1$ 个元素。如果 axM 大于标号中的最大到达时间，bx = false，否则 bx = true。之后，返回步骤2。

```
    c←0;
    while c < K {
        axM←getM(ax(\vec{vw}));
        bx←update(nl(w), axM);
        if bx = true
            c←c + 1;
        else
            break;}
    if c←0, b(w)←false;
    go to Step 2.
```

(4) 复杂度分析。

在此，使用 $|N|$ 和 $|A|$ 分别表示集合 N 和集合 A 中的元素个数，r 表示弧段上出发时间的最大数量。根据上一节中的关键步骤，对算法的复杂度分析如下。

步骤1中，节点和静态弧段以及一些集合的初始化，复杂度为 $O(|N| + |A|)$。

步骤2中，根据 EA 初始元素的条件判断查找结束或者调用步骤3，执行的次数与 EA 中的元素数量相同，为 $K|N|$。

步骤3中，函数 findt 对每个静态弧段的调用次数不超过一次，因此，调用 findt 的复杂度不超过 $|A|$。如果不调用 findt，时态弧段将通过调用 findj 来获得。因为静态弧段的数量小于或等于 $|A|$，EA 中的时态弧段不超过 $K|A|$，因此，调用 findj 的次数小于 $K|A| - |A| = (K-1)|A|$。在函数 findt 中，从出发时间列表中获得满足条件的时间，一个列表中的出发时间个数不超过 r 个，因此，findt 的时间复杂度为 $O(\log r)$。在函数 findj 中，从节点标号中的 K 个元素获得时态弧段，其对应的复杂度是 $O(\log K)$。在调用 findt 或 findj 之后，调用函数 getaxK，这次调用的复杂度远小于 findt 和 findj，可以被忽略。因此，在整个算法中，步骤3带来的复杂度

为 $O(|A|\log r+(K-1)|A|\log K)$。

步骤 4 中,对于每一个 EA 中的时态弧段,调用函数 getM 和 update 的次数不超过 K 次。getM($ax(\overrightarrow{vw})$) 的复杂性是 $O(d(\overrightarrow{vw}))$,此处 $d(\overrightarrow{vw})$ 是 v 和 w 间关联的静态弧段数量。getM($ax(\overrightarrow{vw})$) 在整个算法中的复杂度为 $O(K^2|N|d(\overrightarrow{vw}))$。因为整个网络中的静态弧段个数不超过 $|A|$,所以 $O(K^2d(\overrightarrow{vw})|N|)$ 能够被转化为 $O(K^2|A|)$。函数 update 将元素加入节点标号 nl(v) 和集合 EA 中,其复杂度是 $O(\log(K|N|))$。在整个算法中 update 函数带来的复杂度是 $O(K^2|N|\log(K|N|))$。因此,在整个算法中的步骤 4 带来的复杂度是 $O(K^2|A|+K^2|N|\log(K|N|))$。

综上,整个算法的复杂度是 $O(|N|+|A|)$、$O(|A|\log r+(K-1)|A|\log K)$ 与 $O(K^2|A|+K^2|N|\log(K|N|))$ 的总和,能够被简化为 $O(|A|\log r+K^2|A|+K^2|N|\log(K|N|))$。

3)算例分析

表 6-1 为应用本节的算法查找示例网络中 s 到 d 的 K 短路径的主要步骤。取 $K=3$,表中的符号 * 指标号中的元素与上一次迭代相同。在第 4 轮迭代中,时态弧段 $\overrightarrow{sB_2}(9)$ 的到达时间是 9,在 C 点的最快到达时间是 12,在 d 点的最快到达时间是 15,这样的到达时间不能带来 C 点和 d 点标号的更新,因此 B 点在后续迭代中不能被扩展,设置 $b(B)=$ false。类似,在第 5 轮迭代中,最早到达 d 的选择是时刻 10 从 C 出发,在时刻 16 到达 d,这也不能带来 d 点标号的更新,因此,C 在后续迭代中也不能被扩展,设置 $b(C)=$ false。

算例迭代过程 表 6-1

代数	当前时态弧段	节点标号更新	路径更新
1	$\overrightarrow{Os}(2)$	nl(B) = <($\overrightarrow{sB_2}(6)$,1),($\overrightarrow{sB_1}(7)$,1),($\overrightarrow{sB_2}(9)$,1)> nl(C) = <($\overrightarrow{sC_1}(10)$,1),($\overrightarrow{sC_1}(15)$,1),($\overrightarrow{sC_1}(19)$,1)>	$p(s-s)_1 = <s(2)>$
2	$\overrightarrow{sB_2}(6)$	nl(B) = <($\overrightarrow{sB_2}(6)$,2),*,*> nl(C) = <*,($\overrightarrow{BC_1}(11)$,1),($\overrightarrow{BC_1}(13)$,1)> nl($d$) = <($\overrightarrow{Bd_1}(10)$,1),($\overrightarrow{Bd_1}(15)$,1),($\overrightarrow{Bd_1}(19)$,1)>	$p(s-B)_1 = <s(2),\overrightarrow{sB_2}(2,6)>$
3	$\overrightarrow{sB_1}(7)$	nl(B) = <*,($\overrightarrow{sB_1}(7)$,2),*> nl(C) = <*,($\overrightarrow{BC_1}(10)$,1),($\overrightarrow{BC_1}(11)$,1)> nl($d$) = <*,($\overrightarrow{Bd_1}(10)$,1),($\overrightarrow{Bd_1}(15)$,1)>	$p(s-B)_2 = <s(2),\overrightarrow{sB_1}(4,7)>$
4	$\overrightarrow{sB_2}(9)$	nl(B) = <*,*,($\overrightarrow{sB_2}(9)$,2)> $b(B) =$ false	$p(s-B)_3 = <s(2),\overrightarrow{sB_2}(5,9)>$
5	$\overrightarrow{sC_1}(10)$	$b(C) =$ false	
6	$\overrightarrow{Bd_1}(10)$	nl(d) = <($\overrightarrow{Bd_1}(10)$,2),*,*> $b(d) =$ false	$p(s-d)_1 = <s(2),\overrightarrow{sB_2}(2,6),\overrightarrow{Bd_1}(7,10)>$

续上表

代数	当前时态弧段	节点标号更新	路径更新
7	$\vec{Bd_1}(10)$	$nl(d) = <*,(\vec{Bd_1}(10),2),(\vec{Bd_1}(15),2)>$	$p(s-d)_2 = <s(2),\vec{sB_1}(4,7),\vec{Bd_1}(7,10)>$ $p(s-d)_3 = <s(2),\vec{sB_2}(5,9),\vec{Bd_1}(12,15)>$

6.3.3 考虑换乘时间的 K 短可达路径搜索

为了使上述算法应用于可达信息诱导中,在此对图 6-3 所示的网络进行扩充,在网络中增加换乘弧段、进站节点 s、出站节点 d 以及进站弧段和出站弧段,如图 6-8 所示。图中,换乘弧段成本如图中数值所示,区间弧段成本与约束含义与前文所述一致,进站和出站弧段成本假设为 2。

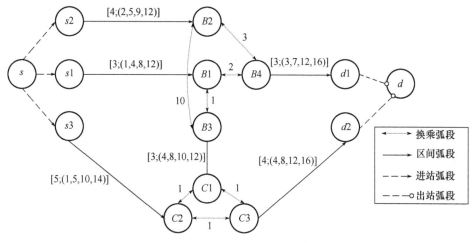

图 6-8 具有换乘弧段的扩展网络

乘客在出行中会倾向于减少换乘次数,因此,在较快捷的 K 短路径推荐时要去除过多的无意义换乘,对前文所述算法进行如下改进:

（1）时态弧段扩展不发生在出发节点；

（2）如果一个区间弧段的起点站既不是换乘站也不是小交路的终点站待扩展节点只能进行一次扩展。

图 6-8 中的 s1、s2、s3 均为出发节点,据此,算例中 SB 和 SC 之间的区间弧段不进行扩充。在上述扩展规则,当 K = 3 时,在 s 点的准备出发时间为 0 时,s—d 间的推荐路径为:

$p(s-d)_1 = <s1(2),\vec{s1B1}(4,7),\vec{B1B4}(7,9),\vec{B1d1}(12,15)>$

$p(s-d)_2 = <s2(2),\vec{s2B2}(2,6),\vec{B2B4}(6,9),\vec{B4d1}(12,15)>$

$$p(s—d)_3 = <\overrightarrow{s2}(2), \overrightarrow{s2B1}(4,7), \overrightarrow{B2B3}(7,8), \overrightarrow{B3C1}(8,11), \overrightarrow{C1C3}(11,12), \overrightarrow{C3d2}(12,16)>$$

6.3.4 突发事件下的动态可达性计算

伴随着突发事件发展，出行可达性会发生动态变化，在原有 OD 间可达路径的基础上引入额外等待时间和可达性影响的路网范围，来表达突发事件下的可达性。其计算主要方法如下。

1）突发事件下额外等待时间

突发事件条件下，乘客在某一时刻选择受突发事件影响的路径出行花费时间与正常状态下所需时间的差值，用 t_{Ext} 表示。

按照出发时刻计算 t_{Ext} 的计算为：

$$t_{Ext} = \max(0, t_{Res} - (t_{DO} + t_{O\lambda}) + \varepsilon) \tag{6-10}$$

按照到达时刻计算 t_{Ext} 的计算公式为：

$$t_{Ext} = \max(0, t_{Res} - (t_{AD} - t_{D\lambda}) + \varepsilon) \tag{6-11}$$

式中：t_{Res}——突发事件发生后恢复行车的时刻；

t_{DO}——乘客经由出发点乘车的时刻；

t_{AD}——乘客期望到达目的车站的时刻；

$t_{O\lambda}$——乘客经由出发点至受影响车站的行程时间；

$t_{D\lambda}$——乘客由受影响车站到达目的车站的时间；

ε——冗余时间，一方面列车从恢复行车时刻到完全正常运行需要缓冲时间，另一方面突发事件下列车运行受到干扰，取值存在一定程度的误差。

突发事件下 OD 间路径 u 的时间按成本为 T_{Eme}^u 为：

$$T_{Eme}^u = T_{Nor}^u + t_{Ext} \tag{6-12}$$

2）可达路径

突发事件下可达路径的计算是在日常情况下实时可达路径计算方法基础上形成的。

正常运营条件下推荐路径集为 $R_{Rec} = \{r_1^{rec}, \cdots, r_i^{rec}, \cdots\}$，其相应的时间成本集合为 $T_{Rec} = \{t_1^{rec}, \cdots, t_i^{rec}, \cdots\}$。

突发事件条件下推荐路径集 R_{Rec} 中受影响路径的集合为 $R_{Aff} = \{r_1^{aff}, \cdots, r_j^{aff}, \cdots\}$，相应的时间成本集合为 $T_{Aff} = \{t_1^{aff}, \cdots, t_j^{aff}, \cdots\}$。

突发事件下去除受影响路径推荐路径集合 $R_{Rea} = R_{Rec} - R_{Aff} = \{r_1^{rea}, \cdots, r_k^{rea}, \cdots\}$，其相应的时间成本集合为 $T_{Rea} = \{t_1^{rea}, \cdots, t_k^{rea}, \cdots\}$。

考虑受影响路径形成的路径集合为 $R_{Com} = \{r_1^{com}, \cdots, r_\omega^{com}, \cdots\}$，其相应的时间成本为 $T_{Com} = \{t_1^{com}, \cdots, t_\omega^{com}, \cdots\}$。

步骤 1：判断 $r_i^{rec} = r_1^{rec} \in R_{Rec}$ 是否受到直接受突发事件影响。

(1) 否, $r_1^{\text{rec}} \in R_{\text{Rea}}$;

(2) 是, $r_1^{\text{rec}} \in R_{\text{Aff}}$。

令 $i = i + 1$, 判断 $r_i^{\text{rec}} \in R_{\text{Aff}}$ 或 $r_i^{\text{rec}} \in R_{\text{Rea}}$, 形成路径集合 $R_{\text{Aff}} = \{r_1^{\text{aff}}, \cdots, r_j^{\text{aff}}, \cdots\}$, $R_{\text{Rea}} = \{r_1^{\text{rea}}, \cdots, r_k^{\text{rea}}, \cdots\}$。

步骤2: 分别计算集合 $R_{\text{Aff}} = \{r_1^{\text{aff}}, \cdots, r_j^{\text{aff}}, \cdots\}$ 下各路径的时间成本 t_j^{aff}, 形成集合 $T_{\text{Aff}} = \{t_1^{\text{aff}}, \cdots, t_j^{\text{aff}}, \cdots\}$。

步骤3: 突发事件下去除受影响路径的推荐路径集合为 $R_{\text{Rea}} = \{r_1^{\text{rea}}, \cdots, r_k^{\text{rea}}, \cdots\}$, 其相应的时间成本集合为 $T_{\text{Rea}} = \{t_1^{\text{rea}}, \cdots, t_k^{\text{rea}}, \cdots\}$。

步骤4: 考虑受影响路径并且按照时间成本升序排列形成的路径集合为: $T_{\text{Com}} = T_{\text{Aff}} \cup T_{\text{Rea}} = \{t_1^{\text{com}}, \cdots, t_\omega^{\text{com}}, \cdots\}$, 相应的路径集合为: $R_{\text{Com}} = R_{\text{Aff}} \cup R_{\text{Rea}} = \{r_1^{\text{com}}, \cdots, r_\omega^{\text{com}}, \cdots\}$。

步骤5: 从集合 R_{Com} 选取前 ϖ (固定值) 条路径形成路径集合 $R_{\text{Com}}^\varpi = \{r_1^{\text{com}}, \cdots, r_\varpi^{\text{com}}\}$, 即是突发事件下推荐的路径集。

3) 可达性受影响的路网范围

突发事件会导致路网的拓扑结构或是行车组织的变化,根据突发事件的程度以及持续时间的变化,形成一定的受影响区域,此区域内乘客出行的可达性受到不同程度的影响。

突发事件下路网可达性的主要思想就是判断正常运营条件下的可达路径在突发事件下其时间可达性是否受到影响。

为便于分析,首先定义突发事件的三个集合:

直接受突发事件影响的车站的集合为 $S_{\text{Aff}} = \{\lambda_1, \cdots, \lambda_i, \cdots\}$;

未直接受突发事件影响的车站的集合为 $S_{\text{Nor}} = \{\mu_1, \cdots, \mu_j, \cdots\}$;

时间可达性受到影响的所有车站的集合为 $S_\lambda = \{\eta_1, \cdots, \eta_k, \cdots\}$。

步骤1: 初始化, $\lambda_i = \lambda_1$, $\mu_j = \mu_1$, 突发事件的持续时间为 t_{Dur}。

步骤2: 计算车站 λ_i 到车站 μ_j 的行程时间 t_{Tra}, 并与 t_{Dur} 比较。

① 若 $t_{\text{Tra}} \leq t_{\text{Dur}}$, 则从车站 μ_j 经过车站 λ_i 的最快时间不受影响;

② 若 $t_{\text{Tra}} > t_{\text{Dur}}$, 则从车站 μ_j 经过车站 λ_i 的最快时间受到影响, 将 u_j 加入集合 S_{λ_i} 中。

重复步骤2, 将集合 $S_{\text{Aff}} = \{\lambda_1, \cdots, \lambda_i, \cdots\}$ 中元素分别与 $S_{\text{Nor}} = \{\mu_1, \cdots, \mu_j, \cdots\}$ 中所有元素进行比较, 得到时间可达性受到影响的车站的集合 $S_{\lambda_1}, \cdots, S_{\lambda_i}, \cdots$。

步骤3: 时间可达性受到影响的所有车站的集合为: $S_\lambda = S_{\lambda_1} \cup \cdots \cup S_{\lambda_i} \cup \cdots = \{\eta_1, \cdots, \eta_k, \cdots\}$。

6.4 面向动态可达性的信息发布技术

6.4.1 信息发布技术框架

如图6-9所示,在突发事件、计划调整、重大活动、客流组织等事件信息输入条件下,通过操作终端处理、事件分析、模板匹配、发布管理和数据管理模块共同作用,完成对事件发展相关信息的动态发布;同时根据事件发展信息的变化,可达性计算模块更新运营网络、计算路网可达站点、计算可达性相关成本、生成可达路径集和推荐路径集;最终通过 PIS、站外大屏、网站和移动终端向乘客发送多样式的信息。

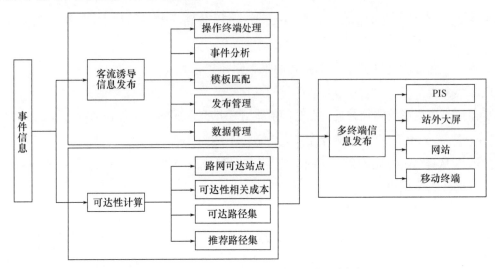

图 6-9　基于动态可达性的多终端信息发布技术框架

6.4.2　模板匹配模型

模板匹配是发布信息生成过程中的一项重要内容,能够保证事件信息以图形和文字形式正确加载到各发布终端。根据发布信息模板的内容匹配事件的各项要素,模板的语义结构及文字、图形显示的优先级情况见表 6-2,其中,数字越小,优先级别越高。

模板语义结构及文字、图像显示的优先级情况　　　　表 6-2

大类	子类	语义结构	显示优先级	
			文字	图形
常态信息	路网线路状态	"位置"→"线路状态"	2	0
	车站状态	"累积位置"→"车站状态"	1	0
事件驱动信息	计划性事件实施前	"调整原因(Option)"→"调整时间段→"调整事件"→Repeat[Object1,Object2](Option)	1	1
	计划性事件实施后	"调整原因(Option)"→"调整事件"→"调整结束时间"→Repeat[Object1,Object2](Option)	0	0
	突发事件	"原始事件(Option)"→"事件"→"位置"→"时间段(Option)"→Repeat[Object1,Object2(Option)](Option)→"建议(Option)"	0	0

在这些分类的基础上,信息模板由不同的语义结构组成。在语义结构中引号中的内容根据操作终端的人机交互界面获取,有(Option)关键字的为可选项,即可以不发布该内容。因

为不同事件发生有空间、时间上的重叠、替代等关系,所以模板中的发布事件为累积事件。其中位置包括线路、车站、通道、出入口等;线路状态包括正常、非常拥挤等;车站状态包括正常、某级别客流控制等。事件的属性包括时间、地点、类别、名称、发布透明度。其中的Repeat[Object1,Object2]的含义是由多种事件关联发生作为一条信息发生时,重复录入事件(Object1,Objcct2)信息,事件的发生、发展的时空关系累积的结果通过运算才能得到。

发布信息生成之后,通过语义检查与预处理网络对发布信息进行逻辑和设施设备关系的检查,包括发布起始时间和终止时间的顺序、设施设备连接关系。

此处的语义网络包括语义要素、冗余检查、一致性检查、完整性检查以及要素间的运算。

语义要素包括位置、线路状态、车站状态、调整原因、时间段、时间点、事件和建议等。

6.4.3 事件发布流程

事件发布流程如图 6-10 所示。

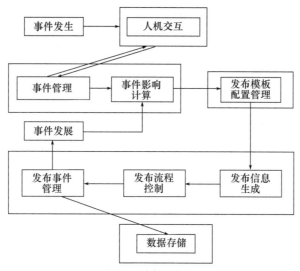

图 6-10 事件发布流程

步骤1:事件发生后,利用人机交互界面将事件信息录入系统。

步骤2:提取事件的信息,自动调用事件影响范围作为发布范围,根据车站是否位于影响范围内调取不同发布模板。

步骤3:对发布模板的内容进行合理性检查,按设定的时间和范围发布信息,监控发布过程。

步骤4:事件发生变化时,返回步骤2,调用新的影响范围,自动生成新模板,继续进行发布。

步骤5:事件的信息及操作信息均保存在数据库中以备查询。

城市轨道交通乘客诱导信息发布应用的发布终端主要有网站、移动终端(消息推送)、PIS等,其占用情况建议见表6-3。

发布终端占用表（建议）　　　　　　　　表 6-3

发布内容		发布终端					
内容	详情	网站	站内 PIS	内网	广播	站外大屏	移动终端
常态事件	车站限流	√	√	√	√	√	
	高峰客流状态	√	√	√			
突发事件	处置信息、实际车站和线路状态	√	√	√			√
	文字提示	√	√	√	√	√	√
计划调整	调整文字提示	√	√	√	√	√	√
	调整实施中的路网状态	√	√	√			√

6.5　案例分析

6.5.1　末班车状态可达性诱导案例

末班车状态的可达性案例选用 2013 年某正常工作日计划时刻表,选取出发车站为北京南站。

1) 可达性受影响的路网范围

图 6-11 所示为末班车条件下可达车站数量随时间变化图。

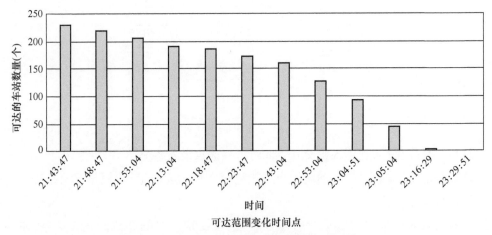

图 6-11　末班车条件下可达车站数量随时间变化图

图 6-11 中,横坐标是可达性变化的时间点,纵坐标是在时间点之后从北京南站出发可以到达的路网上车站的数量。

末班车条件下利用城市轨道交通出行的乘客相对较少,为避免运力资源浪费,发车间隔相对于其他时间段有所增加。由图 6-11 可知,随着时间的推移,由北京南站出发可以到达路网上的车站数量在不断减少。

2)指定 OD 的可达路径集和时间最优路径集分析

表 6-4 为路径最晚可达时间表。

路径最晚可达时间表　　　　　　　　　　　　　　　　　表 6-4

编号	途经换乘站	经停站数量(个)	最晚出发时间
R1	西直门、知春路	14	21:47:04
R2	宣武门、鼓楼大街、北土城	16	22:13:04
R3	西直门、鼓楼大街、北土城	17	22:13:04
R4	海淀黄庄	19	21:59:04
R5	宣武门、崇文门、惠新西街南口	20	22:53:04
R6	平安里、东四、惠新西街南口	21	22:53:04
R7	角门西	27	23:04:51
R8	西单、国贸	25	23:05:04
R9	平安里、呼家楼	25	23:05:04

末班车条件下从北京南站出发到达牡丹园的有效路径为 R1、R2、R3、R4、R5、R6、R7、R8、R9,分别求得它们的最晚出发时间,可以看出不同路径的最晚出发时间差别比较明显。乘客可以根据不同的乘车时间点确定可达路径(表 6-5)。

已知出发时间的最优可达路径表　　　　　　　　　　　　表 6-5

出发时间	最快可达路径	行程时间(min)
21:59	R4	41
22:13	R2、R3	53
22:53	R5、R6	54
22:57	R7	63
23:05	R8、R9	62

末班车条件下,候车时间、换乘等待时间等的增长,导致行程时间有一定程度的增加,因而对于乘车时间比较敏感的乘客应尽可能地提前出行,以防乘车时间增长带来的不便。

6.5.2　突发事件状态可达性诱导案例

突发事件下,某一特定 OD 对间途经事发地的路径受到影响,可通过对比突发事件前后的可达路径进行分析。

1)区间中断状态路径诱导

选取 1 号线西单站至东单站为中断区段,出发车站是动物园,目的车站是大望路。对区段中断前后的可达路径的时间成本、综合成本和换乘次数进行分析。

(1)基于时间成本的路径诱导。

表 6-6 为区间中断前后时间成本变化。

区间中断前后时间成本变化 表6-6

区间状态	路径	时间成本(min)	途经线路	途经换乘站
区间中断前	E1	35	4→1	西单
区间中断后	F1	43	4→2(外环)→1	西直门—建国门
	F2	43	4→2(内环)→1	西直门—建国门
	F3	43	4→2→1	宣武门—建国门
	F4	44	4→6→5→1	平安里—东四—东单
	F5	45	4→6→2→1	平安里—朝阳门—建国门
	F6	45	4→6→10→1	平安里—呼家楼—国贸

如图6-12所示,对比区间中断前后的时间成本柱状图可知,在区间中断前时间成本最小的路径非常明显,乘客出行选择路径E1;而西单至东单的区段中断后,时间成本较优的路径有6条,整体花费的时间差异不明显,乘客可以选择其中的任意一条路径作为替代路径。

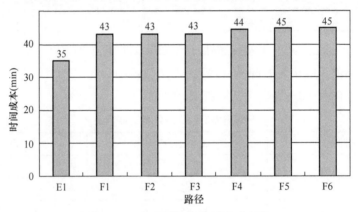

图6-12 区间中断前后时间成本对比图

(2)基于综合成本的路径诱导。

表6-7为区间中断前后综合成本变化。

区间中断前后综合成本变化 表6-7

区间状态	路径	综合成本	途经线路	途经换乘站
区间中断前	G1	43.134	4→1	西单
	G2	44.582	4→2→1	西直门—复兴门
	G3	45.018	4→2→1	宣武门—建国门
区间中断后	H1	45.018	4→2→1	宣武门—建国门
	H2	46.97	4→2(外环)→1	西直门—建国门
	H3	47.006	4→2(内环)→1	西直门—建国门

如图6-13所示,从综合成本的角度分析,区间中断前后均提供3条较优路径,但是区间中断后较优可达路径整体上花费的综合成本高于中断前。此外区间中断前的路径G1、G2失效,中断后乘客出行选择替代路径H1、H2、H3。

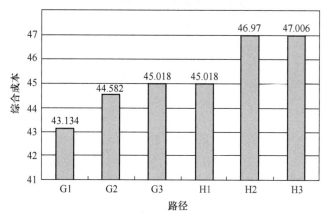

图 6-13　区间中断前后综合成本对比图

(3) 基于换乘次数的路径诱导。

表 6-8 为区间中断前后换乘次数变化。

区间中断前后换乘次数变化　　　　　表 6-8

区间状态	路径	换乘次数	途经线路	途经换乘站
区间中断前	M1	1	4→1	西单
区间中断后	N1	2	4→2(外环)→1	西直门—建国门
	N2	2	4→2(内环)→1	西直门—建国门
	N3	2	4→2→1	宣武门—建国门

如图 6-14 所示,从换乘次数的角度分析,区间中断前的较优路径是换乘次数只有 1 次的路径 M1,区间中断后路径 M1 失效,乘客出行的较优路径为换乘次数是 2 的路径 N1、N2、N3。

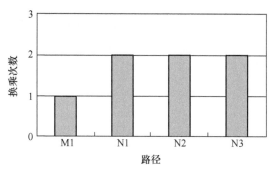

图 6-14　区间中断前后换乘次数对比图

2) 换乘通道封闭

选取 4 号线至 6 号线的换乘通道封闭场景,出发车站是动物园,目的车站是金台夕照,对换乘通道封闭前后的可达路径的时间成本、综合成本和换乘次数进行分析。

(1) 基于距离成本的诱导路径。

表 6-9 为换乘通道封闭前后时间成本变化。

换乘通道封闭前后时间成本变化　　　　表6-9

类型	路径	时间成本(min)	途经线路	途经换乘站
通道封闭前	A1	36	4→6→10	平安里—呼家楼
	A2	39	4→1→10	西单—国贸
通道封闭后	B1	39	4→1→10	西单—国贸
	B2	41	4→2→6→10	西直门—车公庄—呼家楼

如图6-15所示，对比换乘通道封闭前后的两组数据可以发现，封闭后的较优路径的时间成本比封闭前的较优路径时间成本有不同程度的增加，然而此时封闭前的时间成本最小的路径A1已经不能通行，但是路径A2可以作为很好的替代路径，因为在封闭后中优先提供的是路径B1（即A2），因而此时乘客并未花费太多的时间成本。

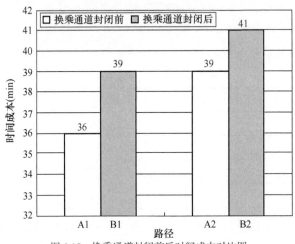

图6-15　换乘通道封闭前后时间成本对比图

（2）基于综合成本的诱导路径。

表6-10为换乘通道封闭前后综合成本变化。

换乘通道封闭前后综合成本变化　　　　表6-10

类型	路径	综合成本	途经线路	途经换乘站
通道封闭前	C1	39.594	4→6→10	平安里—呼家楼
通道封闭后	D1	49.034	4→1→10	西单—国贸
	D2	49.106	4→2→6→10	西直门—车公庄—呼家楼
	D3	50.482	4→2→1→10	西直门—复兴门—国贸
	D4	50.732	4→9→6→10	国家图书馆—白石桥南—呼家楼
	D5	50.918	4→2→1→10	宣武门—建国门—国贸
	D6	51.928	4→2→6→10	西直门—朝阳门—呼家楼
	D7	51.938	4→10	海淀黄庄

表6-10中换乘通道封闭前推荐路径为C1，封闭后的推荐路径为D1、D2、D3、D4、D5、D6、D7。

由表 6-10、图 6-16 中数据可知,换乘通道封闭前综合成本最小的路径就是路径 C1,其相对于其他路径相比具有明显的优势,因而不再提供其他备选路径;换乘通道封闭后,路径 C1 不可达,提供综合成本差距不大的 7 条备选路径集。换乘通道封闭后,综合考虑时间成本和综合成本的影响,对于乘客而言选取路径 D1、D2 是比较合理的。

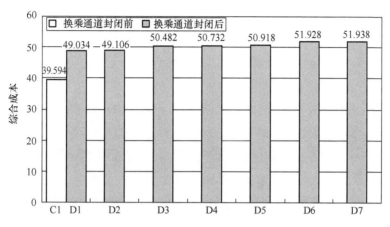

图 6-16 换乘通道封闭前后综合成本对比图

(3)突发事件下可达程度分析。

突发事件下路径可达率计算公式如下:

$$L(k) = \frac{\sum_i t_i/m}{\sum_j t_j/n} \quad i = 1,\cdots,m, j = 1,\cdots,n \tag{6-13}$$

式中:t_i——突发事件前的较优路径时间成本或综合成本;

m——突发事件前的较优路径条数;

t_j——突发事件后的较优路径时间成本或综合成本;

n——突发事件后的较优路径条数。

计算区间中断后的路径可达率 $L(1)$ 和 $L(2)$:

可以得到此时区间中断后基于时间成本路径可达率为 $L(1) = 80.11\%$,可知区间中断后 OD 间的时间成本有一定程度的降低。

可以得到此时区间中断后基于综合成本路径可达率为 $L(2) = 95.50\%$,可知区间中断后 OD 间的综合成本没有太大的影响。

计算换乘通道封闭后的路径可达率 $L(3)$ 和 $L(4)$:

可以得到此时换乘通道封闭后基于时间成本路径可达率为 $L(3) = 93.12\%$,可知换乘通道封闭后对于 OD 间的时间成本可达性没有太大的影响。

可以得到此时换乘通道封闭后基于综合成本路径可达率为 $L(4) = 78.26\%$。

可知换乘通道封闭后对于 OD 间的综合成本有一定程度的影响。

6.5.3 面向路网的多终端信息发布案例

假设中断区间为西单到公主坟时,中断持续时间为 15min,以此事件为例分析城市轨道交通信息发布的过程。

根据故障地点、预计持续时间及运行方向,调用突发事件影响范围计算流程,得出时间发生时的发布范围,包括以下车站:

1号线:五棵松、万寿路、天安门西、天安门东。

2号线:阜成门、复兴门、长椿街。

4号线:灵境胡同、西单、宣武门。

9号线:白堆子、军事博物馆、北京西站。

10号线:莲花桥、公主坟、西钓鱼台。

选择的发布方式包括移动终端、站外大屏、站内PIS、站内广播及站外广播、网站。

运用模板匹配模型,将文字模板中的缺失关键字与事件属性匹配,得到各终端发布的文字信息。调用数据库中的图形、图像,生成发布终端可以直接利用的图像,按照既定的显示排布顺序,在屏幕上显示出图像与文字相结合的诱导信息。

随时间推移,发布范围发生变化,发布车站逐步减少,到事件结束,发布车站列表为空。

6.6　本章小结

本章提出了适用于城市轨道交通系统乘客出行可达性的理论与方法,适用于多种运营条件下的路网可达性与可达路径的计算方法,该方法能够适用于日常、末班车和突发事件等多种场景下的客流诱导。本章还提出了面向路网的多终端客流诱导信息发布方法,包括模板匹配模型、发布流程规范等,实现了工作人员向路网乘客快捷、及时地进行PIS、网站、短信等多终端信息发布。

乘客信息服务内涵广泛、技术多样,本章涉及内容有限。随着大数据、互联网、人工智能技术的高速发展,乘客信息服务正向高度融合、全出行伴随式服务发展。一方面,融合热线、App、召援、PIS/PA、车站智能服务机器人等多种信息服务媒介与载体,并且融合客流感知、乘客画像大数据分析等技术,丰富信息服务的手段、提高信息服务的质量;另一方面,充分提高北斗、5G技术覆盖,并综合获取城市轨道交通系统内部和周边外延信息(其他交通、周边建筑等)、天气水文,为乘客提供个性化、伴随式的全流程精细化服务。

参 考 文 献

[1] 韩宝明,习喆,孙亚洁,等.2022年世界城市轨道交通运营统计与分析综述[J].都市快轨交通,2023,36(1):1-8.

[2] 毛保华,高自友,柏赟,等.城市轨道交通网络运营组织理论与方法[M].北京:人民交通出版社股份有限公司,2018.

[3] 张星臣.城市轨道交通运营管理[M].北京:高等教育出版社,2017.

[4] 汪波.城市轨道交通网络运营管理方法与应用[M].北京:人民交通出版社股份有限公司,2020.

[5] 豆飞,贾利民,徐会杰,等.城市轨道交通路网客流协同管控理论与应用[M].北京:北京理工大学出版社,2021.

[6] 秦勇,梁平,战明辉,等.城市轨道交通路网运营安全保障理论与应用[M].北京:科学出版社,2019.

[7] 谢臻,郭建媛,秦勇.基于支持向量回归的地铁进站客流短时预测模型[J].都市快轨交通,2020,33(2):82-86.

[8] GERS F A, SCHMIDHUBER J. Recurrent nets that time and count[C]//IEEE-INNS-ENNS International Joint Conference on Neural Networks,2000.

[9] GUO J Y, XIE Z, QIN Y, et al. Short-Term abnormal passenger flow prediction based on the fusion of SVR and LSTM[J]. IEEE Access,2019,7:42946-42955.

[10] TANG Y X, GUO J Y, WANG Y L, et al. Metro outbound passenger flow forecasting considering spatial-temporal correlation characteristics[C]//International Conference on Electrical and Information Technologies for Rail Transportation, Springer, Singapore, 2022.

[11] WANG Y G, QIN Y, GUO J Y, et al. Multi-point short-term prediction of station passenger flow based on temporal multi-graph convolutional network[J]. Physica A: Statistical Mechanics and its Applications,2022,604:127959.

[12] 刘源.基于AFC数据的城市轨道交通客流分配方法研究[D].北京:北京交通大学,2019.

[13] 李则巾.基于AFC数据的城市轨道交通乘客时空出行路径估计方法研究[D].北京:北

京交通大学,2019.

[14] 谢臻.基于AFC数据的城市轨道交通高峰期乘客行程反演方法研究[D].北京:北京交通大学,2021.

[15] DANIEL H, DANIEL J, RICHARD J. Crowding cost estimation with large scale smart card and vehicle location data[J]. Transportation research, Part B. Methodological, 2017, 95: 105-125.

[16] ZHU Y, KOUTSOPOULOS H N, WILSON N. A probabilistic Passenger-to-Train Assignment Model based on automated data[J]. Transportation Research, Part B. Methodological, 2017, 104:522-542.

[17] DEMPSTER A P, LAIRD N M, RUBIN D B. Maximum likelihood from incomplete data via the EM algorithm[J]. Journal of the Royal Statistical Society, 1977: 1-38.

[18] 杜鹏,刘超,刘智丽.地铁通道换乘乘客走行时间规律研究[J].交通运输系统工程与信息,2009,9(4):103-109.

[19] SUN Y, XU R. Rail transit travel time reliability and estimation of passenger route choice behavior: analysis using automatic fare collection data[J]. Transportation Research Record, 2012,2275(1):58-67.

[20] 钱堃,陈垚,毛保华.考虑换乘时间影响的城市轨道交通路径选择行为研究[J].交通运输系统工程与信息,2015,15(2):116-121.

[21] 石俊刚,周峰,朱炜,等.基于AFC数据的城轨乘客出行路径选择比例估计方法[J].东南大学学报(自然科学版),2015,45(1):184-188.

[22] 李春晓.城市轨道交通突发事件下乘客路径选择行为建模与仿真[D].北京:北京交通大学,2017.

[23] 郭建媛.城市轨道交通网络客流调控方法[D].北京:北京交通大学,2016.

[24] 马骁.基于系统动力学的城市轨道交通车站客流仿真与控制研究[D].北京:北京交通大学,2019.

[25] GAO J H, JIA L M, GUO J Y. Applying system dynamics to simulate the passenger flow in subway stations[J]. Discrete Dynamics in Nature and Society,2019(Pt.3):7540549.

[26] 杜佳敏.地铁站台乘客动态分布微观仿真分析[D].北京:北京交通大学,2022.

[27] EBERHART R, KENNEDY J. A new optimizer using particle swarm theory[C]//Proceedings of the Sixth International Symposium on Micro Machine and Human Science,1995:39-43.

[28] CLERC M,KENNEDY J. The particle swarm-explosion,stability,and convergence in a multidimensional complex space[J]. IEEE Transactions on Evolutionary Computation,2002,6(1):58-73.

[29] WANG Y G,QIN Y,GUO J Y,et al. Multiposition joint control in transfer station considering the nonlinear characteristics of passenger flow[J]. Journal of Transportation Engineering Part A:Systems,2021,147(10):4021068.

[30] HAN H,LU W,HOU Y,et al. An adaptive-PSO-based self-organizing RBF neural network [J]. IEEE Transactions on Neural Networks and Learning Systems. 2018,29(1):104-117.

[31] SUN L J,LU Y,JIN J G,et al. An integrated Bayesian approach for passenger flow assignment in metro networks[J]. Transportation Research Part C:Emerging Technologies,2015,52:116-131.

[32] 张辉.基于强化学习的城轨客流控制与列车跳站协同优化研究[D].北京:北京交通大学,2022.

[33] CHEN Y L,TANG K. Finding the Kth shortest path in a time-schedule network[J]. Naval Research Logistics(NRL),2005,52:93-102.

[34] JIN W,CHEN S P,JIANG H. Finding the K shortest paths in a time-schedule network with constraints on arcs[J]. Computers & Operations Research,2013,40(12):2975-2982.

[35] 唐雨昕,郭建媛,秦勇,等.数据驱动的城轨列车延误下乘客出行时空路径选择模型[J].铁道运输与经济,2023,45(8):145-153.